世界哲學家叢書

梁漱溟

王宗昱著

1992

東大圖書公司印行

國立中央圖書館出版品預行編目資料

梁漱溟／王宗昱著. --初版. --臺北市
：東大出版：三民總經銷，民80
面；　公分. --（世界哲學
家叢書）
參考書目：　面
含索引
ISBN 957-19-1365-0（精裝）
ISBN 957-19-1366-9（平裝）

1. 梁漱溟-學識-哲學　2. 哲學-中
國. 現代（1900-）

128　　80004610

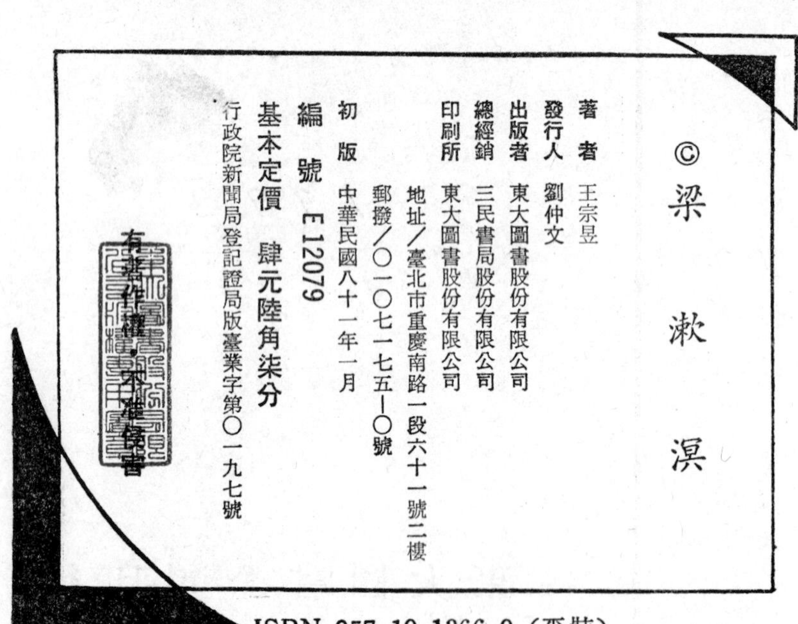

© 梁漱溟

著者　王宗昱
發行人　劉仲文
出版者　東大圖書股份有限公司
總經銷　三民書局股份有限公司
印刷所　東大圖書股份有限公司
地址／臺北市重慶南路一段六十一號二樓
郵撥／〇一〇七一七五─〇號
初版　中華民國八十一年一月
編號　E 12079
基本定價　肆元陸角柒分
行政院新聞局登記證局版臺業字第〇一九七號

ISBN 957-19-1366-9（平裝）

《世界哲學家叢書》總序

本叢書的出版計劃原先出於三民書局董事長劉振強先生多年來的構想，曾先向政通提出，並希望我們兩人共同負責主編工作。一九八四年二月底，偉勳應邀訪問香港中文大學哲學系，三月中旬順道來臺，即與政通拜訪劉先生，在三民書局二樓辦公室商談有關叢書出版的初步計劃。我們十分贊同劉先生的構想，認為此套叢書（預計百冊以上）如能順利完成，當是學術文化出版事業的一大創舉與突破，也就當場答應劉先生的誠懇邀請，共同擔任叢書主編。兩人私下也為叢書的計劃討論多次，擬定了「撰稿細則」，以求各書可循的統一規格，尤其在內容上特別要求各書必須包括 (1) 原哲學思想家的生平；(2) 時代背景與社會環境；(3) 思想傳承與改造；(4) 思想特徵及其獨創性；(5) 歷史地位；(6) 對後世的影響（包括歷代對他的評價）；以及 (7) 思想的現代意義。

作為叢書主編，我們都了解到，以目前極有限的財源、人力與時間，要去完成多達三、四百冊的大規模而齊全的叢書，根本是不可能的事。光就人力一點來說，少數教授學者由於個人的某些困難（如筆債太多之類），不克參加；因此我們曾對較有餘力的簽約作者，暗示過繼續邀請他們多撰一兩本書的可能性。遺憾的是，此刻在政治上整個中國仍然處於「一分為二」的艱苦狀態，加上馬列教條的種種限制，我們不可能邀請大陸學者參與撰寫工作。不過到目前為止，我們已經獲得八十位以上海內外的學者精英全力支持，包括臺灣、香港、新加坡、澳洲、美國、西德與加拿大七個地區；難得的是，更包括了日本與大韓民國好多位名流學者加入叢書作者的陣容，增加不少叢書的國際光彩。韓國的國際退溪學會也在定期月刊「退溪學界消息」鄭重推薦叢書兩次，我們藉此機會表示謝意。

原則上，本叢書應該包括古今中外所有著名的哲學思想家，但是除了財源問題之外也有人才不足的實際困難。就西方哲學來說，一大半作者的專長與興趣都集中在現代哲學部門，反映着我們在近代哲學的專門人才不太充足。再就東方哲學而言，印度哲學部門很難找到適當的專家與作者；至於貫穿整個亞洲思想文化的佛敎部門，在中、韓兩國的佛敎思想家方面雖有十位左右的作者參加，日本佛敎與印度佛敎方面却仍近乎空白。人才與作者最多的是在儒家思想家這個部門，包括中、韓、日三國的儒學發展在內，最能令人滿意。總之，我們尋找叢書作者所遭遇到的這些困難，對於我們有一學術研究的重要啓示（或不如說是警號）：我們在印度思想、日本佛敎以及西方哲學方面至今仍無高度的研究成果，我們必須早日設法彌補這些方面的人才缺失，以便提高我們的學術水平。相比之下，鄰邦日本一百多年來已造就了東西方哲學幾乎每一部門的專家學者，足資借鏡，有待我們迎頭趕上。

以儒、道、佛三家為主的中國哲學，可以說是傳統中國思想與文化的本有根基，有待我們經過一番批判的繼承與創造的發展，重新提高它在世界哲學應有的地位。為了解決此一時代課題，我們實有必要重新比較中國哲學與（包括西方與日、韓、印等東方國家在內的）外國哲學的優劣長短，從中設法開闢一條合乎未來中國所需求的哲學理路。我們衷心盼望，本叢書將有助於讀者對此時代課題的深切關注與反思，且有助於中外哲學之間更進一步的交流與會通。

最後，我們應該強調，中國目前雖仍處於「一分為二」的政治局面，但是海峽兩岸的每一知識份子都應具有「文化中國」的共識共認，為了祖國傳統思想與文化的繼往開來承擔一份責任，這也是我們主編《世界哲學家叢書》的一大旨趣。

傅偉勳　韋政通

一九八六年五月四日

自　序

這本書是我幾年來研究梁漱溟先生思想的一個小結。檢閱一遍，自覺仍有許多缺憾。

1983年秋，我開始在湯一介先生門下作研究生。轉年秋天，爲選定研究課題一度茫然無措。湯先生建議我研究梁先生的思想。我的第一項工作是整理出一份〈梁漱溟著作年表〉（1949年以前）。這項工作使我對梁先生一生的經歷和著述有了一個粗略的瞭解。湯先生建議我研究梁先生的心性之學。我自覺做不了這個題目。受當時文化討論的影響，我將學位論文的題目定爲〈論梁漱溟文化觀的哲學根據〉。研究生的最後半年，湯先生赴美作研究，將我暫托給朱伯崑先生指導。朱先生對後學督責甚嚴，開示良多，並且在學術討論上平等待人，爲我的論文花費了許多時間。論文的水平不高，在當時有價值的怕只是附在後面的那份著作年表。

1987年初，湯先生指示我寫作《梁漱溟思想研究》一書，作爲由他和張岱年先生共同主持的中國現代哲學史研究課題的一個部分。因爲集中精力翻譯艾愷先生的《最後的儒家》一書，該書的寫作直到1988年５月才開始。在寫作學位論文時，除了《東西文化及其哲學》和《人心與人生》，我並未認眞研讀梁先生的其他著作；着力之處也主要在於他和柏格森思想的聯繫及其如何把他放在世界人本主義思潮的背景下評價，所憑藉的也只是蘇聯人寫的一本小册子。1987 年夏爲中國文化書院編輯《現代東西方文化研究資料·梁漱溟卷》時，才對他的文化觀作了一些探討。1988年孟春，我整理了梁漱溟在北京大學任教期間的思想發展及其學術研究。梁先生去世後，遵業師之囑，我參加了編輯《梁漱溟全集》的籌劃和分卷工作。本書寫作也暫時擱筆。在整理梁先生未發表的遺稿時，我發現了二十年代後期的講演筆記。1989年末，我又陸續接到李淵庭先生整理的梁先生1923年「孔家思想史」（一名「孔家哲學史」）的講稿。這時，我打算對梁先生的思想作分階段的縱向研究。

在本書寫作過程中，雖然我較以前更多地注意到了梁漱溟的思想與傳統儒學的聯繫，但我仍然把許多精力花在對其西方哲學背景的考察上。這種偏重也許會使讀者瞭解梁漱溟思想與西方哲學的聯繫以及整個新儒學在世界文化發展史中的地位和意義。梁漱溟比其他早期新儒家在這方面給我們提供了豐富的材料。我自認爲在尋繹這些聯繫方面作了一些有價值的探索。至於比較梁漱溟和當時西方關於心靈問題、倫理學問題的討論，我曾花了許多時間閱讀材料，卻終於未能作出這方面的探討。我現在仍然認爲這是一個重要任務，只有如此才可能對早期新儒學的理論建樹作出透徹的評價。目前海峽兩岸學術界在這方面的努力尚嫌不足。

縱向討論是本書的指導思想。成書後我仍覺得對梁氏早期思想致力不足。一是未能集中探討梁漱溟唯識學理論及其在當時佛學復興運動中的地位。二是未能全面考察《東西文化及其哲學》對儒學尤其是《周易》的解釋。對於後者我本來是決定不予討論的，因爲艾愷先生已作了討論，並且起初我未打算作縱向研究。當我意識到這兩個問題時，只來得及在〈仁學〉的末尾作些補救，但這尚非獨立的討論。

本書寫作雖由文化觀的討論開始着筆，然而這一討論卻較爲薄弱。同時還有一個重要的缺失，即梁先生的鄉村建設。我自覺目前尚不能從社會學、政治學、教育學等角度對它作全面的分析和評價。我把它和梁先生的教育實踐一起歸在第一章中作了簡略的評述。

第一章的篇幅雖經刪減仍然過重。我的用意是要對梁先生個人生活觀的演變及其主要社會活動中反映出的思想主張作一討論，因爲尚無人從這方面作一整理。其中對抗戰以後至五十年代的討論主要是寫給港臺的讀者看的。其選材是否全面、評價是否公允，敬請兩岸同行批評。至於梁先生一生行止交遊及鄉建中具體實踐，我在第一章及年表中均不作過詳記錄。

本書寫作時間甚長，組織成書卻甚爲倉促。文字表述上有許多缺點。希望海內外同人多加批評，以利於修改補充。

我的研究一直得到業師湯先生的指導。本書勉強作爲我對他幾年心血的獻禮。梁漱溟先生哲嗣梁培寬老師幾年來對我的研究一直給予支持，提供了許多材料。在本書出版之際，我謹向他表示衷心感謝。韋政通、傅偉勳兩位先生慨然應允本書收入他們主編的《世界哲學家叢書》，使海外學人能夠對梁先生的思想發展有一個較爲全面的瞭解以促進當代新儒學的研究，這是我和兩岸學人都應向他們表示敬意的。

王宗昱

1991年12月於北京大學暢春園

梁漱溟

目次

《世界哲學家叢書》總序

自　序

第一章　生平與思想變遷……1

第一節　青年時代……1
第二節　北京大學……13
第三節　社會教育……23
第四節　鄉村建設……35
第五節　抗日與內戰……48
第六節　1949年以後……64

第二章　早期文化觀……73

第一節　文化論戰的影響……74
第二節　文化觀的基本結構……78
第三節　三方文化之比較……86
第四節　近代西方文化……94
第五節　中國文化的前途……101

第六節　保守主義……………………………………104

第三章　仁學……………………………………111

第一節　重建儒學的方法……………………………………113
第二節　仁……………………………………116
第三節　樂……………………………………124
第四節　不仁……………………………………127
第五節　對孔子諸態度的解釋……………………………………129
第六節　批評……………………………………133

第四章　心學……………………………………149

第一節　心理學……………………………………150
第二節　對科玄之戰的反應……………………………………169
第三節　意識與生命……………………………………180
第四節　理智與理性……………………………………193

第五章　中國文化要義……………………………………203

第一節　中西社會結構之比較……………………………………204
第二節　中國政治的特殊性……………………………………224
第三節　文化早熟的中國……………………………………235
第四節　進化論與相對主義……………………………………244

第六章　人心與人生……………………………………255

第一節　人心……………………………………256
第二節　身心關係論……………………………………266

第三節 修養論 …… 277

第七章 如何評價梁漱溟？ …… 295

年 表 …… 305

參考書目 …… 319

索 引 …… 321

第一章　生平與思想變遷

第一節　青年時代

家　世

梁氏家族的淵源可遠溯至蒙古人入主中原之時。梁漱溟在爲其父梁濟作的年譜中對梁氏血統作了一番簡略的介紹，其所據爲梁氏族譜及《元史》、《明史》。據梁氏族譜，梁氏的一世祖爲也先帖木兒，也先帖木兒之父爲元世祖忽必烈第五子和克齊。也先帖木兒在至元十七年封爲雲南王，後改封營王。但梁漱溟本人並不據此認定這個也先帖木兒必爲梁氏一世祖，因爲「元人國語命名率多從同，不敢必也。」❶然而我們不妨仍然據此族譜所載認定梁氏始祖的確是當年的天潢貴胄也先帖木兒。郭沫若爲寫《孔雀膽》，曾對和克齊（郭書作忽哥赤）及雲南王、營王的承傳作過考證❷。從其考證可見，和克齊的子孫世系並不很清楚，只知其曾孫巴匝拉瓦爾密曾做梁王，他自元統二年至明洪武十四年在位五十年。他相當於也先帖木兒的孫輩，卻顯然並非也先帖木兒

---

❶　《桂林梁先生遺書・卷首》。以下多據此書。

❷　見郭沫若：〈孔雀膽故事補遺〉一文。

的後代。《元史》和《新元史》中均不見也先帖木兒的兩個兒子是否曾在雲南封王。明軍入北京，元順帝北去。當時梁氏祖先住在汝陽。因爲該地歷史上屬大梁，遂改漢姓梁氏。這時是梁氏自也先帖木兒開始的第五代，相當於巴匝拉瓦爾密的孫輩。

梁漱溟雖然一直自稱祖籍桂林，但他的祖先只在桂林聚居了一代就開始分派了。這一代就是梁漱溟的高祖梁垕，他是梁氏十八世梁兆鵬（乾隆年間作廣東永安縣令）的第三個兒子。梁垕遷到桂林後，他的兒子梁寶書在道光庚子（1840）年中了進士，以後一直在直隸做縣官。從此以後，梁寶書的子孫一直居住在北方。

梁寶書任定興縣知縣期間，頗有政聲。後昇任遵化知州，做了三年，得罪上司被罷免。由於負債極重，梁家從此陷入貧寒。他的兒子梁承光二十八歲於順天鄉試中舉，以後雖任文職，卻喜歡軍事。當時捻軍起義，聲勢甚大。爲了加強防務，梁承光於1864年得以遞補山西陝西交界的永寧知州，1867年便病故了。

1859年，梁漱溟的父親梁濟（字巨川）出生在北京。六歲開始在祖父和母親的教授下讀書。二十歲起做塾師。二十七歲在順天鄉試中舉人。此後屢次參加會試落第。這期間先後靠傭書、做家庭教師或幕僚謀生。到了四十歲始入仕途，授內閣中書，因參與修皇史宬書有功，晉昇爲四品銜的侍讀。1906年，由徐世昌奏請調入巡警部（後稱民政部），擔任詞訟審理工作。

梁濟自出生之後到他三十二歲時，家境一直貧寒窘迫。他祖父年輕時落拓豪放的大家氣派到了他這一代已蹤影全無了。三十三歲起，他靠傭書養家，境遇才稍爲好轉。這種家境以及慈母自幼時給予的教育使得梁濟得免當時京城官宦子弟的紈袴習氣，而造就了樸實方正的作風。這一點從梁漱溟在〈譜後記〉所述行狀中也可以看出：不吸煙，不近酒，臨宴不划拳，不習博弈，不履都中游樂場所。唯一效依祖風的就是喜歡讀兵書。此外一個愛好就是愛聽戲。

貧寒的生活使梁濟在感情上接近下層人民。他經常接濟急難，也曾捐款救濟災區。梁濟天資並不高，屢試不第與此不無關係。父輩友好雖提携引為幕僚，並未借此得功名。可以想見科場上的失意肯定會使他對舊式教育有很深的意見。所以他雖然一直未放棄參加會試的機會，同時在日常生活上卻很留心時務，在一定程度上受到了顏李學派的影響。在西學風氣下，他自然也受到薰陶並且是傾心嚮往的。他認為西學書籍深切時事，並且很仰慕郭嵩燾一派新學人物，經常和許珏等人討論世界大勢。他為自己不能出洋遊歷深抱遺憾，決心送子弟出洋留學。他認為變法的入手處在廢止科舉、興辦新教育。他決心不再讓兒女去做那誤人的八股文。他資助朋友彭翼仲辦《啟蒙畫報》也是贊成它給兒童灌輸了新知識。1903年，京師譯學館建立，梁濟馬上送長子煥鼐考入學習，此後又送他到日本學習商業。梁漱溟的兩個妹妹也畢業於北京女子師範學校。由此可見，梁濟無論在自己家中還是在社會上都是提倡新學、宣傳西學的。他認為詞章之學是誤人之學。在去世之前，子女為他籌辦生日時曾計畫徵集祝壽詩文。他極力反對，他認為詩文是「虛偽世界」，這樣做是把他置於虛偽世界中。他一生的思想和活動都體現了務實精神。清朝末年，他任外城教養總局和分局的總辦委員。總局收容罪犯，分局收容貧民。梁濟專門訪問了天津、保定的監獄習藝所。回來以後在總局辦工廠，讓罪犯分科學習工藝技術並把罪犯生產的產品在北京的商店裡出售；在分局辦小學教育貧民兒童。這些活動都表現了他的務實精神並在當時有開風氣之先的社會作用。這些都深深地影響到梁漱溟的思想品格和社會活動。

在政治上，梁濟屬於立憲民主派，反對孫中山等人革命。辛亥革命後，梁濟認爲革命只是爲竊國大盜提供了方便，辜負了先朝禪讓的美意，從此蓄志一定要「死義以救末俗」。於是他在民國元年陳請辭職。在形式上，梁濟之死是爲殉清，實際上是對於辛亥以後社會現實的不滿。他曾經寫信阻止張勳的復辟活動，認爲復辟是「迂謀」，最根本的是要國民黨履行諾言、實行眞正的共和，使人民免於禍亂。1918年舊歷十月初七，梁濟終於在他六十歲生日（十月初十）前夕投入北京西北隅的淨業湖（今稱積水潭）自盡。時人不解，稱之爲「梁瘋子」❸。北京城裏的清朝遺老遺少們通過陳寶琛請住在故宮裡的溥儀賜給謚法曰「貞端」。他的遺著在七年以後經梁漱溟整理成《桂林梁先生遺書》出版。

學校與社會

1893年重陽節，梁漱溟出生在北京，名煥鼎，字壽銘。曾用名漱溟（冥）、梁鯤，後以「漱溟」行世。幼年的梁漱溟身體甚爲虛弱，人們甚至預料他難得永年。很可能是這個緣故，父母對他甚爲愛護乃至嬌慣，以至於他到了六歲還需要由妹妹爲他繫褲帶。幼小的梁漱溟在學校裏也可算是個「低能兒」，學習成績處於中等以下，體育活動也頗有些做不來❹。

梁漱溟五歲開始由家庭教師授課。第一個課本是《三字經》。

---

❸ 愛新覺羅·溥儀：《我的前半生》，頁115。
❹ 以下多取材於梁漱溟：《我的自學小史》。

以後就開始讀一本介紹世界知識的《地球韻言》。這自然是梁濟的主見。他反對這麼早就讓孩子讀四書五經，倒是認爲可以讀讀「朱子小學」。但是在梁漱溟的經歷中似乎於小學一直未曾涉及過，我們也看不出他具備這方面的修養。1899年，北京出現了第一個洋學堂「中西小學堂」。梁漱溟便入了這所新式學校。這是一所兼修中英文的學校。可以說，梁漱溟一開始受到的教育就是半西化的；即使在他十一歲時一度改由家庭教師授課，讀的也不是四書五經而是小學校的課本。

梁漱溟自幼年開始就在教師授課之外有一種獨立的自學。這種自學貫串於他的整個學生時代。對於從未受過經史子集的陶養並且從未受到大學教育的梁漱溟來說，他在儒學、佛學、西方哲學和社會科學、人文科學方面的知識全部是自學獲得的。因此，即使是從被動地吸收知識的意義上說，這種自學也一直延續到他進入北京大學之前。1942年，他應桂林《自學》月刊之邀寫了一本小册子《我的自學小史》。這部著作在1987年分別收入《我的努力與反省》和《憶往談舊錄》兩部集子當中，都有所增添。這部自傳性文字是我們了解學生時代的梁漱溟的重要材料。

梁漱溟小學時代的自學主要是閱讀彭翼仲主辦的《啟蒙畫報》。彭翼仲的祖父彭蘊章是咸豐朝的軍機大臣。彭翼仲雖出身顯宦之家，本人卻受到維新風氣的深刻影響，一直熱心於社會事業。他一生精力均花費在辦報上，先後創辦了《啟蒙畫報》、《京話日報》、《中華報》。梁家一直是彭翼仲事業的支持者且結爲姻親。梁漱溟自幼便是彭翼仲報紙的讀者。《啟蒙畫報》的對象是少年兒童，它的內容主要有西方的科學知識、世界大勢、中外歷史名人故事。這些內容和形式都照顧到了兒童的接受能力，很投兒童的口胃。梁漱溟一生一直稱讚《啟蒙畫報》給他的教育。他認為從中不但學習到了許多新知識，在精神志趣上也受到了啟發和鼓舞，一直影響到他後來的思想品格。梁漱溟不僅是《京華日報》的讀者，也曾經在社會活動方面熱情響應《京華日報》號召的抵制洋貨、募捐償還外債的愛國活動。

1906年夏天，梁漱溟考入了北京順天中學堂。張申府、湯用彤當時也在這所學校內讀書。梁漱溟日後經常談到他中學時代的思想和經歷。這個時期在他一生中有著重要的意義，這並不是取決於他在課堂上和從書本裡受到的教育，而是來自於父輩的影響，還有就是他的社會活動。因此，年幼的梁漱溟此時在課堂的講讀之外又有了兩個興奮點：人生問題、社會問題。

在人生觀方面，此時的梁漱溟是功利主義者。他評判事物的標準就是看他是否有好處及好處之大小。這自然是受到了梁濟的影響。進一步說，應該是當時的社會風氣通過梁濟影響到了梁漱溟雖然在英文學習方面非常勤奮，而在國文課程方面卻是「不聽不看」。由於過分注重事功，自然較多地注意到當時的社會問題。梁漱溟大量地閱讀了當時維新派的報章論文。如《新民叢報》、《新小說》、《德育鑒》、《立憲派與革命派之論戰》。梁漱溟此時也讀了許多關於西方政治的書籍，並且自以為大有心得。一直到主編《村治》時期的一些論文仍是基於此時的知識。可以說，他這時的功利主義人生觀是和移植西方政體的社會見解聯繫在一起的。後者是前者的具體表現。由梁濟和梁漱溟我們都可以看出當時中國人接受西方功利主義以及移植西方政治在一定程度上是受到中國實學思想的支配的。

梁濟、彭翼仲和學友以及這些讀物的薰陶塑造了梁漱溟「以天下興亡爲己任」的思想品格。年幼的梁漱溟處在這樣一種氛圍中，自然覺得「超邁世俗」，從而又形成了一種自視高傲、神情孤峭的氣質。這兩種思想品格在梁漱溟此後一生的各個時期都體現得很明顯。並且這兩種思想品格一直是結合在一起的，這在他1942年香港脫險後寄給兒子的信中得到了最淋漓盡致的體現。後一種思想品格是梁漱溟在二十世紀的中國能卓然出眾、特立獨行的一個重要因素。梁漱溟對於自己這種思想品格雖然也作過一種貌似謙和的自我批評，但他實際上對此是基本肯定並深加寶愛的。他在《我的自學小史》中明確說，這種「高傲精神」中蘊含著一種「正大之氣」和「剛強之氣」，並且有著終身受用的體驗。

同窗及校友們的切磋交流是梁漱溟學生時代一個重要的生活內容。在這些好友中，給梁漱溟思想以深刻影響的是郭人麟。重事功而輕學問是梁漱溟當時重要的思想特徵。雖然他通過梁啟超的《德育鑒》而對中國古人身心性命之學有了最初的接觸，此後也讀過《理學宗傳》、《陽明語錄》，但是他非常反對梁啟超以人格修養作事功基礎的主張。這種信念是在接觸了郭人麟之後才有了根本的改變，認識到要做一番事業必須先有身心的修養。大約梁漱溟是從此時才注重研究學術、研究哲學的。在此以前，梁漱溟在人生觀上只是有一種見解，此後他則有意識討論人生觀的問題。這種討論自然還是從他以前思考的事功方面的問題出發。這種思考主要集中在苦樂問題上。後來〈究元決疑論〉中的這個問題的討論據梁漱溟本人說乃取自十六七歲時的舊稿，我猜測這些舊稿大約是在受到郭人麟的影響之後寫出的。梁漱溟自稱郭人麟的影響使他打破了以往狹隘的功利主義見解，始知尊重哲學。

縱觀梁漱溟後來的經歷，我認爲應該說梁漱溟自此時起開始重視學問的研究，同時也並未放棄事功。這不但從他轉信佛教之後仍然認爲西方政治是救國之方可以看出，卽使是在他致力於弘揚中國傳統文化的時期，他仍然把學問的討論和改造中國社會的事功聯繫在一起並以後者爲基礎。他從未爲學問而學問，他自己也自稱是問題中人而非學問中人。因此可以說，郭人麟的影響只是使他糾正了以前的偏頗而並未改變他從乃父那裡承受來的致力於事功的思想品格。

郭人麟只在思想上給了梁漱溟以影響，在行動上給予梁漱溟影響的是一個叫甄元熙的人。1910年，甄元熙轉來梁漱溟班上讀書。梁漱溟猜測他來京前卽與革命派有聯繫，而梁漱溟本人則主張虛君共和。二人曾在政治主張上展開筆戰，但很快梁漱溟就轉向擁護孫中山的革命主張了。在汪精衛、李石曾等人組織京津同盟會時，梁漱溟和甄元熙一起參加了這個組織，「鬧了些手槍炸彈的把戲」❺。這種秘密活動爲時不久，清帝卽退位。

民國初年的梁漱溟的最主要的社會活動是作《民國報》記者。在此期間的文字至今尙未尋到。從梁漱溟的追憶中可見，辛亥之前汲汲於移植憲政的梁漱溟此時已經對這一運動本身感到厭惡。這種厭惡大約並未淹沒他的政治理想，而只是帶來了人生的厭倦。應該說，自此時起至他1913年立志出家之前是梁漱溟的精神危機期。這一危機時期的思想內容現在已不得其詳，史實卽是他的兩度自殺。對此，艾愷先生在他的著作中曾用艾利克森(Erik Erikson)的理論作過分析❻。

❺ 梁漱溟：〈主編本刊之自白〉。
❻ Guy Alitto: *The Last Confucian*, 頁 58。

此時，梁漱溟思想上一個重要的變化是開始接受社會主義。雖然他不久即以佛學超越這一思想，但是從以後的《東西文化及其哲學》和《鄉村建設理論》中都可以看到他一生的思想中一直是保留著社會主義成份的。梁漱溟對自己如何接觸到「財產私有」問題談得很模糊。因爲他在他的回憶中是自認爲先接觸到這個問題才讀到幸德秋水的《社會主義之神髓》的❼。從他旋即寫出〈社會主義粹言〉一文可見他當時對社會主義學說十分熱心。該文分爲七章❽，所論綱目今已不得見。後來的〈槐壇講演之一段〉爲其中〈社會主義之必要〉一章的大義❾。從槐壇講演可以看出梁漱溟當年對社會主義的理論並沒有很深入的瞭解，而多是針對中國當時社會問題的一些感受。他的主要思想就是認爲中國社會不合理現象的改變要求之於經濟制度的變更而政治制度則僅爲淺表。梁漱溟這一思想一直保持著。在《東西文化及其哲學》中，它表現爲對基爾特社會主義的讚揚，不過這一思想在其整個文化觀中不佔主要地位。到了從事鄉村建設運動以後，這一經濟上的社會主義思想又再次凸顯出來。

遁入佛門

梁漱溟一生對於佛理的崇信一直是世人及學者們的一個謎。艾愷先生以及我就此問題與梁先生的交談❿都或許已給世人提供

❼ 梁漱溟：《我的自學小史》。

❽ 梁漱溟：〈主編本刋之自白〉。《我的自學小史》又稱「十節」。當以前者爲準。

❾ 梁漱溟：〈主編本刋之自白〉。

❿ Guy Alitto: *The Last Confucion*; 王宗昱：〈是儒家，還是佛家？〉

了一些線索，但是對於梁漱溟當年思想變化的過程大抵是根據梁氏後來的追述進行介紹和評價的。在編纂《梁漱溟全集》的過程中，承蒙北大中文系一位先生的提示，我們尋到了梁漱溟1914年2月發表在《正誼》雜誌上的〈談佛〉一文，由此才找到反映當年梁漱溟思想發展脈絡的原始材料。雖然這篇文章（實際是他寫給張耀曾的一封信）的敍述尙嫌過簡，但是我們卻可以比以往更具體地瞭解他自1911年末至1913年末的思想景況，因爲梁漱溟在信中明確地指出文中所述爲當時的思想。

從這封信中我們可以看出他當時已堅定地表達了出世皈依佛祖的決心。他聲稱：「所謂年來思想者，一字括之，曰佛而已矣！所謂今後志趣者，一字括之，曰僧而已矣！」並且我們由此文可以看到：這種矢志不移的表誓的確是1911年冬、1912年冬兩次自殺後尋找的一條道路。因爲梁漱溟在信中明確說到：他已於1913年7月間向其父兄表示了出家爲沙門的志願。

梁漱溟在信中談到了他對人生苦樂的看法，尤其談到了對於社會主義學說的思考。這是他當時的主要思想背景。他在後來的追述中也談到這兩點。梁漱溟曾將自己的思想分爲三個時期：西方功利派、佛教出世主義、儒學。雖然我們現在已經找到了梁漱溟「得請於父兄」的準確時間，但仍不能說第一、二期思想已有了確然的界劃。因爲梁漱溟也說過：1911年至1920年是他「志切出家入山之時」⓫，並且還說過當他十七歲（虛歲）時卽因出世之志而拒絕母親爲其議婚。當然，持守佛戒的確是二十歲才開始的。由此可知，梁漱溟於苦樂問題的討究是自辛亥年以前卽已開始。梁

⓫ 梁漱溟：〈自述早年思想之再轉再變〉。

漱溟這一段時間對於苦樂的研究集中表現在〈究元決疑論〉中，此不贅述。這裏要指出的是：梁漱溟接觸社會主義思想是在1911年末至1912年初，至1912年多寫出〈社會主義粹言〉一文。可以說，這一時期，對社會主義學說的思考是梁漱溟思想的重要內容，而這一思考又是以梁漱溟辛亥前後數年間對苦樂問題的研究爲大背景的。以往，我把它們作爲兩個不甚關聯的現象，雖然在梁漱溟憶往談舊諸文中也不難看出這一關聯。當我讀到〈談佛〉一文時才感到這種關聯驀然清晰起來，並且也驗證了我以往的猜測：梁漱溟〈社會主義粹言〉的思想並非一瞬卽逝的。

自幼卽關心天下興亡的梁漱溟之遁入空門並非僅僅是爲個人尋求解脫。他認爲偶然激於感情而崇信佛理乃是「謗佛」。他理解的佛教是「以出世間法救拔一切眾生」，從而自稱其所謂佛異乎千年來世人所謂佛。從辛亥前求憲政之實現於中國至辛亥後接受社會主義思想而反對私有制，此誠爲梁漱溟思想上的一個新的發展，標誌著他的思想已從歐洲近代邁越向前。然而這一新發展卻淹沒在對佛學的信仰中。在他看來，社會主義和孔墨耶諸學說一樣，雖主張救拔眾生而不以出世間法。

然而，社會主義學說在當時的梁漱溟的思想中恰恰是證成了佛教之必行於天下。梁漱溟認爲，人類社會史上各種經世學說實乃爲佛教實行的可能性預備條件。只有當這些學說圓滿暢行之後，才顯出佛教於人類的必要性。梁漱溟對社會主義感興趣在於它主張反對私有財產，從而他也認爲財產私有是社會一切痛苦和罪惡的根源。社會主義是當時最新穎的思潮，因而被梁漱溟視爲經世學說之最佳者。然而當他悟及佛教大旨之後，則反以爲社會主義之「人人飽暖、天下太平」恰恰不合佛教「苦惡卽藉人性」

之旨。經世學說至社會主義而極其盛，佛教而外的救世法「至斯而窮」。因此他說：「觀今日社會主義潮流之盛，而知佛理之彰不遠矣。」於是，梁漱溟否認了社會主義爲救世之良方卻並未拋棄它，因爲促使社會主義的實現正是爲佛教之暢行準備條件。因此立志出家爲僧的梁漱溟爲自己提出了兩項任務：一、研考哲理，以闡佛學；二、倡導社會主義，以促佛教之成功。

梁漱溟自稱所欲爲之僧人生活異乎往俗，其口號就是「誓不捨眾生而取涅槃」。這一點當他晚年回答我的訪問時仍然是明確的。過去世人多不見及於此，因而對於梁氏1920年以後的景況及事業與其個人信仰根柢的「矛盾」深爲不解。〈談佛〉一文最清楚不過地揭示了梁漱溟早年「遁入佛門」的思想原貌。筆者在此不惜篇幅作一介紹，庶幾乎有助於世人認識梁先生！於此我們更可以看出，我前面談到的他的重事功的思想品格在他的佛教信仰特色中又一次得到了體現。

梁漱溟不願作往俗佛門中的「自了漢」還在於他在準備出家時立志不靠募化爲生，而圖謀繼續靠勞動自養；然而卻沒有走以農養禪的舊路，而是準備以行醫解決個人布衣蔬食之費。梁漱溟之研習中西醫亦自此時開始。

梁漱溟爲自己提出的兩項任務在他入北京大學執教以前似乎只做了第一項，第二項任務直至《東西文化及其哲學》始見端緒。〈究元決疑論〉可以看作是他第一項任務的一個報告。從此文中所引己卯（1915）年日記可見他在研闡哲理方面很下了一番功夫，且這項工作的指導思想則是〈談佛〉一文中已奠定了的：「西洋哲學盡成佛經注腳」。在這一思想指導下的研究一直延續到後來將羅素、柏格森與儒學相比較。杜門研佛這幾年是梁漱溟一生學術肇基之時。此前，熱心革命的他對西方哲學並無甚深瞭解，即便是從〈談佛〉一文中也可以見出其淺嘗之程度。1915年前後是他讀書最多的時期，涉及醫學、儒學和西方哲學。在〈究元決疑論〉中可以看出他對西方哲學的瞭解從深度和廣度上已邁越〈談佛〉之時，並開始改變了以前從諸如章太炎等人處得到的瞭解。這些應大大地歸功於他中學時代的朋友張申府。張申府以其思想近於叔本華便介紹叔本華的書給他看。以後梁漱溟「意欲」(Will)一辭的使用應溯源於此。但從〈究元決疑論〉中亦可見出他對柏格森哲學的注意要重於對叔本華。可以說，這一時期梁漱溟的研習對他以後的影響很大，以至於他在《朝話》一書中把醫學、柏格森和儒學作爲他思想的根柢。此語雖並非準確，卻是良有以也。

第二節　北京大學

〈究元決疑論〉這篇總結性文字似乎注定著梁漱溟人生三部曲的改弦更張，雖然直至1921年末他才徹底泯滅了修僧的志願而擔當起二十世紀儒學新樂章的指揮者和演奏者的角色。這篇文章也給他帶來了許多俗世間的交往。在此文發表之際，梁漱溟也結束了隱居生活到南北統一內閣的司法部做司法總長張耀曾的機要秘書。於是他又回到了違別數年的政治生涯中。1916年底，他奉此文爲贄就教於蔡元培。蔡遂與陳獨秀議定聘請梁漱溟到北京大學哲學系擔任印度哲學的教學。因其在政府任職而暫推薦他在琉璃廠認識的嗜佛好友許丹（字季上）代爲任教。

張勳復辟未遂之後，政府改組，張耀曾下野。梁漱溟亦不再任職，而南下到湖南旅遊，歸來後寫下了著名的政論〈吾曹不出如蒼生何〉。此文雖未刊於雜誌，但在北京已為當時輿論界注意到。胡適看到此文後在日記中寫道：「梁先生這個人將來會革命的」⓬。文中所倡「國民息兵會」究竟在社會上的反響如何已不可得知，但是此主張在梁漱溟本人卻一直縈然於懷，故而有幾年後與蔡元培、李大釗、蔣方震再議此事。

文化論戰

梁漱溟於1917年12月 5 日正式到北大擔任講師，為哲學門三年級本科生講授印度哲學概論。當時的北大正是中國思想界的核心所在，也是東西文化論爭的主要陣地。年方二十歲的梁漱溟固然在學術地位上遠遜於當時學界巨子，並且也一直未曾參與到自1915年已經開始了的東西文化論爭中去。當時的北大聚集著一大批學界巨子和蜚聲海內的思想家，如陳獨秀、李大釗、胡適、陶孟和、黃侃、劉師培、馬敘倫、錢玄同。他們在思想傾向上劃分為截然相對的兩派。在這種學術和思想的氛圍裏，梁漱溟在心理上感到了極大的壓力。他後來幾次談到他當時的心境：

> 當時的新思潮既倡導西歐近代思潮（賽恩斯與德謨克拉西），又同時引入各種社會主義學說的。我自己雖然對新思潮莫逆於心，而環境氣氛卻對我這講東方古哲之學的，無形中有很大壓力。就是在這壓力之下產生出來我的《東西文化及其哲學》一書⓭。

⓬ 梁漱溟：〈主編本刊之自白〉。
⓭ 梁漱溟：《憶往談舊錄》，頁27。

他正式到北大的第一天就問蔡元培對釋迦牟尼和孔子的態度如何。蔡元培說:「我們也不反對孔子」。梁漱溟則侃然答道:「我不僅是不反對而已,我此來除去替釋迦、孔子去發揮外更不做旁的事!」⑭這句話後來為人們批判梁漱溟保守主義思想時使用的「鐵證」。其實這眞眞冤枉了梁先生。因為,此時的梁漱溟只是把佛教作為他個人的生活態度,而對儒家學說剛剛開始感興趣,並未作為自己的生活態度,也並未以之取代西學作為救國之本。他在〈自述〉這篇講演中談到自己當時的心理壓力時也說過:「我對於儒家思想之瞭解係先前之事,而思想轉變由佛家而儒家則在此時之後。」在《東西文化及其哲學》一書中,他說:「我的意思,不到大學則已,如果要到大學作學術方面的事情,就不能隨便作個教員便了,一定要對於釋迦、孔子兩家的學術至少負一個講明的責任。所以我第一日到大學,就問蔡先生他們對於孔子持什麼態度?」

一年後,梁漱溟在1918年10月4日的《北京大學日刊》上刊出啟事,徵求研究東方學的同志。啟事中說(標點符號為筆者所加):

> 此所謂東方學特指佛陀與孔子之學。由其發源地名之東方之學不止此,然自餘諸家之思致亦西方所恒有,獨是二者不見萌於彼土。其一二毗近佛陀者原受之於此;孔子則殆無其類。且至今皆為西方人所未能領略。又東方文化之鑄成要不外是,故不妨徑以東方學名也。是二者孔子出於中

⑭ 梁漱溟:《東西文化及其哲學》。商務印書館小字本,頁75。

> 國；佛雖出印度，然其學亦在中國。而吾校則此僅有之國立大學。世之求東方學不於中國而誰求？不於吾校而誰求？是吾校對於世界思想界之要求負有供給東方學之責任。顧吾校自蔡先生並主講諸先生皆深味乎歐化而無味於東方之化，由是倡為東方學者尚未有聞。漱溟切志出世，不欲為學問之研究；今願留一、二年為研究東方學者發其端，凡校內外好學君子有同心者極願領教。……

10月21日，哲學門研究所刊出啟事，稱梁漱溟將在該所開設「孔子哲學」的研究項目，徵集研究員（即研究生）報名選課。

梁漱溟這時受到當時文化討論的影響，也開始從研究東西方政治經濟的區別深入到研究它們在文化上的差異，並開始思考中國、印度、西方三支文化系統在人類文化史上的地位。他於當年10月31日在《北大日刊》上的啟事中說（標點為筆者所加）：

> 又有誤以溟為反對歐化者。歐化實世界化，東方所不能外。然東方亦有其足為世界化而歐土將弗能外者。

梁漱溟1921年出版的《東西文化及其哲學》一書中，對中國、印度、西方三個文化系統在人類歷史上的位置排了一個順序。這個順序是他此後評價東西文化、解決中國文化危機所持的基本邏輯。從上面引的這段話看，這種見解大約萌芽於此時。於這段引文中也可見出梁漱溟並非如世人所說的是一個反西化派。

1918年11月第一個星期二（11月5日）起，北京大學哲學門研究所的孔子哲學課正式開課，它主要以研討的形式進行。第一次會議上，梁漱溟發表了一番談話，述說宗旨。《北大日刊》於11月9日、11日兩期連載了這篇談話。在這次開場白中，梁漱溟爲學生提出了六個問題以供研究，這六個問題是：

一、在倫理學原理上，孔子作如何主張？

二、孔子的形而上學。

三、政府及社會將如何實施其教化？孔子對這個問題的主張如何？

四、孔化與歐化如何衝突？

五、孔化與本土別家之異點如何？

六、人生問題。此問題特欲問孔子不主出世思想，而彼住世思想究爲如何之住世思想？對此世間將如何住之？

梁漱溟要求學生在研究時要從歷史材料出發，並提出自己的見解。他認爲，經過這樣的研究，「數千年之孔子將爲吾輩一把掀出」。

梁漱溟自稱他對這六個問題已有了成熟的見解，並改變了已往對儒家的看法。他說：

> 漱溟初入於出世思想時，蓋甚薄視孔子及後乃待重證，從此證出孔化之至足貴。住世思想之最圓滿者無逾於孔子。其圓滿抑至於不能有加。溟告白中所謂西土思想無有類者卽是此物。所謂歐土將弗能外之東方化者亦是此物。六個問題溟旣有答案，其答案罔非此物。而後始一變從前態度，嘆服之無窮。

雖然梁漱溟此時對孔子學說如此傾慕，或者的確如他日後所說的「不知手之舞之，足之蹈之」；但若據此認爲梁漱溟從此即在思想及人生態度上發生了根本轉變，則爲時尚早。我認爲，梁漱溟向本土文化的復歸分爲兩個階段。第一階段即在北京大學期間，第二階段則始於《中國民族自救運動的最後覺悟》到《鄉村建設理論》發表的那一段時間。至於他本人生活態度由佛家轉爲儒家則是1921年下半年的事。當1918年他研究孔子學說時，仍未作出決定要出佛入儒。在這次孔子哲學課的講演中他也談到這個問題。他說:

> 至於余之個人則切志出世，未能領孔子之化。好攬世間之務，拋出世修養。年來生活，旣其不閤世間生活正軌，又甚不閤出世生活正軌，精神憔悴，自己不覺苦，而實難久支。一年後非專走一條路不可也。

大約和梁漱溟這次講演同時，他的父親梁濟在北京積水潭投湖自盡。梁濟在辛亥革命後即放棄了以前崇尙西學力主憲政的態度，立志爲危機中的中國文化殉身。以前，世人多以爲梁漱溟的放棄西學和他父親的自殺有直接關係，我自己以前也持這種看法。現在看來，這種說法是不準確的。梁漱溟是在文化比較研究中得出世界未來是中國文化之復興的結論的。

經過一年多的研究，梁漱溟已有成竹在胸，於1920年秋天在印度哲學課上開始講東西文化問題。轉年暑假，梁漱溟應山東省教育廳的邀請，去濟南作了四十多天的講演，其間雖大雨彌旬未嘗中斷⑮。兩次講演的內容後來於1921年10月出版爲《東西文化

---

⑮ 梁漱溟：〈悼王鴻一先生〉。

及其哲學》一書。這部著作是在對中西印度三方文化的比較分析的基礎上寫成的，書中尤其對西方近代的科學和民主以及近代以來直至本世紀初的西方哲學史和思想史作了廣泛的考察和分析。同時，該書也對五四前後中國一些著名思想家的觀點作了分析和批評。這部書的確可以稱得上是當時關於文化研究的一部重要著作。

出佛入儒

在梁漱溟自己認爲，他是1921年春夏之交決定做儒家生活的。在《東西文化及其哲學》一書於1921年10月由北京財政部印刷局首次出版時，扉頁上有一張梁漱溟與好友、當時在北大讀書的朱謙之、黃慶、葉麟的合影。梁漱溟在照片後作題記云：這本書是改變態度的宣言，照片則是改變態度的紀念。他在題記中說：「今年4、5月間，我有翻然改變態度的事。決定要作孔家的生活，而把這些年來預備要作佛家生活的心願斷然放棄。」⑯這是關於梁漱溟出佛入儒的最原始的記錄。這段話及照片在商務印書館出版《東西文化及其哲學》時一直未採用，故湮沒不聞近七十年。1985年夏，我抄錄這段話讀給梁漱溟先生聽。梁先生已不記得有這樣一段話了，再覽舊文，頗有感慨，命我抄錄一份交他保存。

上面說的那段話寫於1921年9月。10月，梁漱溟又寫出《東西文化及其哲學》的〈自序〉。文中稱這一轉變是在該年3、4月間的事。以上是我們從《東西文化及其哲學》一書看到的兩個記

---

⑯ 這段話的全文我已在1990年《羣言》第3期和《讀書》第6期發表的文章中刊出。

載。其他記載所稱的時間都要早於上面兩處說法。1934年1月，梁漱溟稱這次轉變發生在「民國9年至10年春間」⑰。1974年補寫《我的自學小史》的最末一節稱發生在1920年春天。《自述早年思想之再轉再變》中又稱「我於1920年冬放棄出家之念」。

梁漱溟之「做孔家生活」首先是根源於個人生活態度之變化，其次才是出於復興儒學的社會考慮。1918年，他在「孔子哲學」的第一次課上已經談到自己當時在個人生活上遇到的苦惱。在《我的自學小史》中他也談到當時精神上「時時在矛盾鬪爭中」，而且比1918年談得更明確。這種生活態度上的矛盾就是：幾年來志切出家的梁漱溟在入北京大學之後受到周圍環境的影響，「不免引起好名好勝之心」。此外，梁漱溟又有了「男女之慾」。然而，出家是要摒除俗務、不近女色的。我們在幾處記載中都可以看出梁漱溟當時是頗以此爲苦的。

以「復興儒學」慨然自命在梁漱溟乃是1921年的事。然而這卻是梁漱溟出佛入儒最有社會意義的所在。由此也更可以看出，梁漱溟的出佛入儒並非爲自己的個人生活找到一個心安理得的自解。梁漱溟自認爲只有《東西文化及其哲學》一書中的設計才是爲中國文化的「文藝復興」找到一條眞正可行的路。這一設計的實現自然要在中國人的實際生活中去做起。然而，梁漱溟認爲當時中國社會所流行的佛家生活是有悖於世界文化發展大勢的。世界文化發展的前景將是儒家學說大行其道，而佛化大興則尚爲遠久未來之事。因此梁漱溟早在《唯識述義》的序言中卽警告世人：「假使佛化大興，中國之亂便無已。」人類只有通過生活的第二

---

⑰　見〈自述〉。

道關才可以進入第三期文化。在此時，人類不能由佛教得救，人教也未必能得其真。但是，反對佛教、倡行儒學的意義只有他梁漱溟才得「眞知灼見」，因此他不得不自己出來帶頭實踐。他認爲這是迫使他捨棄以往出家夙願的緣故⑱。梁漱溟本人放棄出家志願是爲了替中國尋求一條出路，這就是面對西方文化的挑戰重振儒家文化、反對消極的佛教流行並認爲它不能解決中國當時面臨的問題。

梁漱溟對自己的出佛入儒還賦予了世界性的意義：拯救西方人。他認爲西方文化已至窮途末路，苦於「物質的疲敝」，要求「精神的恢復」。他們和當時佛學籠罩下的中國人一樣都不了解也未曾嘗受過「人生的眞味」。他說：「我不應當導他們於孔子這一條路來嗎？」梁漱溟的意見固然有他關於世界文化三期發展說作基礎，但也似乎受到了梁啟超《歐遊心影錄》的影響。然而由此也可以看出梁漱溟的出佛入儒並非僅僅出於個人生活態度的選擇或出於本位文化的偏見，而是出於對儒學在新時代之意義的認識作出的行爲選擇。梁漱溟在二十世紀新儒學史中的意義就在於他首先提出傳統儒學經過調整能在中國乃至世界大行其道並立即親自實踐這種調整。至於回答儒學能否在多元化的世界文化中針對西方化開出對列之局並在理論上對儒學作出重構乃是後來的事。

1921年冬，梁漱溟經伍庸伯介紹與伍庸伯之妻妹黃靖賢女士結婚。即使在此時，梁漱溟在心底裏仍未放棄他對佛徒生活的嚮往。他在《東西文化及其哲學》的〈自序〉中說：「我始終認只

⑱　見《東西文化及其哲學・自序》。

有佛家的生活是對的，只有佛家生活是我心裏願意做的。」他在此時仍然堅持認爲只有佛學才是人類的窮極究竟。《東西文化及其哲學》的不斷印行以及此後各書的出版在中國人的頭腦裏的確把梁漱溟鑄造成一個儒者，梁漱溟一生的行止和氣質也的確體現了泰州學派的精神。但是當1985年我訪問他時，他對我說他一直沒有放棄佛家信仰。他拒絕接受「最後的儒家」這個稱號。他說：「人生是苦」是他一生的認識，做佛家生活是他一直的心願。只是總做不够，用中國人的俗話說叫做「眼高手低」。

決心「出頭倡導」儒家生活的梁漱溟在《東西文化及其哲學》完成後主要做了兩件事。一是繼續研究儒學並於1923年9月開始在哲學系開設了「孔家哲學史」一課。二是開始實踐宋人講學之傳統。他認爲再創講學之風是要用孔顏的人生爲當時的青年解決人生問題。這自然與宋人示徒以「孔顏樂處」相同。但是他認爲自己的講學和前人又有不同的追求：講學不應成爲少數人高深的學業，應致力於普及而不力求提高。這一思想應該是他後來終於辭去北京大學的教職轉去山東曹州辦學的動機之一。

在1921年以及在北大任教期間，這種講學究竟曾否實行？最近在整理出版《梁漱溟全集》時，我看到梁漱溟自存的《東西文化及其哲學》一書1921年10月北京財政部印刷局版的末尾有兩則〈著者告白〉。第二則告白卽爲就講學作的設想。這個設想主要有兩點：一、來求學者不拘文化程度及年齡，不分修習科目，不定修學年限；二、學費由求學者自由向梁漱溟交納，不定數額，不交費亦無不可。在〈朝話的來歷及其意義〉一文中，梁漱溟說自1922年起卽有許多人和他在一起。但這是否他說的講學尚不足確認。當時已追隨梁漱溟的有北大的學生陳亞三等少數人，但這還不是〈告白〉中預想的那種講學規模。1925年，梁漱溟從曹州回到北京，陳亞三及曹州山東第六中學高中部的一些學生隨他住在什刹海。這時的私人講學的確是〈告白〉中所講的情形。五十年代初，梁漱溟也經常召集追隨者在自己家裏研習學問並命兒子梁培寬爲大家講巴甫洛夫學說。這時也是一種私人講學。終梁漱溟一生，這種私人講學爲時甚短。他在《東西文化及其哲學》中企圖通過講學推行的一些想法實際上主要是在他的社會教育活動中實施的。

第三節　社會教育

辦學初議

梁漱溟此時的心願是講學，然而周圍的人卻把他引上了辦學之路。這之中一個關鍵性人物是王鴻一。梁漱溟去山東辦學、去山西參觀及其與閻錫山、定縣米氏兄弟的聯繫乃至他的鄉建生涯都和王鴻一有著直接的關係。

王鴻一自辛亥革命之前即從事社會改造活動⑲。「五四」前後，王鴻一亦欲從文化探討上求得社會改造的出路，經山東籍北大學生徐彥之介紹走訪蔡元培與胡適，失望而歸。他認爲當時的新潮「本俄化精神解決均平問題」，不合中國國情民情。在北大讀書的前山東六中學生陳亞三、王惺吾向王鴻一介紹梁漱溟的思

⑲ 王鴻一的經歷及其主要思想請見刊載於他主辦的《村治》之諸文，其著者有《三十年來衷懷所志之自剖》。艾愷: *The Last Confucian* 一書有介紹。

想。於是王鴻一在北京會見了梁漱溟。1921年夏，梁漱溟應山東教育廳之邀請在濟南講演「東西文化及其哲學」實由王鴻一促成，由此可見王鴻一對梁漱溟的思想感到合拍。但是就王梁二人交往而言，梁漱溟在社會活動以及對鄉村的重視上委實受王鴻一的影響要多些。

就在梁漱溟滯留濟南講演期間，王鴻一向梁漱溟提出辦學的建議。關於1921年初議辦學的經過，梁漱溟曾於1922年12月12日的《中華新報》上發表〈曲阜大學發起和進行的情形並我所懷意見之略述〉一文談到。此文最近才由民盟中央將其保存的複印件交梁家。於此我們才多少瞭解到一些內中原委及梁漱溟在《東西文化及其哲學》一書後如何由講學轉向辦教育的思想發展。

王鴻一自日本留學回山東後就在菏澤從事教育工作。山東省立第六中學就是他把兩所公立中學改組而成的，並任第一任校長。他早有辦大學的想法，並且曾與山東出身的軍人、當時的政府總理靳雲鵬商議過。王鴻一此時建議與梁漱溟，顯然是要梁漱溟出來主持。然而梁漱溟對此尚無思想準備。梁漱溟說：他當時一本《東西文化及其哲學》文末所言，「常想以近代的社會改造活動與古人講學的風氣並作一事而矢以終身」。至於辦大學研究東方學術及文物制度，則尚無此打算。王鴻一執意辦學。他偕同梁漱溟返北京後即去找靳雲鵬，並把梁漱溟濟南講演時隨記隨印的講錄呈給靳雲鵬閱讀。靳雲鵬向梁漱溟表示：他數年來一直想辦一所大學發揮東方文化，現在遇到梁漱溟則可償夙願[20]。靳雲鵬對梁漱溟的爲難之處也表示理解，決定不求急切實現，卻亟需

---

[20] 梁漱溟曾對梁培寬說起：靳雲鵬當時曾想請梁漱溟出任北大校長，梁漱溟拒絕了。

著手籌備。當下決定由梁漱溟負延攬人才之責，靳雲鵬負籌畫資金之責。後來又宴請在京同鄉諸老，產生曲阜大學籌備處設於北京太僕寺街衍聖公府內並責成有關人士負責草擬章程。至1922年此文發表之際，已籌集私款五十萬圓（其中靳雲鵬捐二十萬圓）加入魯大公司股份作爲曲阜大學的基金㉑。魯大公司另以每年紅利百分之十五捐助曲大。

梁漱溟對王靳二人辦學之議亦覺不無可取之處。不過，他有三點疑難：一、人才缺乏；二、眾人意見未必相合，山東同鄉中多想以此大學爲一「存古學堂」；三、自忖能力有限。於是，梁漱溟提出一設想：先成立一個學會創造條件，同時先成立一個中學部。大學本科預科待三年後再辦。這個學會主要是集合一批有相當學識及志趣的少年英俊各就所志分擔某一學科的研究。學會要向他們提供圖書儀器，提供相當薪水。他們同時在中學部中分任少許教授任務，卻並不是他們的主要任務。辦學的責任由學會眾人推動。三年之後，學會成員將在辦學意見上取得一致。這樣，前面三種疑難或可得銷釋。梁漱溟的這一想法當時得到了王鴻一、靳雲鵬的贊同。至此，王鴻一、靳雲鵬三人發起曲阜大學之創辦才成決議。曲阜大學終於未曾辦成，但此一議事卻風聞一時。後來吳稚暉曾將此事與梁啟超「文化書院」之議一同作爲復古的典型加以聲討㉒。

梁氏此文中較重要的一點是他把最初的講學意識和「近代的社會改造運動」聯繫在一起，而在《東西文化及其哲學》中，講

㉑ 從梁漱溟〈辦學意見述略〉可知這些私款至1924年 6 月尚未實際繳納。

㉒ 吳稚暉：〈一個新信仰的宇宙觀及人生觀〉。

學只是局限於一種新生活態度的提倡。我們尚無從知曉這種社會改造運動此時在梁漱溟是如何設想的。因爲直至在北京私人講學期間，梁漱溟的行止都沒有超出他當時講學的內涵。梁漱溟此時對王鴻一的事業肯定有所瞭解，但我看不出他直至曹州辦學時確乎接受了王鴻一的主張。

山西之行

1921年末，梁漱溟有山西之行。這是應閻錫山、趙戴文之邀前去講演。所講內容後由山西教育會匯集出版。由於這一本講演集後來沒有再版㉓，因此至今人們只能通過《漱溟卅前文錄》和《梁漱溟教育文錄》等集中見到〈東西人的教育之不同〉一文，餘皆不聞於世。〈東西人的教育之不同〉是梁漱溟第一篇討論中西方教育問題的文章，也反映了他初涉教育領域的基本思想。這些討論後來反映在他的教育實踐中。

這篇文章中的思想應該視爲《東西文化及其哲學》的延伸，然而在行文上卻是由辜鴻銘《春秋大義》中的評論引發的。他接受了辜鴻銘對中西教育特徵的概括：中國是偏於情意的，西方是偏於知的。對於這兩者的評價，梁漱溟是根據自己對中西人生態度的意見作出的。他認爲知識的傳授不能作爲教育的最重要的內容。因爲知識只是工具，而情意則是「生活本身」。因此，梁漱溟此時對教育的看法是：「教育不但在智慧的啟牖和知識的創造授受，尤在調順本能使生活本身得其恰好。」這是梁漱溟一生教育事業的出發點，參見〈辦學意見述略〉更可以見及於此。此

㉓ 現在，這些講演將收入《梁漱溟全集》第四卷。

時，他也認爲中國往日的教育失於知識的傳授，因此應彌補這方面的缺欠。但是這一思想在後來的辦學實踐中幾乎沒有表現出來。尤其當他審視了西式教育傳入後中國學校教育以傳授知識爲主時，他更強調要在引導人生方面著力。

此次山西之行值得一書的還在於他結識了德國人衛中。

衛中的英文名字叫 Alfred Westharp，中文名字又叫衛西琴。第一次世界大戰時聲明改入美國籍。1913年到中國辦教育，曾寫有評論中國教育的著作，嚴復將其譯爲中文，名《中國教育議》。衛中最初主要致力於音樂的研修，後來又受到蒙臺梭利(Maria Montessori)教育思想的影響。他在法國開始對東方感興趣，在英國進一步研究東方文化，後來到過印度、日本㉔。衛中在中國的最重要的一項工作大約就是他在太原創辦的「外國文言學校」（又名「大通學校」）。梁漱溟早在1914年春天即從《庸言》雜誌上讀了嚴復譯的《中國教育議》。「翻覆研思，莫窺究竟」，遂「度外置之」㉕。及至太原期間得晤衛中並參觀其大通學校，梁漱溟才對衛中的工作和思想發生興趣並與之結爲朋友。此時至衛中1925年到北京之前，兩人書信往還甚爲頻繁，梁漱溟也由此對衛中的思想有了進一步瞭解並引爲同調。1926年初，衛中開始和梁漱溟師生同住在北京西郊萬壽山之大有莊。在他們定期舉行的第一次研討會上，由衛中自述其學問及生平，由梁漱溟學生張俶知記錄整理爲《衛中先生自述》。其間，梁漱溟親自爲之「點竄」「量爲作注」。可見梁漱溟對衛中思想的重視並親自向社會上作介紹。1927年，梁漱溟又在《燕京社會學界》上發表

㉔ 梁漱溟:〈介紹衛中先生的學說〉。
㉕ 梁漱溟:〈衛中先生自述題序〉。

〈介紹衛中先生學說〉，對衛中的「心理學」及教育思想作了評介。由這篇文章可以看出梁漱溟對衛中思想的理解和讚佩大抵出於自己的一貫立場。梁漱溟對衛中的思想並非全部都理解或贊同。我尚未見到他對衛中有什麼批評，但從〈衛中先生自述題序〉中也可見其端倪。他說：衛中之學「窮幽極遠，吾信其然；步步踏實，蓋未敢知」。

1921年訪問大通學校給梁漱溟的印象非常深刻。一是學生的精神面貌，二是學校的一些活動。在大通學校，梁漱溟見到這裏的一百多名學生「顏色澤然、神采煥然」，全然不見其他學校中那種憔悴之色、沉悶之氣。大通學校這種絕異世俗的氣象使梁漱溟深為嘆服。與衛中「接談竟夕」卻並未得其大旨㉖，這不得不使他注目於大通學校在實施教育方面的設計。梁漱溟並未談過他當時在那裏看到這方面有那些具體做法。他在〈介紹衛中先生的學說〉中是從大通學校章程〈人的新力學〉談到該校的教育實施的。該章程乃作於學校開辦三年之後第一、二期辦法更替之時。梁漱溟去大通學校時值其第一期。第一期的教育目的在於培養學生「身體力量」而不注重講求學問。這一主旨本於衛中本人的心理見解，在當時固不必然為梁漱溟領悟。但是第一期的具體辦法肯定為梁漱溟目睹。衛中十分強調要注重學生的實際生活。他把師生分為許多小組，算作家庭。每一家庭由一教員作家長，「以全副精神照顧學生的生活」。在學校裏給學生提供了許多活動機會：在校辦工廠裏做工（做鞋襪、點心），在公賣室裏做售貨員，修理學校房屋。學校辦公處的事務性工作也由學生做。衛中

㉖ 同上。

的這種做法顯然受到了蒙臺梭利初級教育法的影響，即講求「感官教育」和「實際生活練習」。梁漱溟後來的教育實踐明顯表現出和衛中做法的相似性。他講求「照顧學生的全身心」而不標榜「感官教育」。他的一些具體做法（如班主任制、校辦工廠）只有在衛中的學校中才能找到原型。艾愷《最後的儒家》一書中說梁漱溟的做法受到梁濟創辦教養學校的影響。這種說法未必合適。衛中的做法和杜威的「生活即教育」學說相似，雖然並不出於杜威。梁漱溟和陶行知的實驗卻體現了「生活即教育」的基本精神。這一教育思想與中國古代傳統並非全無關係，卻是不同程度地受到西方教育思想的濡染。目下中國學術界對梁漱溟教育思想的研究尚乏探本究源之功。我在此只能臚列一些材料，究極析疑尚待教育學的研究。

曹州辦學

社會教育把梁漱溟帶進了一個新的天地。這項事業使他在退出國民黨十年之後又重新成爲一名社會活動家和社會改造的革命家。在初涉社會教育之時，梁漱溟在這方面的設想並不如日後那樣深刻博大，但是這項事業卻在幾年之後成爲他進入鄉村建設運動的終南捷徑。

我覺得不應該過分誇大梁漱溟當初涉入社會教育領域的動機。曹州辦學的整個經過目前尚缺乏史實的記錄供我們作面面觀。可以猜想梁漱溟當初辦教育還是僅僅出於一種學術研究的獨立嘗試。在學術上，自《東西文化及其哲學》一書以後，梁漱溟一直縈然於懷的是要把中西文化聯結在一起。曹州辦學的確有這個內容，什刹海及大有莊的私人講學也有這個內容，抗戰以後他並未重複鄉村建設的社會改造而是致力於勉仁文學院的經營，直至晚年他作爲中國文化書院的院務委員會主席仍然起的是這種作用。當我們把這些經歷縱觀看來時，也許會說梁漱溟當年從事社會教育的動機是非常單純的。

但是，在實際的歷史中存在的梁先生的教育實踐給我們提供的材料卻是那樣的豐富，濃縮進的社會外延是那樣的寬廣。這是逐漸積累起來的，和梁漱溟本人思想的發展有著很重要的關係。我在此要首先提到一篇平素不爲研究者注意的文章：〈吾儕當何爲〉。1924年，廣西留京學會辦了一份雜誌，請梁漱溟撰稿，於是就寫了此文。在這篇文章中梁漱溟談到了知識階層的變化及其和教育的關係㉗。

梁漱溟認爲，知識階層（即古之所謂士）已經發生了很大的變化。古代的士階層主要是從仕爲官治人，講術品行。士人爲官並非出於貴族式特權。於享權爲暫，於享名爲常，而尤去於享利頗遠。古代士人的特徵如今只剩下了「勞心者」一條。就其社會活動方式說，今日知識階層之人可以爲工、爲商、爲農。舊日「四民」的界限由於新士人的出現已經淆然不清了。爲工爲商爲農的士人的特徵就是勞心而非勞力，就是有機會受高等教育，「能挾高文典册以享高等生活」的人，就是能「玩弄智慧弋取大利」的人。梁漱溟從興學校以後知識分子的活動範圍的擴大中並未得出樂觀的結論，反而憂心忡忡。他認爲由此將導致教育機會的不均等和知識階層的貴族化。他預見士人耕讀傳家、布衣致仕的舊時代將一去不復返了。因爲今日受教育不僅限於讀書，且需

㉗　收入《漱溟卅後文錄》的此文有殘缺。

做科學實驗，至於手工圖畫音樂的花費又不知大於昔日若干倍。中等教育已非尋常人家所能為力。至於高等教育則更非他們所能企望，必將為一「特殊又特殊階級所獨享」。而此類家庭中出身的知識者因其能以知識謀大利則將世代處於知識階層，從而使勞心者與勞力者的界劃日益深刻，儼然成為世襲的貴族。同時，知識階層謀利的能量使他們一改昔日恥言利的舊習，而競相言利。

這些變化是西式教育東漸之後產生的。此時梁漱溟已經深刻感受到了西風東扇後中國社會結構產生的失調狀態，這一點他在後來的著作給予了更多的注意和論證。他此時僅僅將注意力集中在西式教育在中國移植後產生的結果。他認為，西式教育帶來的這種知識階層貴族化的弊病並非西方所有，這是因為中國的知識者並不像西方知識階層那樣不鄙視體力勞動。由此出發，他進一步指出了在學校中、議會中的知識分子的「世風日下」。

梁漱溟還指出了當時教育不適合社會需求，學校教育反而為社會添了許多無用之人。

1929年《漱溟卅後文錄》付印時，梁漱溟在此文後補敍殘缺部分大意，我們更可以看清當時他的主導思想是在批評當時的教育制度，並且主張以後將致力於謀求教育機會之均等、教育必合乎社會需要。從該文及補敍中我們也可以看到他同時又力求力挽士人之頹風，避免使中國知識階層成為新貴族。可以說，此文既表現了梁漱溟對時下教育的批評，又表現了他本人作為一名士人所具有的平民意識。這種理想和人格激勵著他在社會教育領域中不斷開拓，同時也以其人格感召著越來越多的知識分子投身於社會改造運動。在後一方面，他和晏陽初、陶行知、黃炎培等人並無二致。

〈吾儕當何爲〉中的感想很快地在他曹州辦學的設想中體現了出來。在〈辦學意見述略〉中談辦學動機時，梁說：辦學的眞動機是與青年爲友。與青年爲友的含義是幫助青年「走路」，但這走路不僅指給青年以知識技能，而且涵蓋了一個人的「全生活」。這一辦學動機的闡述是直接針對當時的教育的。他認爲當時的學校恰恰缺少這一點，而僅僅把著眼點放在了傳授知識上。梁漱溟明確指出，教育應把人生觀方面的問題放在首要地位上，知識的學習乃是次要的。人生觀第一，知識其次。這是梁漱溟教育思想中一個非常重要的內容。這個思想在陶行知的教育思想中也有重要地位。這一思想雖然於近代究竟自何人首創尙待討源，然而它確實在中國二十世紀的教育史上產生過非常重要的影響，在國民黨和共產黨的教育中均是如此。1949年以後大陸暢行至今的「又紅又專」即是這一思想的一種表現，至於「文革」時期倡言的「寧長社會主義草，不要資本主義苗」更是它的惡性發展。梁漱溟所以要在官方教育之外自辦社會教育，其目的就是要獨立地推行自己的這種教育設想。

梁漱溟關於教育機會均等的理想也體現在曹州辦學的設計當中。但這種理想付諸實施的設計卻不那麼規範化。首先，他的立論角度體現了明顯的東方精神。他反對用法律式的整齊劃一的方法來達到這個目的。在他看來，知識階層的貴族化和教育機會的不均等似乎是必然相伴隨的，而這一現象的基礎就是法律化的教育體制。他要用「人情斟酌損益」的辦法達到自己的目的。其次，他這個狹小地區內的試驗性教育不可能有義務教育的要求提出來。在曹州辦學中對教育機會均等這一精神的貫徹主要表現在學費繳納上。梁漱溟反對規定學費及食宿費用的定額收繳，而聽憑學生家長自己量力「樂輸」。這一設想實施情況如何我們尚不能得知，但他的確談到了這一辦法就是要使那些貧家子弟能夠有受教育的機會。這種辦法自然不是妥貼的，他並未通過對學生家庭情況作出繳納費用的不同定價以達到保證財務支出和貧家弟子入學這兩個目的。所以他又補充一句：當財務支出不足時，還要向家長徵收。這些制度上的漏洞自然由於梁漱溟初次嘗試，但這根本上正是體現了他本人的一貫精神：不靠法律而徹底信任天下人！

廣州一中

擔任廣州一中校長是梁漱溟實踐其社會教育的第二個階段。他擔任廣州一中校長是1928年 7 月的事。其時，梁漱溟已經開始構想他的「鄉治」藍圖並試圖努力試辦鄉治講習所。所以應邀任一中校長，也是企圖能在校舍和教員方面謀些便利條件。目前留下來的這方面的材料只有梁漱溟本人在一中的兩次講演，我們只是從他後來爲河南村治學院擬的組織大綱中才可以看到在一中的有些試驗的確進行了並取得了一些成功的經驗。梁漱溟留下的兩篇講演一則是延續以前的思想批評當時的學校教育，一則是對以後的改革提出十點設想。這十點設想有以下幾方面：一、由學生自己承擔學校中的許多公務。二、壓縮授課時間，增加自學指導。三、注重生理衛生教育。四、由學生自己管理自己的校紀及團體性生活。五、建立班主任制。六、在班主任指導下建立學生寫日記制度。這時期梁漱溟的教育思想主要表現爲學生的自己管理。以前他一直主張的人生觀方面的教育在此時表現爲班主任制和寫日記制，但也統一在學生自治的大前提下。

梁漱溟這一時期的教育設想明顯地受到了陶行知曉莊師範的影響。在就任一中校長之前，他在南京考察了曉莊師範的教育實驗，基本上持贊賞態度。陶行知「教學做合一」的精神在梁漱溟一中時期的工作中得到了突出的體現。可以說，曉莊師範的做法使梁漱溟為自己以前的教育思想找到了一條付諸實現的途徑。因此，他在一中的第一次講演中就專門介紹了曉莊師範的做法。他在改造一中的設計中要求學生自己管理自己這種做法就是直接借鑒了曉莊師範。

1928年底梁漱溟在做「今後一中改造之方向」講演時，他是打定了主意在一中做一年的試驗工作。據他的講演以及後來的文章，我們可以相信他的這些想法在他1929年 1月已經開始實行。因為他的確向廣東省教育廳徵得同意可以在一中推行與其他學校不同的辦法。1928年暑假，他還向省財政廳申請了各項臨時費用。財政廳答應自1929年 1月起按新預算頒發。雖然他計畫在這一年中可能要到北方去巡遊一番，但仍打算巡遊後返一中繼續他的試驗。遺憾的是他1931年離粵北上後，廣州政局發生變化，他不再能返回廣州，但一中的教育試驗仍然繼續進行。梁漱溟離開後，由他的學生黃艮庸繼任校長，他和張淑知、徐名鴻一起主持這項試驗，直到1931年夏秋之間這些人才離開。一中的試驗給該校師生留下了深刻的印象。據梁漱溟說，自1926年 6月至1928年 7月兩年間該校更換了七個校長，在梁漱溟接任時已「腐敗不堪」。梁漱溟雖然很快離開，但一中的校風及教育得到了重振㉘。

可以說，梁漱溟幾乎並未在一中親自實施他的許多設想，但一中的工作畢竟鞏固了他的一些主張，並使這些主張在以後的鄉

㉘　梁漱溟:〈香港脫險後寄寬恕兩兒〉。

建中重新提出來，這主要的就是精神陶煉和班主任制。

第四節　鄉村建設

覺　悟

1925年曹州歸來至1928年春參與廣東李濟深之政局之前這三年是梁漱溟一生中第二次社會活動消歇期。他對於中國如何引進西方文化又開始困惑起來，對於他以前提出的對西方文化「全盤承受」的態度開始懷疑。經過幾年的思考，梁漱溟「覺悟」了。關於這次「覺悟」的內容，他後來曾陸續寫成文章發表在《村治》月刊上，以後又匯集成集，題目爲《中國民族自救運動之最後覺悟》。雖然從這些內容上看，他的一些論述還不如後來《鄉村建設理論》和《中國文化要義》完整系統，但從字裏行間已然可見梁漱溟對中國文化的出路有了成熟的主張。他說道:

> 悟得了什麼？並不曾悟得什麼多少新鮮的。只是掃除了懷疑的雲翳，透出了坦達的自信，於一向之所懷疑而未能遽然否認者，現在斷然否認他了；於一向之有所見而未敢遽然自信者，現在斷然地相信他了！否認了什麼？否認了一切的西洋把戲，更不沾戀！相信了什麼？相信了我們自有立國之道，更不虛怯㉙！

梁漱溟這一時期的反省仍然是從「制度和習慣」這個五四時

㉙　梁漱溟:〈主編本刊之自白〉。

期的問題入手的。對這一問題的思考曾使他在《東西文化及其哲學》一書中得出對西方文化「全盤承受而根本改過」的結論。這個結論在當時僅僅是從哲學角度得出的。他在1925年至1928年對此問題的反省卻是建立在對中國近代以來的社會歷史的考察上。在五四時期，梁漱溟也認爲西方政治制度不能成功地安設在中國的原因在於中國人固守其本來的人生態度，因此只要改換這種人生態度，西方文化自然可以成功地引入中國。到了二十年代中期，他則省悟到文化精神是不能改換的，而自洋務運動以來那些夢想著把中國建成一個「近代國家」的中國人的根本錯誤就在於一心摹仿西方人，忘記了自己的文化傳統。這種盲目學習西洋是中國社會幾十年動盪不安的原因。爲什麼會「屢試無效，愈弄愈糟」呢？因爲當中國人在意識上積極仿效西方的同時，無意識中又在頑固地抗拒著他要接受的西方文化。這種在暗中抗拒著外來文化的東西就是中國人的民族精神。這種民族精神和西方文化是「大相刺謬」的。「覺悟了」的梁漱溟此時開始強調兩點：一、一個民族必須依靠自己的文化精神才能繼續生存下去。二、中國文化優越於西方文化是西方文化不能在中國生根的根本原因。他說：「凡高過我們固有精神的，便能替我們民族開新生機，若低下一些，便只益死機。」㉚

梁漱溟後期至晚年的理論研究和社會實踐活動都是從這兩點出發的。在根本主張上，他仍然堅持並強化了前期的人類文化三期發展說，明確提出「中國文化優越於西方文化」。這實際是在主張他後期所反對的文化發展上的「階梯觀」。這種「階梯觀」

㉚ 《中國民族自救運動之最後覺悟》，頁12。

一直影響著他對中西文化差異性的研究，並和這種研究有著矛盾之處。梁漱溟後期強調文化的民族性也是他早期反資本主義思想傾向的不斷發展的結果。

梁漱溟在「覺悟」後的初期（1930年以前）對中西文化的差異性作了初步研究。這些研究主要都在於說明中國的文化建設既不能效法西方近代民主文化，也不能學習俄國共產黨的革命。這些研究主要表現在以下三篇文章中:

1. 〈中國民族自救運動之最後覺悟〉
2. 〈我們政治上的第一個不通的路——歐洲近代民主政治的路〉
3. 〈我們政治上的第二個不通的路——俄國共產黨發明的路〉

在這些文章中，梁漱溟對中國文化的特徵及歷史成因提出了初步看法。這些看法的完整理論表述見於後來的《鄉村建設理論》和《中國文化要義》，在此時還尙爲粗糙。關於西方文化不能成功地移植到中國來，梁漱溟此後沒有再作專門論述。在此時，梁漱溟計畫從政治和經濟兩方面論述中國爲什麼不能仿效西方近代資本主義和蘇聯的作法，但實際只就政治方面寫出了專門論文，經濟方面的論述後來表現在《鄉村建設理論》一書中。

對於中國爲什麼不能引進西方近代民主政治，梁漱溟主要就三方面進行了論述:

首先，中國的政治革新主要是由少數知識分子在鼓吹推動，而大多數國民並無此要求。

其次，中國的物質條件不具備。表現在三方面: 一是「中國人生活向來是單簡低陋」。二是「交通太不發達，而國土又太大」，這種狀況使中國人無法參與政治生活，瞭解政治生活。三是「工商業之不發達」。西方民主政治起源於工商業階層的振興。在中國，工商業的不發達使這一階級不能形成。以上三種物質條件使得「在中國圖謀民治制度之實現，實爲天然明白的不可能。」㉛

物質條件的不具備固然影響到西方文化的傳入，但它還不能從根本上阻礙這種傳入。根本阻礙西方民主政治在中國安設的是中西民族精神上的差異。這種「精神不合」有以下幾點:

一、「爭」與「不爭」。西方政治制度要有一個條件才能實現: 各人都向前要求他個人的權利。然而中國人的態度則是「安分守己」，因此不具備建立西方民主制度的基礎。但是，梁漱溟認爲: 「中國人之『不爭』，固自有其積極精神，以視西洋人之『爭』，在人生意義上含意深厚，超進甚遠; 乃欲降而從西洋人之後，將無復精神可言，並不能有如西洋人之精神。」㉜

二、西方人在「選舉競爭」中表現了「動」的精神。它這種動「極有血脈憤興迸力活躍之妙」。但它不如中國人的靜的精神高明。中國人素來崇尚「謙德君子」。因此，中國若普及選舉只會導致混亂。梁漱溟指出，中國若仿效西方選舉制度，則政治永無清明之望。

三、西方政治制度是一種互相牽制約束的制度，這之中暗含著一種不信任的意見。而中國人彼此則講求「誠」、「敬」、「禮」。但中國只有如此才能有好政治。西方人的精神要「粗」一些，「他於人類精神未造到較高較細的地步」。在中國人則不

㉛　梁漱溟:《中國民族自救運動之最後覺悟》，頁113。
㉜　梁漱溟:《中國民族自救運動之最後覺悟》，頁119。

能反於無禮。因此，這種制度：「在西洋以收制衡之效者，在我乃適滋搗亂。」梁漱溟進一步指出，西方近代的民主制度是以其長久的文化爲基礎的，中國不具備這種基礎。有這種基礎，這種政治則爲自然之結果，無這種基礎，人爲地造作這種制度，必然導致混亂。

四、歐洲近代政治是「物欲本位的政治」。中國人則不把人生建立在欲望的基礎上。中國人不承認欲望，而承認「理」。人類異於一般生物就在於它不但要生存，更要求生活得合理。中國的文化精神正在這一點表現了人類異於一般生物的本質、而超越於西方文化。

對於中國不能採納蘇聯 共產黨無產 階級革命 的做法 這一問題，梁漱溟從階級基礎、革命對象、理論基礎等方面作了分析，在此不做介紹了。

據梁漱溟自述，這一覺悟發生在1927年 5 月離京赴粵之前。但是不能認爲後來在《中國民族自救運動之最後覺悟》中的那些認識此時在梁漱溟已了然於胸了。這些認識的梳理尚有待於在北京主編《村治》月刊時的功夫。

作爲覺悟之後的第一個實際行動是倡導村治。梁漱溟自認爲這是爲中國找到的區別於國民黨與共產黨的第三條路。在設計自己的鄉治藍圖時已隱約顯出梁漱溟實際承認了他早年予以斷然否認的「參半融合」的方式。並且這一特徵又和他此時期的論述有著矛盾。鄉治的目的在於從中國社會的基層中去着手培養一種新的政治生活習慣。這一點在以後的鄉建中日趨明顯。從梁漱溟一生文化觀的全部發展看，《東西文化及其哲學》和《中國民族自救運動之最後覺悟》在結論上偏於兩極，至《鄉村建設理論》之後有中和之象。

1929年，梁漱溟提出〈請辦鄉治講習所建議書〉[33]。這是他全部鄉村建設構想與實踐的第一個嘗試。這一構想的主旨即是通過地方自治的形式在基層社會（鄉村）着手新習慣的培養。從文化背景上說，它有鑒於歷史上《周禮》政治制度的設計和孔、墨、管子等思想家的論述。在手段上則是先求農村經濟問題的發達。

河　南

1929 年 2 月，梁漱溟到北方考察各處鄉村改造運動。這一巡歷是出於講習所雖終於得准於南京行政院，但在粵同人一直有疑慮。因此梁漱溟本人遂作延緩之計。離粵後，李濟深被扣留在南京，廣州局勢變化。梁漱溟終未能再南下，卻又適逢梁仲華、彭禹廷等人興辦河南村治，於是梁漱溟的鄉治構想遂得以在北方實施。

河南的村治學院雖由王鴻一向馮玉祥建議而成其事[34]，但其中心人物是以自治運動享名河南的彭禹廷，中堅人物有梁仲華、王怡柯。然而該院的宗旨及組織大綱都是由梁漱溟起草的。目前能見到的兩個材料可以反映出梁漱溟當時的思想和設計：〈河南村治學院旨趣書〉、〈河南村治學院組織大綱〉。

從〈河南村治學院旨趣書〉中我們可以看到梁漱溟後日概括其鄉建宗旨的八個字已凸顯出來：團體組織、科學技術。他認爲，中國的民族自救應「求其進於組織的社會」。這種組織包括

---

[33] 見《國聞周報》卷 5，期35。

[34] 梁漱溟：《憶往談舊錄》，頁120。

經濟的和政治的。經濟的組織是求生產和分配的社會化。西方只於前者有功而缺失後者。梁漱溟明確指出：村治就是要建立一個「社會主義的經濟組織之社會」以超越歐洲的資本主義。並且在中國這個農業國中正適於社會主義之實行而不適於資本主義。政治的組織化即「民治化」。這種「民治化」包括「個人自由權的尊重、公民權的普遍」。他認爲，西方由其分配的非社會化使階級的對壘阻礙了公民權的普及，而在中國若能兼收生產分配之功，則眞正的民治化必能實現。這樣，中國農村的散漫社會就可以一改舊觀而進於組織化並得免西歐之弊端。在這兩者之關係上實以經濟之發達爲基礎。由此看來，梁漱溟的鄉村建設構想旣試圖吸納西歐民主政治的成份，又同時接受了馬克思主義關於經濟基礎與上層建築關係的理論。

自鄉治之萌發，梁漱溟即力求借此以培養中國人新的政治生活習慣，但從此文中看，他尙未多作謀劃而偏重於中國經濟發達的重要性的論述。關於經濟的發達，梁漱溟不同意馬克思農業亦應如工業之大規模經營的設想，而參取丹麥、蘇聯的合作經營方式。他明確表現出反對在中國農村採取西方工業那種自由競爭與兼併的方式。同時他也反對工業發達後都市經濟對農村的壓力。這種反都市主義傾向在艾愷的著作中已有分析，此不贅言。要指出的是，梁漱溟這一思想一直保持著，1953年和毛澤東衝突也反映出他的這一思想。但是，在中國經濟中工農業關係的認識上，梁漱溟在此時及後來的《鄉村建設理論》中的論述都和中國共產黨五十年代的主張不謀而合。

〈河南村治學院組織大綱〉中的內容並不完全出於梁漱溟一人的謀劃。從「學則及課程」這部分中可以看出梁漱溟把他在北京私人講學時的「朝會」制度，辦學過程中實行的班主任制度保留了下來並發展出了「精神陶煉」這一內容。梁漱溟擔任的是農村組織訓練部的課程。這部分的課程包括村民自衛、農村經濟、農村政治方面。但是，梁漱溟這時的授課內容並沒有留下文字材料，我們無從得窺其內容。

山東

河南村治學院終於因蔣馮閻大戰的爆發開辦不到一年就結束了。轉到山東任省主席的韓復榘建議梁仲華將其河南同人帶到山東繼續他們的事業。梁漱溟是山東鄉村建設的設計者，也一度是全部工作的領導者。山東的鄉村建設反映出梁漱溟試圖從鄉村入手，以中國傳統人文精神爲指導原則、以中國傳統社會結構爲組織形式在經濟和政治上實現現代化。

在梁漱溟撰寫的〈山東鄉村建設研究院設立旨趣及辦法概要〉上可以看出山東鄉村建設與河南村治的一個重要區別即是它不再停留在鄉村工作人員的培養上，而要在山東的若干縣設立實驗區。在韓復榘的大力支持下，實驗區的設置進行得非常順利。至1936年，實驗區的範圍擴大到山東27個縣。在實驗區內，山東鄉村建設研究院派去的行政長官可以依照鄉建構想在所轄區域內進行一切改革和實驗。這樣，山東的鄉村建設成爲當時全國規模最大的實驗。

作爲研究院研究部主任的梁漱溟在這六年多時間裏運籌帷幄以欲求決勝千里。他本着〈河南村治學院旨趣書〉中畢政治經濟之功於一役的懷抱爲山東乃至中國的未來構畫了一個龐大的藍圖。作爲這一設計代表的就是於1937年才出版的《鄉村建設理論》。

此書一名《中國民族之前途》，本爲廣東歸來後寓居清華園時卽開筆書寫的，其綱目曾刊於《村治》月刊上。至此書問世則已面目全非。謀篇初始的內容主要在論述政治經濟上取法西洋蘇俄的不可能，而成書的內容則偏重於建設性的設計。在這些設計中，梁漱溟的主張表現了融合中西的特徵。

在《東西文化及其哲學》一書中，梁漱溟提出對西方化要採取「全盤承受而根本改過」的態度。他的「根本改過」是要以第二種人生態度卽儒家文化爲基本立場來採納西方的民主和科學。但是這種「根本改過」如何做，他尙未慮及。那時，他的基本傾向是要吸收西方文化以補中國之先天不足。「根本改過」的工夫是在鄉村建設中完成的。在《鄉村建設理論》一書〈組織原理〉這一節裏，梁漱溟提出了「中西具體事實之溝通調和」。這種調和產生的組織模式就是以中國傳統中的「五倫」爲基礎再加上「一倫」：團體對份子、份子對團體。這個組織的基礎是人與人之間的倫理情誼，而這正是中國人固有的精神。此時的梁漱溟將西方近代社會定義爲「個人本位的社會」，把蘇俄、法西斯德國定義爲「社會本位的社會」，而中國歷史上則是「倫理本位的社會」。三者都有各自的偏失，但世界未來的發展卻是修正後的中國倫理情誼社會大行其道。這種修正卽吸納前兩者的長處。他認爲個人本位的文化強調個人，抹煞社會；社會本位的文化則「抹殺個人」。而他提出的這種組織原理則可以使團體與份子之間實現均衡勻稱。在考慮如何吸納西方近代民主政治的過程中，梁漱溟偏重於借鑒西方社會十九世紀以來的「社會化」趨勢。他以英、美、法等國歐戰後賦予行政機構以補充立法權以及歐戰後獨裁國家的出現斷言世界未來將向著人治而非法治邁進。他認爲西方法學界的新議論及一些國家在財產所有權上的新規定都預示著人類社會的發展將有利於中國利用自己的固有文化精神建立一個新的社會結構和新的文化。他明確標明他要實現的政治是政教合一的人治政治而非政教分離的法治政治。這種人治政治就是少數人領導而不依憑多數表決。

人治就是尊賢尙智的路子。梁漱溟的目的是要通過團體組織使中國人一洗往昔散漫舊習而積極自動參與政治生活。在鄉建伊始，他已明確指出鄉建將使經濟之富、政治之權「綜操於社會，分操於人人。」㉟他也承認中國傳統的政教合一、尊賢尙智是與主動自動精神相違悖的。但是他認爲，中國人的「人生向上」的精神可以校正以往政教合一之失，使它不窒礙公民的主動性。並且人生向上就必須指導人們求對求師，而求對求師是不能取決於多數表決。由人生向上爲根柢的人治雖不取決於多數人表決，卻並不違背多數人的利益。因此它是民治主義的進步。

在如何保證公民權利和自由這個問題上，梁漱溟依據的實際是他此後一直高唱的「互以對方爲重」的原則並參取了法國法學家狄驥 (léon Duguit) 的學說，將權利觀念化爲義務觀念。由彼方實行義務以保證此方的權利。在這部分論述中集中表現了他要謀求團體與份子之間均衡勻稱的意圖。在梁漱溟看來，如果讓散漫了幾千年的中國人強調個人權利只能加重其弊端而不能走向有組織的團體生活。而他這種「相對論的倫理主義」設計則可以保證團體給個人以權利和自由，同時一改中國人散漫之舊習。

梁漱溟認爲他的設計吸收了西方的四個長處：團體組織、份

㉟〈山東鄉村建設研究院設立旨趣及辦法概要〉。

子對團體生活作有力的參加，尊重個人，財產的社會化。有了這四個長處就可以矯正散漫、被動，就可以增進個人地位、完成個人人格，就可以增進社會關係。他認爲這種組織形式才是人類正常的文明形態，代表著世界文化發展的方向。

實施梁漱溟這一融合中西的設計的手段就是:「鄉農學校」。鄉建研究院首先在鄒平縣實施這一方案。它將從前的基層政權機構區公所、鄉公所取消，代之以鄉學、村學。鄉學村學旣是機關，又是學校，還是由全體公民組織的一個團體。梁漱溟想通過這種形式將以往散漫的中國農民組織在一起。鄉學村學中由素孚眾望的鄉村領袖組成董事會，於中產生的學長經縣政府任命後實際擔當以前的鄉長、區長或村長。全體農民卽學生。學長和學董的設置充分體現了「尊賢尚智」的精神。作爲學生的村民要以團體爲重、參與村事、敢於發言、尊重多數、遷就少數㊱。這也明確旨在促進公民對團體生活的主動參加。鄉學村學中還設有教員和輔導員。他們的責任主要是推行村學鄉學這套制度，傳授文化知識則屬次要。村學鄉學中的工作還包括組織各種旨在促進農村經濟的合作社。

村學鄉學是一種政教合一的組織。這個組織實質上是要將舊有的行政學院教育機關化，以教育力量代替行政力量。在政治活動和經濟活動中，它主要是用教育的手段而不是行政的手段。它是「道之以德，齊之以禮」，而非「道之以政，齊之以刑」，由此明顯地表現出儒家的教化政治。在鄉學村學的設計中，梁漱溟是以呂大鈞的鄉約爲參照的。〈鄉學村學須知〉中的章則及基本

㊱ 見〈村學鄉學須知〉，收入梁漱溟《鄉村建設論文集》。

精神也的確吸收了呂氏鄉約中「德業相勸、過失相規、禮俗相交、患難相恤」這些內容。但是，梁漱溟也的確試圖通過鄉學村學在中國的農村建立一種「新禮俗」以吸納西方社會的長處。這個手段就是教育。梁漱溟的鄉學村學與他在《鄉村建設理論》中討論的政教合一的民治政治還不完全吻合。它只是通過教育來完成對中國社會的政治改造，本身還只是政教合一模式的雛形。因此，梁漱溟在山東鄉建中推行的教育既是政教合一的政治內容，又同時具備晏陽初平民教育和黃炎培職業教育的功能，更重要的則是旨在造就具有新型政治生活習慣的新農民。擔負著這種任務的教育必然是一種社會教育。由此，梁漱溟在1937年進行的教育活動區別於晏陽初、黃炎培、陶行知等人執行的教育，相對於他本人以前在曹州和廣東的實驗也有了新的發展。

從我以上的評介中已然明顯地看出梁漱溟的思想經過五四時期和北伐時期的兩次鍛鍊已日臻成熟。至此時，他才開始實際著手他十年前提出的中國的文藝復興——「中國自己人生態度的復興」。五四時期的梁漱溟痛感於西學衝擊下的傳統文化，志在指明儒家文化在未來世界中之意義及西方民主科學對於中國更新過程中的意義。北伐之後的梁漱溟則更進一步總結了洋務運動以來西學傳入給中國帶來的嚴重的「文化失調」。在「覺悟」時期，梁漱溟對中國文化危機作了更深一層的考察。這一次考察更使他認定：中國文化雖然已臨於幹朽枝絕，甚至其根脈亦將朽爛，然而依然保存著再起生機的根苗。歐戰以後的世界大勢更有新的依據足以證明中國的文藝復興定能實現。至此，五四時期的「批評地重新拿出中國態度」就變成了「從舊文化裏轉變出一個新文化。」㊲這一將使中國文化重新發育成一株大樹並自立於世界民族之林的根脈就是「中國的老道理」。梁漱溟的鄉村建設就是要證明中國固有的人文精神能够使中國在政治上經濟上成就出與西方文化對列之局。這種中國固有的人文精神就是梁漱溟此時在哲學建構中提出的「理性人心」。用他自己的話來說，鄉村建設的組織原理就是「從理性求組織。」㊳從《鄉村建設理論》中也可以明顯看出他是本著中國傳統的義利之辨來釐清中國新政治結構與西方兩大系列政治結構之區別的。梁漱溟否認把自由和人權建立在外在的需要和保證上，因爲這些都不免會使物慾參雜其中。他要求把自由和人權建立在超乎物慾的人心透達上。然而，失去外在法律作保證的人權和自由以及仁政都只是一種可能而非必然。梁漱溟只是想讓已往的倫理社會結構容納進西方的民主精神，對於這個結構和中國傳統人文精神他並未賦予新的功能使之開出新「治道」。按照牟宗三的理論，梁漱溟的這一設計自然和歷史上的儒學是一致的：企圖從「盡心盡性盡倫盡制」中直接推出外王而缺乏「間接實現」的特徵㊴。之所以如此就在於梁漱溟以爲西方個人本位和社會本位的社會與中國的倫理本位有著根本差別，並有其弊端。他認爲前兩種社會都企圖把社會政治安立在一個「客觀標準」之上，然而從中國國情出發並兼顧到前兩者的弊端則在中國斷乎不能依憑一個客觀的道理來保證中國民治之實現。

梁漱溟設計中的這個缺失注定鄉村建設的失敗。因爲它並不能實現那四個長處。它根本就不具備一定使公民自動參與的功

㊲ 見梁漱溟：〈鄉村建設大意〉。
㊳《鄉村建設理論》，1937年初版本，頁175。
㊴ 見牟宗三：《中國文化的特質》。

能。對此梁漱溟早在1935年就感受到是一個很棘手的問題:「雖稱鄉村運動而鄉村不動。」㊵在1952年,他也作過反省㊶。但他從未對自己的那項設計的主旨作過否定。直至1970年他寫作《中國——理性之國》一書時仍然認爲:中國要走向民主,全在從散漫轉進於組織,卻非要像西洋人那樣起來爭求個人自由和公民權利。「此在四五十年後之今天回首看來猶是對症下藥,未云有誤」。

第五節 抗日與內戰

抗戰與鄉村

對於抗戰這一課題的考慮,在梁漱溟大約是於西安事變之後才有的。他在抗戰乃至內戰時期的社會政治見解是不斷積累發展起來的。在其始則以七七事變前後的兩篇文章爲代表。一篇是6月13日在成都國民黨省黨部的講演〈我們如何抗敵〉,一篇是8月刊登在上海《大公報》上的〈怎樣應付當前的大戰〉。這兩篇文章中有三點思想比較重要,決定了梁漱溟在抗戰時期的活動並包含了以後思想發展的萌芽。這三點思想是:一、抗日必須靠無限的兵力;二、抗日戰爭必須是持久戰方能取勝;三、政治要民主化。前兩點初看去和毛澤東的人民戰爭及持久戰論相當一致。但實際所包含的思想內容是有差別的。梁漱溟講的第一點既包括民眾動員,又包括加強政府的統一節制能力。他主張的動員

㊵ 見梁漱溟:《鄉村建設理論》所附〈我們的兩大難處〉。
㊶ 見梁漱溟:〈我的努力與反省〉。

民眾是要激發民眾的抗日情緒，使他們能順利地接受政府的統一節制；而統一節制在政府一方面說又包括對民眾的組織和訓練。

動員民眾和加強組織訓練方面的工作，梁漱溟於七七事變之前實際已開始在山東著手進行。其中有些是在山東政府的節制下進行的。經過幾年的努力，山東鄉村建設研究院積蓄了四千人之多的有組織有訓練的鄉村工作者和廣及鄒平、菏澤、濟寧幾十縣的政教合一機構，並擁有一定的武裝。這些機構在抗戰前夕曾爲政府做了一些攤派搶款及徵收壯丁的工作。農民的不滿漸漸集中在處於中間位置的鄉農學校身上。抗戰爆發後當局的倉促退卻使鄉學村學更處於難堪的地位，被農民視爲騙子。在一些地方甚至發生了砸毀鄉校、打死校長的事。韓復榘被處決之後，繼任山東省府主席的沈鴻烈以「不合法令」爲由撤銷了全部鄉農學校，恢復了舊有的鄉村行政機構。梁漱溟苦心經營七年的山東鄉村建設徹底失敗了！梁漱溟在 1938 年寫成〈告山東鄉村工作同人同學書〉，將這一失敗主要歸因爲山東局勢的變化：一、抗戰起後，未容吾人盡力於抗戰的民眾工作；二、當局急切退離山東，遂以毀滅吾儕工作。

抗戰的爆發使山東局勢和梁漱溟本人的行止發生了重大的變化。當時，梁漱溟並無條件反省山東七年的工作，而且七年的經歷使他在面臨新局時所能依據以作應付的本錢只有關於鄉村建設和社會教育的基本見解。因此，抗戰與鄉村這個題目是梁漱溟在抗戰初期思考的主要內容。〈我們如何抗敵〉一文設計了十四種辦法，〈告山東鄉村建設同人同學書〉以及所附的〈山東鄉村工作人員抗敵工作指南〉也對抗日工作提出了具體的指導意見。這些都體現了他曾經概括的鄉建的基本精神：「對象重在鄉村，功夫重在教育」。梁漱溟仍然是本著他關於中國是倫理本位社會的見解來應付戰爭的，他仍然主張以社會改造爲基礎來進行抗戰。這種見解在當時爲國防參議會同仁視爲迂腐。但自信不移的梁漱溟仍然堅持自己的見解並以之開示山東舊日鄉建同人。山東淪陷區亦不可能讓他再有實驗的場所，他唯一可以嚮往的卽是以舊日鄉建同人爲基礎建立一團體組織。在1938年春，他的確在和隨侍其左右的人士草擬這種組織的政治綱領和組織章則。但是至今尙未看到這一團體組織實際成立的史料。在梁漱溟當時寫給山東鄉建同人的那兩篇文字中最有現實指導意義的是關於發動民眾的指示。在這部份議論中反映了梁漱溟以鄉村爲重點對象和通過知識分子啟發民眾的一貫主張。在這些「指南」性意見中還包括了建立敵後臨時政權及敵後游擊隊，還提到了要選擇敵情薄弱地區建立經濟上自給的根據地。這些主張在形式上和共產黨的抗日策略非常相像，區別在於梁漱溟原則上強調這些工作都要受政府的統一節制。至於這些意見是否爲鄉建同人實施則不可得知了。

抗戰爆發後梁漱溟的思考是雙管齊下的，他認爲，民族解放和社會改造應該彼此相結合。他的這一思想和國共兩黨都有區別。他在訪問延安時卽向毛澤東談了社會改造的必要性。社會改造在梁漱溟當時的思想中仍不出鄉建理論的範疇。他談的政治要民主化在當時自然亦沒有新的構想。此後十年的社會政治經歷使梁漱溟的行動言行漸漸離開了鄉建時代的話題，雖然在思想根柢上和鄉建理論是一脈相承的。

國民參政會

國防最高會議參議會和國民參政會是抗戰時期的民意機關。

梁漱溟作爲鄉村建設派的代表人物被邀請爲這兩個會議的成員。國防參議會和國民參政會的設立反映了抗戰開始以後中國政治民主化的進展。這種趨勢和梁漱溟的思想是契合的。但是我們尙看不出梁漱溟在參議會期間於推動政治民主化方面有什麼作爲和具體的主張。在將近一年的國防參議會期間，梁漱溟是經常缺席的。他的許多時間都花在各處的奔走上了。他此時的興奮中心是如何動員民眾。他本人在外奔走時主要是謀求如何能使山東殘存下來的鄉建隊伍重整旗鼓投入到抗日動員中去。在參議會中，他謀求的是能在中央建立一個擔負全國動員的機構。在參議會 8 月 17日的首次會議上梁漱溟即提出了這一設想，當即遭到了傅斯年的反對。此後梁漱溟會同黃炎培、晏陽初、江問漁三位鄉村建設的著名人士晉見蔣介石陳說此意[43]。此後梁漱溟根據四人商議起草了一個非常時期鄉村工作計畫大綱。這個大綱在政府11月西遷武漢之前交給張羣，卻無下文。我們今天仍未見到這個大綱的內容如何。但是，這個大綱可以說是梁漱溟在一年的參議會期間最重要的工作了。

在中國民主政團同盟的前身「統一建國同志會」成立之前，梁漱溟的主要活動都是以國民參政會爲中心進行的。6 月25日，梁漱溟對報界發表談話，主張新成立的國民參政會應對民眾團體的存在以及言論——出版自由問題加以討論，表達了推進政治民主化的願望。但他縈然在懷的仍然是建立戰時民眾動員機構這件事。在談話中他也表示這個問題應從頭討論。在 7 月的第一次會議上，他就提出了「召開戰時農村會議並於政府中設置常設機關

[43] 見《憶往談舊錄》。

建議書」。這個提案在當時確經大會修正通過更送交國防最高會議及行政院核議並均認爲可行，然而這個建議最終還是在公文的往復過程中漸漸湮沒無聞了。

梁漱溟本人是不願意安居後方的。他一直嚮往著能在抗戰的前線作一番貢獻。不知就裏的人也許以爲他固執己見奔走在外或是出於和者蓋寡。當時的參議會中也有人評價梁漱溟是「意必固我四字俱存。」㊹以梁漱溟自恃高岸的性格，這種評價似乎也不算是一種苛責。其實，梁漱溟一心企圖使他尚餘小部的鄉建同人能在抗日戰爭中發揮作用。至於他本人則一直秉承泰州學派的入世精神，要爲抗戰作些切實的工作。在國民參政會第一次會議結束時，他被選爲駐會委員。這本是他不願就任的，曾力求辭去。因當時不能再赴前方，只好入川駐會。入川之後，他做的主要工作是發起改善兵役運動。他會同曾在武漢主持「戰時農村問題研究所」的王寅生約請了在社會上有地位的孔庚、呂超二人發起了兵役問題座談會，並於一年後發展爲兵役實施協進會。關於這個組織的活動內容尚有待進一步搜集材料，雖然梁漱溟實際上並未經常參與這個組織的具體活動。後來，他向參議會提出「改善兵役實施辦法建議案」。建議案的基本精神可以說是立足鄉村，體恤民情。這份提案雖經審議卻了無結果。但它畢竟推動了國民參政會對此問題的重視。

梁漱溟在參議會和參政會期間從事的另一項重要工作是彌和黨派的分歧。這項工作是出於聯合抗戰的需要。1938年1月，梁漱溟以國防參議員的身份訪問延安，他自稱這次延安之行有兩件

㊹ 見《黃炎培日記》。

事要做：考察共產黨的態度；和中共領導人交換意見。在此前十年當中一直激烈批評共產黨的梁漱溟此時才透露出他內心對共產黨的同情。他認爲國共兩黨各有偏向：國民黨建設而不革命；共產黨革命而不建設。如果兩黨能合作而「互相救正」，則中國未來有望，而抗日正是國共合作的一個良好時機。但是，他並不同意將此合作視爲權宜之計，亦不以團結抗戰作爲終極目的。他延安之行的第一個預想是要求共產黨放棄黨派分歧，誠意合作，這實際是要去作說服乃至批評工作的。然而一貫致力於社會改造的梁漱溟又想去同中共領導人「交換意見」，這實際上又表明梁漱溟在心底是把自己和共產黨同視爲革命者而與國民黨有著區別。當山東鄉建一敗塗地之際，延安的景象給梁漱溟的印象一定是非常深刻的。這種印象很可能深深影響到他此後十年間對中共的同情立場。

梁漱溟再次注意黨派問題是於1938年11月張君勱〈一封公開給毛澤東先生的信〉發表之後。張君勱的信引起了各方面對黨派問題的注意和熱烈討論。12月，梁漱溟寫了〈抗戰建國中的黨派問題〉一文，寄給《大公報》，在新聞檢查時被扣留而未能發表。此文的部份內容後來在〈我努力的是什麼〉長文中有節錄。此文由其對中國社會的特殊性和中國革命史的特點入手論起，所談均爲自《中國民族自救運動之最後覺悟》至《鄉村建設理論》時的一貫見解，此不贅述。在對於中國是否應有多黨派並存這個問題上，梁漱漱的回答是否定的，但梁漱溟堅決反對排他性的一黨獨裁。他要走第三條路，叫做「二重組織」或「一多相融」。所謂「一多相融」是指各黨在大目標一致的前提下達成聯合，同時又可以保持自己的特殊政見。所謂「二重組織」。是以各個黨派爲第一重組織，各黨之聯合體爲第二重組織。梁漱溟認爲，要實行這種二重組織必須有兩個條件：一是確定國是國策，即要求各黨派在大目標下求得一致；第二是政權治權劃開。所謂政權治權劃開是指國民黨代表國民行使政權，而國民政府則代表國家行使治權。政權治權劃開的關鍵在於政府不能受黨派支配而爲無色透明，軍隊警察均無黨派色彩而僅僅是治權的工具。梁漱溟強調這是最重要的一點。

梁漱溟1938年底的這篇文章的構想實際是要求中國的政治結構向著民主化邁進。對黨派問題的進一步討論是他有意識地邁向促進政治民主化的契機。然而之所以能有如此的思想發展則與他本人一向的自命及其對國共兩黨的評價有關。梁漱溟一向自視爲革命者，這種革命性的標誌就是對中國社會進行改造。這種改造社會的要求促使他在置身政界之後一直努力改變舊有的行政組織乃至政治格局以容納自己的主張。另外，此時梁漱溟把共產黨視爲革命派，而認爲國民黨則不具革命性。這必然使他在適當的機會衝破國民黨劃定的政治藩籬，謀求中國的政治格局能容納共產黨或其他有革命意識的團體在改造中國的過程中發揮作用。

這次努力和以前兩項活動一樣了無結果。梁漱溟覺得呆在大後方再無意義，便決心到前線去。這是他一直嚮往的。1939年2月2日，梁漱溟離開重慶，開始了爲期八個月的華北華東之行。他此行有五點用意：一、考察敵後實情是否有如〈抗敵指南〉所揣測；二、撫慰敵後堅持抗戰的鄉建同人同學；三、向敵後同胞作宣傳工作；四、研究敵後鄉村情勢及其與未來大局政治之關係；五、促進抗敵各方之團結。但是，梁漱溟事後自省時覺行前五個目的遠未得完滿實現。勉強可以自慰的是他沿途作的一些講演的確鼓舞了前線軍民的士氣；此外便是見到了返回家鄉抗戰的鄉建同人，然而這殘存的幾百人就在梁漱溟在山東停留期間遭到了日軍的毀滅性打擊。在游擊區的考察使梁漱溟感到自己以前在〈抗敵指南〉中的一些設想和戰爭實況有許多乖悖之處，但梁漱溟已無能力在這方面作改弦更張的設計了。千里之行中對中國底層社會乃至窮鄉僻壤的親身體驗可以算是梁漱溟自民國初年目睹湖南戰亂以來對中國社會一次最深入的考察。這一經驗更加深了他十年前即得出的見解：在西方文化衝擊下的中國社會發展是如此的不平衡。華北華東之行是梁漱溟第一次目睹中國社會落後到何等地步，也使他感到中國問題的解決並非由封建或民主這種政治問題入手所能奏效的。中國的落後是文化落後而非政治落後，因此社會改造必由文化改造入手。中國農村的落後也更使梁漱溟再一次確認了他由鄉村入手改造中國的方針，認爲只有這樣才能求得社會的均衡發展。這是梁漱溟八個月巡歷的意外收穫。

中國民主同盟

梁漱溟是中國民主同盟的創始人和早期領導人之一。他在民盟成立初期參與謀劃重大事件，後來又獨立斡旋於激戰中的國共雙方，於民盟事業功績甚偉。

回到成都的梁漱溟在與黃炎培、晏陽初、李璜等人商談黨派關係問題時提出：國共之外的第三者目前雖有心調解國共關係，但這種第三力量均爲一些小團體，獨立行動的力量及影響甚小，莫若聯合起來共同努力，而此時其他朋友也大都想到了這種聯合。這種聯合產生了「統一建國同志會」。統一建國同志會自1939年11月成立後至發展爲中國民主政團同盟之前似乎未曾有什麼重要的統一行動。

1940年12月24日，梁漱溟、黃炎培、左舜生聚會於張君勱寓所。黃炎培認爲，如果同志會作爲第三者調停國共關係則必須有明確的主張和立場。於此遂有建立新組織的動議。翌日，四人邀請了同志會諸多同人來張君勱寓所續商，中共方面的周恩來亦前來參加㊺。同人一致同意建立新組織，並定名爲「中國民主政團同盟」。1941年 3 月19日，中國民主政團同盟在重慶特園召開成立大會，通過了該組織的綱領和章程；推選黃炎培爲民盟主席，梁漱溟等人爲常務委員；決定由梁漱溟代表民盟到香港辦報紙，宣傳民盟的政治主張並相機宣佈民盟的成立。民盟的十大綱領是在 3 月份同人擬定的十二條基礎上由梁漱溟進一步修飾而成的。宣言則全由梁漱溟在香港起草。瀏覽綱領和宣言可以明顯看出同人對中國政治的出路比一年前有了進一步的見解，同時也可以看出同盟此時的主要批評對象是國民黨。文件中除「軍隊國家化」的主張可算是同時針對國共兩黨外，其餘內容主要是針對國民黨的。

《光明報》在香港的壽命不足三個月。這三個月中，社長梁漱溟在報上發表了許多文章。有些文章是談他對中國社會和文化的分析，其內容與後來成書的《中國文化要義》相近，如〈中國文化的兩大特徵〉、〈政治上的民主和中國人〉，這些文章刊登在「中國問題」專欄中。還有一些是關於當時中國政治局勢的討

㊺ 見《黃炎培日記》。

論。梁漱溟在〈從國民參政會說到民意機關〉和〈再論國民參政會〉兩文中肯定了第一屆參政會的進步而明確批評了第二屆參政會的退步。他指出，參政會乃是當時爲更好地制定國策而建立的民意機構，但國民政府不能「自副初心」，致使這一民意機構徒有虛名。梁漱溟認爲，此時他要爭取的就是「執政方面要實踐民主精神」。其時，參政會第二屆第二次會議將於11月17日召開。梁漱溟在〈答國訊社記者問〉中談個人行止時說：既然第二屆參政會之組織明顯排斥異己尤其是敢言之士，已悖初旨，則本人應以大局問題爲重而不必去重慶「虛耗時間」，而今日在香港所爲正是最好地體現了參政會的初旨。梁漱溟還說：如果執政者尚承認團結全國力量的本旨，則必須改造參政會使其發生應有作用；如其不然，寧可廢去。「執政方面一日不納愚言，愚及同人諍之一日不止。執政方面必以我備員參政，則諍之於會中，更諍之於會外，執政方面不復徵我參政，雖不諍之於會中，猶將諍之於會外。」梁漱溟終於未去參加會議。

梁漱溟雖然在當時的政論中體現了整個民主政團同盟推動民主化進程的努力，在具體見解上，他和其他領導人或黨派並不一致。在〈憲政建築在什麼上面〉一文中，他指出憲政有兩個基礎：一個是機械的力量，即由階級間的鬪爭去求憲政；一個是精神的力量，即由人心本然要求而求憲政。在〈政治上的民主和中國人〉等文章中梁漱溟指出：中國古代以禮俗代國家法律，其中亦隱然有不少民主氣息。對這方面的論述直到《中國文化要義》一書才系統化，而此實爲梁漱溟十年來一貫思想，是他和其他民盟領導人分歧之處，也是他此前一直不熱心憲政運動的根本原因。也由於這種思想，他與國民黨和共產黨均有著區別。這一思想雖於此時尚未經過理論上的鍛煉，卻是自《東西文化及其哲學》以來積十餘年思考的結果，因而爲梁漱溟確信不疑。

1941年12月25日，香港淪陷，梁漱溟於轉年2月退居桂林。在那裏，他寫下了那封著名的信：〈香港脫險後寄寬恕兩兒〉。從這封信中，我們可以看到他此時對中國問題確然不疑的見解和卓然儒者的懷抱。梁漱溟此時對自己的生命存在賦予了歷史意義。他自認爲是唯一能「爲往聖繼絕學，爲萬世開太平」的人。如果他死了，「天地將爲之變色，歷史將爲之改轍」。有此天命在身，即使泰山崩於前，他亦將「泰然不動」。這完全是孔孟的口吻。然而梁漱溟有此不遜之言乃是有著十餘年的經驗爲基礎。1921年，他放棄出家之願領導中國人做儒家生活時仍然可以視爲出於大乘精神的救世行爲。十餘年間，他泛濫於中西學術益明儒學新生命之機運，游歷政壇日感國共及諸黨派均不能爲中國政治改造開闢新途，由此他認定自己的見解是中國未來唯一可行的設計。正是這些體驗使他有此慨然自命。「仁者不憂、智者不惑、勇者不懼」，梁漱溟此時已臻此境！

1943年9月，蔣介石提議在參政會內設憲政實施籌備會。10月20日，憲政實施協進會組織規則和會員名單見諸報端。此前，蔣介石指定會員中有梁漱溟並電邀其赴渝蒞會。民盟方面亦建議梁漱溟出席會議。但梁漱溟拒絕出席會議並由邵力子轉呈一長信（〈答政府召見書〉）陳述理由。

在廣西時期，雖然梁漱溟在發展民盟組織方面是和民盟中央相諧調的，但在個人言論及出處方面卻保持著明顯的獨立性。這是梁漱溟的一貫性格，也由於他自信對中國問題的見解是唯一正確的。在廣西期間，他雖然像以前一樣不參加任何有關促進憲政的活動，卻是比以前認眞地討論了中國的憲政問題。這些討論分別發表於廣西和重慶的報章（如民盟系統的《民憲》）上。因此，梁漱溟實際也參加到了憲政問題的討論當中去，並與重慶民盟方面的討論相呼應。梁漱溟討論了中國自淸末以來歷次憲政運動中中國人對憲政的理解，討論了英國、蘇聯憲政的不同模式以及中國社會及文化對於日前憲政實施的關係。這些討論比《光明報》上的討論有了進一步的深入。其中有些論述並不見諸後來的《中國文化要義》，是研究梁漱溟政治思想的重要材料。1945年，梁漱溟〈論當前憲政問題〉的長文中對中國政治結構提出自己的一個系統設計。這個設計以兩個原則爲基礎：一、以尊重國民黨的領導權、實行全國各黨派合作爲今日從黨權政治渡達民權政治之過渡方式。二、從戰時之國民動員引致國民參預政治，卽因動員機構以建立民意機關，爲民權政治之始基。根據第一個原則設計的方案主要有：⑴結束黨權政治，廢除國民黨的特權。⑵各黨派法律上平等。⑶成立國事協議會爲最高權力機關，於其中設一百名議員（國民黨四十名、共產黨二十名、民盟二十名、無黨派人士二十名）。⑷由國事協議會產生國防政府。⑸國防政府總攬全國治權。⑹軍隊脫離黨派。根據第二個原則設計的方案主要有：⑴澄淸國情調查統計。⑵保證使民眾依保甲制度自動聽從政府號召。⑶將全民悉納入組織，成爲大小動員單位。⑷成立各級動員會議，給民眾陳述意見之機會。梁漱溟的這些設計均是以抗戰這一根本任務爲背景。由抗戰而無從進行國民大選，因此必須有一過渡機構，但也必須結束國民黨之獨裁現狀。亦由抗戰動員爲主要任務，則組織必於動員爲方便之計，但這些組織的目的是要引導國民參預政治，由此達於民權政治而避免黨權政治。這個方案因日本投降又兼重慶方面的憲政運動不久即結束而未見反響。但是，這個方案可以反映出梁漱溟自抗戰開始時強調動員民眾並實現政治民主化的雙向考慮到此時才有一個全面而清晰的表達。

在國共之間

1945年8月15日，日本宣佈投降。7月，毛澤東赴重慶談判。偏居在廣西八步的梁漱溟以爲「國難已紓，團結在望」，而建國之根本在文化，因此打算退出政治去從事文化研究。這一願望當時曾分函同人。11月回到重慶後，他仍然作爲國民參政員參與政治活動。1946年1月底政治協商會議閉幕之際，梁漱溟將自己宣佈退隱的短文〈八年努力宣告結束〉公諸同人並於《大公報》發表，隨即又作〈今後我致力之所在〉。這些陳述與離桂赴渝之前又有了進一步的理由，即要站在政治外面來批評各派主張。他自認所見與國共及民盟中各派主張均有差異。這種分歧由來已久，只是在作爲民盟領導人時身處其中，爲了一致行動而失去了發表自己見解的機會。今天看來，這些見解不得不發表。其實我們從他在廣西的言論和行動已看出他那時已開始力求獨立，只是尚未批評到民盟各方。梁漱溟對當時的政治運動徹底失去了信心。他認爲中國問題的根本在文化而政治只屬表層。現在，要他再去和大家一起去舉手贊成那些並無實效的決議乃是不能容忍的事了，更何況這些決議是根據他一向不贊成的西洋政治模式炮製出來的幻想。他要貢獻自己的設想就必須脫離開往日那種「一致行動」。因此，當政協取得協議並進一步討論組織政府時，梁漱溟明確表示不參加政府。

3月時，東北國共軍隊的武裝衝突迫在眉睫。民盟作爲第三者居間調停。民盟自上年底左舜生辭職、2月張東蓀辭職後，秘書長一直空缺。眾人推舉梁漱溟擔任此職。5月，梁漱溟正式擔任民盟秘書長並作爲民盟參加和談的首席代表前往南京。11月，和談破裂。梁漱溟自覺難承此任，堅辭秘書長一職。在和談中，他與中共構怨。雖不久即撰文引咎，但是在1953年與毛澤東的爭吵中周恩來居然出面證明梁漱溟的「反共」由來已久。

本節名爲「在國共之間」，欲說明梁漱溟在政治立場及見解上並不偏於國共任何一方且與各方面均有區別。梁漱溟雖於11月回到他的根據地重慶北碚，卻一直仍在言論上參與國是並繼續在民盟的雜誌上刊文。作爲仲裁人，他此時是同情共產黨的。作爲一個「革命者」，他亦對十年來引爲同道的共產黨人寄予了厚望。他明確表示，雖然在主張上有「很大距離」，但彼此在根本上是相通的。10月和談破裂後，他也同情中共的強硬政策，在轉年5月的〈中共臨末爲何拒絕和談〉一文中也表明了這種態度。此文僅僅表達了作爲當事人的感受而並不代表梁漱溟對國共雙方政治主張的趨同或拒棄，他的立場是力求雙方合作。1948年底，蔣介石下野。梁漱溟寫了〈過去內戰的責任在誰〉一文。

〈過去內戰的責任在誰〉一文雖然激烈批評了國民黨，但在社會上也有一些人認爲梁漱溟是在「姑息」國民黨，是在「阻撓革命」。中共此時亦不喜歡人們再持中間立場。梁漱溟在〈敬告中國共產黨〉一文中要求共產黨一定要容納異己、不用武力。他說，要求中共「必須容納一切異己者之存在」首先是爲他自己而「請求」。他顯然看出自己的立場將被中共視爲敵人。這一內心世界在1952年〈我的努力與反省〉一文中再次袒露出來。梁漱溟明確表示：在中共於勢力上「若將領導全國」之時，他要求做一「諍友」。然而來自北方的言論或文章則缺乏容納異己的氣氛。針對中共「將革命進行到底」的趨勢，梁漱溟認爲自己要「堅決反對內戰到底！」梁漱溟這些議論雖然只據少許見聞而發，卻是中共當時實情。毛澤東在〈目前形勢和我們的任務〉及〈將革命進行到底〉兩文中都向「第三者」發出了警告。對梁漱溟的態度，中共也必然感到不快。1953年與毛澤東的衝突中，梁漱溟此時的言論和1946年和談中的表現都被視爲在國共和談的關鍵時刻幫助蔣介石反共。

通觀梁漱溟自抗戰以來的言論和行動，他的確從未在思想體系上屬於當時任何黨派。他也從未在組織上與任何黨派爲敵，因爲各方面的合作是他一直致取的。他要求的是「和而不同」。梁漱溟至今在海峽兩岸的輿論中仍然是個有爭議的人物，或指他「附共」或指他「反共」。如果認眞地看一下梁漱溟當年的文章就可以省悟到這些評價都屬誤會。牟宗三先生在梁先生去世之後發表一篇談話㊻。他初識梁先生是1948年在北碚，正值梁先生只言論不行動之時。他對梁先生與共產黨的關係是持批評態度的，卻語焉不詳。而在〈爲中國文化敬告世界人士宣言〉中對中國近代政治史的評斷與梁漱溟是一致的。

自1946年11月至1949年10月，梁漱溟最重要的工作是寫作《中國文化要義》一書。這部書是梁漱溟關於中國文化見解的總結性著作，也部分地反映了他二十年代以後的哲學見解。寫這樣一部書的志願大約是抗戰開始以後才萌發的。從他逃離香港後的

㊻ 見《中國的脊樑》，香港百姓文化事業有限公司出版。

家信中知他要完成三部書: 《人心與人生》、《孔學繹旨》、《中國文化要義》; 在退出和談後又擬作《現代中國政治問題之研究》。然而至1949年只有《中國文化要義》一書脫稿, 我們更可以看出他當時的學術研究仍是爲要解決現實政治問題。在十幾年前, 梁漱溟曾斷言西方近代社會和蘇聯的模式在中國都是走不通的, 但是從《鄉村建設理論》中卻可以看出他要吸收這兩個模式中的因素。在內戰時期他更明確指出: 中國、近代西方和蘇聯這三套文化「各有其不可抹殺之點」, 「必須把他們融會貫通起來, 使其矛盾扞格皆消融不見, 而後中國的新秩序世界的新秩序才都有了。」《中國文化要義》一書卽是要將自「覺悟」至《鄉村建設理論》中的探討進一步條分縷細。十幾年前關於中國社會改造的設計在此書中尚不及見。梁漱溟此時是否也準備解決這個問題呢? 他在幾篇文章中都談到要寫一本幾十萬字的「現代中國政治問題研究」。此書要談的主要是對中國現實政治改造的批評而不側重在建國方案的設計。但不能說他沒有這方面的考慮。從他1950年卽著手寫作的《中國建國之路》可以看出他的確是要在對中國文化作出理論上的深徹探討之後轉入建設性的方案設計。要著手作方案, 必須先對目前中國政治運動中的各個方案亦卽分別導源於西方、蘇聯、中國三個文化系統的方案作出取捨的評判。對此, 梁漱溟在政治中談了很多, 卻並不清晰。他談的仍然不出1930年時的議論, 並且還有些地方不能自圓其說。比如: 他仍然堅持個人自由說是西方文化發展的結果, 它對於夙乏集團干涉而恰以散漫爲病的中國乃是「無病呻吟」、「文不對題」且「適以加重其弊」。我們還可以看出梁漱溟在如何於中國產生一個建國新方案的問題上仍然本著「尊賢尚智」的方法甚至走得更爲極端。他說：「我們今日建國，決大疑定大計，天然是多數人接受少數人領導之事，尊賢尙智（專家）而不必然從眾。一般所謂民主，一般所謂憲政，於此皆不相應。」㊼梁漱溟甚至主張方案的制定只有靠「高明深睿的哲學家」才行，而一般的政治家、經濟學家、科學家均不堪此任。梁漱溟的這後一主張大約和他「政治的根本在文化」一思想有關。他從未談過哲學家和其他學科的專家有什麼不同，但他實際上認爲只有討論天理性命的人文科學才是一切科學之本。他說的這種「高明深睿」的哲學家肯定包括他本人在內。

第六節　1949年以後

在中共建立政權之初，梁漱溟對當時全國統一局面能否長久是持懷疑態度的。當他到東北、河南、山東等地巡歷了五個月之後，他開始認可中共並反省自己的一貫主張。這首先體現在1950年10月開始著筆的《中國建國之路》一書中。此書原本要寫成一長篇著作，因1951年 5 月去四川參加土地改革而中輟。在梁先生的遺稿前面有這本書的寫作提綱。這部書計畫寫三部分。上篇：中共三大貢獻。第一章、建國的一大前提；第二章、引進之團體生活；第三章、透出了人心。中篇：建國之路不同。第一章、彼此所同者；第二章、彼此不同者。下篇：願更有所建議。第一章、建國根本上之建議；第二章、建國技術上之建議。現在能看到的是此書上篇的抄整稿㊽。因無中篇且於上篇末又有作者添加一段

㊼ 見〈預告選災，追論憲政〉。
㊽ 已收入《梁漱溟全集》第三卷。

文字，不知此上篇是否已完結。但是從行文及篇幅看，上篇的內容已基本寫完。

從存稿及提綱看，梁漱溟是從三個角度來總結五個月的收穫的：評判共產黨的成績、反省自己過去的主張、再向執政者建議。這部書的副標題是「論中國共產黨並檢討我自己」。但是，梁漱溟此時究竟從哪些方面對自己有所檢討則尙不得見。這部分應該是「中篇」的內容。上篇談的是對中共的評價，而標準則是他以前那一套主張。

梁漱溟認爲中共的第一個貢獻是實現了「全國大局的統一穩定」。當然這只是「端緒」，然而它卻是建國的大前提。梁漱溟一向認爲，中國所以統一之局不能持久在於武力沒有一個階級作主體，因爲中國本就缺乏集團生活故而形不成西方歷史上的階級。中共之所以能成就統一在於它「結合成一個團體，以統治中國的武力主體自任」，這個團體就是「準階級」。和國民黨這個武力主體相比，中共實現了兩個條件。一、在階級基礎上標明「無產階級」，立場分明、壁壘森嚴。二、努力的方向明確——新民主主義。

於承認中共由階級鬪爭成就統一之績時必隱然承認了階級鬪爭學說。但是，這個產生於階級鬪爭的統一能否持久？梁漱溟回答說：「我尙不敢作此肯定」。他說要待中篇下篇更作商榷。

「團體生活」是梁漱溟一向認爲中國人十分缺乏並極力主張加以培養的。現在梁漱溟認爲：「中國共產黨在其團體組織上頗見成功，幾乎可說是前所未有。」中共本身在團體生活上的成功幾乎和西方史「如出一轍」：在外有不容情的壓迫，在內又一切生活於團體供給制。公共觀念於是養成，紀律習慣於是養成，法治精神於是養成，組織能力於是養成。這條路本是梁漱溟不想走的，「及見共產黨成功了，胸中只有說不出的感慨！」中共的路是一條階級鬪爭的路，這是梁漱溟歷來反對的，認爲它會帶來西方的弊端。他嚮往走倫理本位的路容納西方的團體生活。他未能成功。這是他後來相信中共的原因之一，雖然他以後又重新確立自己的見解。

掌權之後的中共又怎樣建立這種團體生活呢？梁漱溟總結說，這樣的組織有幾種。在中央和地方建立政權的工作卽是走向組織的表徵。在中央卽以「統一戰線」爲代表。在社會的基層，這種團體生活首先表現在經濟上不斷走向組織化，其次又有青年團、工會、農民協會及其他各種組織。梁漱溟對工廠中的情況比農村了解得更深入。他從經濟生活、生產活動、政治活動三方面總結了工會及政府在其間的作用。他對工會的作用是肯定的。這是因爲他覺得工會組織符合他原來引入團體生活的原則：彼此合作、人心向上。在合作的問題上，他主要從工會和政府的配合上去談，卻並未談到工廠管理民主化中工人的主動參與，雖然對於後者也有所見聞。工會和政府或資方的合作是梁漱溟最感到滿意的所在。因爲這是他一直主張並以爲能免西洋弊病的關鍵。在評價團體生活的質量時，他也肯定發於工會或政府的政策主張的動機是好的。這仍然是本乎「尊賢尙智」的原則來作評判。正是從這個立場出發，他對於團體對個人的單向硬性指令並不反感，對於二十年後卽破綻百出的勞動保護制度和公費醫療制度感到「羡慕」。不能說梁漱溟沒有顧及到作爲集中對立面的民主，但是他說：「集中了就要有民主，集中之後加以民主，就完全對了！」可見梁漱溟在引入團體生活的作法上一直以「集中」爲入手處的。固然，共產黨在建立政權之初是得到人民擁護的。此時一黨執政的弊端尚未顯露。這種一時的昇平之象固然影響到梁漱溟對中共的評價，但從根本上說梁漱溟的主張和中共的確有共同之處。

對農村工作的批評並不深入，雖然梁漱溟詳細瞭解了東北農業合作生產組織的構成。他認為中共在農村的成就有賴於此前十餘年的努力，而這一努力則建立在階級鬪爭的基礎上。中共能在比工人更散漫的農民身上取得成就，這使梁漱溟不得不認可階級鬪爭。

梁漱溟認為中共的第三個貢獻是「透出了人心」。他對此問題的討論很多。在遺留下的三萬字文稿中，這部分的討論有一萬五千字。「透出人心」實際是梁漱溟衡量引入西方團體生活是否成功的最終標準，也是衡量新的中國文化是否邁越西方的最終標準。這樣一個在階級的「血鬪」中成長起來的政黨如何能在一瞬間造就幾億人的蓬勃向上的政治局面？這在梁漱溟實在是一個謎！在對中共作評價時，他主要是根據一些現象。他認為這些現象層次的做法在基本精神上符合他的理想。這主要在「講義務而不重權利」一點。因為只有做到這一點才能保證人心向上，保證中國傳統文化中的理性人心不致於被西方模式遮蔽。他認為中國共產黨實現了這條。

對於梁漱溟的討論我目下沒有更多的篇幅進行批評。從以上三方面的簡介已足以使讀者看出他此時的確認可了中共的成就。這種認可完全不是來自中共的壓力，而實在是梁漱溟開始感到中共的某些做法和他在基本精神上的一致。並且，也由於這一承認開始使他反省自己，同時開始接受共產黨的階級鬪爭理論。1951

年10月31日，梁漱溟在政治協商會議上發言，表示「信從中國共產黨的領導並改造自己」。1952年5月，梁漱溟寫成了〈我的努力與反省〉一文，檢討自己致誤之處。前書和此文是紀錄梁漱溟當時思想變化的最重要的材料。

梁漱溟並非無條件地跟著共產黨走了。在中國新文化區別於西方文化的根本點上，他仍堅持舊日見解。《中國建國之路》之作的最終目的還是要談自己的建國方略，因此他並未對自己的理論全部失去信心。他在〈信從中國共產黨的領導並改造自己〉這篇發言中首先提出：我們的會議「在聽取報告表示擁護之外，是不是亦可以亦應該有些合理化建議呢？」[49]這是他退隱數年後重新參與政治活動時的態度。在1953年與毛澤東衝突之後，他反省自己參加政協之初的態度是受一種「矯然不羣的邪勁支配」。他的這種態度得到了一些人的贊賞並勸勉他：「現在沒有能說話的人，你不要輕忽了你的責任。」[50]和毛澤東的衝突在梁漱溟本人是依態度發展必然會有的事。

在與毛澤東發生衝突之後，梁漱溟很快便寫了一篇自我檢討。保存至今的檢討底稿不足四千字，顯然係敷衍之作，而且文中有些話並不符合梁漱溟本人一貫性格，顯然是在外界壓力下作的官樣文章。1955年批梁運動中他在報紙上作的自我批評[51]也應作如此看待。批梁運動是1949年以後大陸對梁漱溟的思想、理論及其所代表的三十年代中國鄉村建設運動的一次「清算」。梁漱溟本人此時並未對自己作再次全面檢討。與毛澤東的衝突只是他

---

[49] 見1951年11月2日《人民日報》。
[50] 引自梁漱溟1953年9月檢討底稿。
[51] 見1956年2月7日《光明日報》。

獨立思考個性的一次極端表現，並不能解釋爲他與中共掌握政權之後的政策決然對立。這在他於「大躍進」時期寫作的〈人類創造力的大發揮大表現〉[52]一文即可看出。

這篇文章的副標題爲「試說明建國十年一切建設突飛猛進的由來」，著筆於 1959 年 1 月，全文近六萬字。據梁漱溟晚年回憶，此文寫作的指導思想是依據毛澤東的《矛盾論》、《實踐論》和中共「八大」決議[53]。然而閱讀此文則會感到誠如他本人在跋語中所說的「謬托學習之名，卻販賣了自己的思想見解」。對照梁漱溟反省時的論述，我認爲他從未對中共在掌權之後繼續開展階級鬪爭表示過贊同。但是，他對大陸十年間的經濟發展是表示贊賞的。由此，他對當時的大躍進運動缺乏批評，認爲它符合自己和羅素一貫倡導的，是一種「創造性的衝動」。梁漱溟的這種態度固然有「以成敗論英雄」的標準作背景，但根本上還在於他認爲大躍進運動符合他的一貫主張。梁漱溟1949年之後對中共政治作爲的認可出乎三個原因。一是出於中共政權的順利建立，這使他不得不反省自己並表示要改造自己。這也是當時許多「資產階級知識分子」誠心誠意擁護中共並接受改造的主要原因。二是意識形態的薰習。三是中共的許多政策和梁漱溟在鄉建及內戰時期的思想有謀合之處。首先，社會主義是梁漱溟早年即已嚮往的。鄉建時期又對斯大林的社會主義有所承認。因此，他對於當時中國的社會主義政治的評價仍基本出於三十年代的立場，他也指出社會主義的通病在於集權過重，但他只是希望政府的集權和羣眾的「主動」能達致一種調和之美，卻並未對當時的民主不健

---

[52] 已收入《梁漱溟全集》第三卷。
[53] 汪東林：《梁漱溟問答錄》，頁154。

全提出批評。對於當時中國的經濟建設，他只是從身心關係的認識出發指出在當時應注意保障生產者的基本生活要求，但是他仍然把大躍進中那種失常的政治熱情看作「發乎心」的創造衝動而大加贊揚。這是一本他主張的「人心向上」而作出的評價，並非受中共的影響。

梁漱溟在 1953 年以後一直避免參與中共發動的歷次政治運動，這可能是他躲過了反右派運動打擊的原因之一。但是，由於他隱然反對中共在掌權之後大搞階級鬥爭終於還是招來了指責乃至批判。在〈人類創造力的大發揮大表現〉一文中，他即指出人與人之間的鬥爭會阻礙人類的創造與進步。這實際是對中共當時推行階級鬥爭政策表示不滿。當1962年中共八屆十中全會重申階級鬥爭之必要以後，梁漱溟又一次表達了自己的這種主張[54]。他的意見在當時的政協會上受到長達半年之久的批判，他本人也作了長達八千言的答辯。但是，梁漱溟本人並未保留這些發言的底稿和記錄。我們只能由汪東林的介紹得見一斑。雖然梁漱溟並未明確聲言反對階級鬥爭，而且出於自我防衛又辯明自己並未否認階級鬥爭，但是如果瞭解他自五十年代反省後對階級鬥爭的避而不提，那麼就會感到他於1982年發表的〈試說明毛澤東晚年許多過錯的根源〉[55]一文基本符合他本人思想發展。在晚年的這篇短文中，梁漱溟談到他在自我反省之後又漸漸恢復了自信。這說明他在三十年間是有變化的。由於缺乏材料，我尚不能指出他的自信是由何時開始重新確立起來的。

---

[54] 汪東林：〈五十年代末和六十年代初的梁漱溟先生〉。原載1988年4 月23日至5 月3 日《團結報》。

[55] 刊於《百姓》1982年1 月號。

梁漱溟在其人生最末四十年中基本上是一名學者。他不再是一個政治活動家和領導新思潮的思想家。雖然他在1953年那次衝突以及「批孔」運動中閃耀出的奪目光彩甚至使當代一切標榜儒學的人們望塵莫及，但三十年的封閉使他沒有條件繼續探討中國的政治新局，也無法像以前那樣親身實踐他所追求的理想。他所能做的只是他自北碚即已開始的文化研究。在這方面，他的成就仍然是值得後人珍愛的。《人心與人生》和《中國——理性之國》是他晚年成功的兩部主要著作。尤其是前者，它是梁先生一生哲學研究的最後結晶，是他幾十年重建儒學的最後系統表述。至於後者則較多地受到大陸三十年政治運動和意識形態的影響，不足以代表他的一貫主張，但是仍然可以看作研究梁漱溟晚年思想變化的重要材料。

第二章　早期文化觀

關於文化的理論研究以及中國文化的改造是梁漱溟一生所做的主要工作。1921年，他基本上形成了自己的文化觀，即在《東西文化及其哲學》一書中提出的人類文化三期發展的理論。這種觀點在他一生中一直沒有改變，以後的工作只是在哲學上給以論證。

梁漱溟的東西文化觀在思想發展上分爲前後兩個時期。第一期以《東西文化及其哲學》一書爲標誌，第二期則表現在《中國民族自救運動之最後覺悟》、《鄉村建設理論》和《中國文化要義》等著作中。前期的文化觀主要是提出了人類文化的三期發展說，並預言未來的世界文化將是中國文化的復興。後期文化觀側重於說明西方文化在中國的行不通、中國必須也必然會依靠自己的傳統文化自立於世界現代化的行列中並爲世界文化的發展指明方向。前期文化觀對世界未來文化的走向所作的預測是建立在對帝國主義時代西方社會的考察之上，後期文化觀則主要依據對中國近代歷史的反省。梁漱溟文化觀的理論建構主要是以其哲學觀爲基礎的。在前期，這一基礎主要是佛教唯識學，後期則主要是他自己形成的道德哲學。

第一節　文化論戰的影響

1915年在《新青年》和《東方雜誌》上展開的東西文化問題的討論在中國的思想界和學術界激起了軒然大波。這一討論延續了十幾年。梁漱溟的《東西文化及其哲學》是這次討論中曾引起強烈反響的系統著作。1932年，全盤西化派的健將陳序經在他的《中國文化的出路》一書序言中曾這樣說道：在十餘年的文化討論中，成系統的著作「除了梁漱溟先生的《東西文化及其哲學》外，再也找不出來。」「梁先生的書出版到今，已有了十餘年，這麼長的時期內，竟沒有人去寫第二本，中國知識界的饑荒，一至於此！」

雖然如此，梁漱溟並非自始至終一直參與了這次論戰。在1915年文化論戰開始時，梁漱溟尚未結束他當時遁世求佛的思想消歇期。雖然此後他也逐漸大量瀏覽了有關中國、印度及西方文化的書籍，但他只是在任教於北京大學之後才切身感受到文化論戰的衝擊，才由這種衝擊激發他對三方文化作了一番系統的分析，從而形成了自己的文化觀。

在《東西文化及其哲學》當中，梁漱溟首先談到了文化討論對於解決中國社會問題的緊迫性。梁漱溟的這些見解是受到了當時陳獨秀、李大釗一班人的影響的。他在1917年開始研究東西文化問題時尚出於一種「壓力」，「很苦於沒有人將東西文化並提著說」；此時他已從中國近幾十年西學傳入的歷史總結中認識文化研究的重要性了。他認爲，中國人最初試圖「師夷之長技」，卻沒有留意到它們的根源，即西方的根本文化。聲光化電一類只是西方文化的結果，「以爲將此種結果調換改動，中國就可以富強，而不知道全不成功！」繼而又試圖引入西洋的政治制度，但移植來的西洋制度仍不能在中國實現。於是中國人意識到了以往注意的只是些細枝末節，要求西方人的根本。這個根本就是「整個的西方文化」。梁漱溟此時也認識到:

> 中國人民在此種西方政治制度之下，仍舊保持在東方化的政治制度底下所抱的態度。東方化的態度，根本上與西方化刺謬；此種態度不改，西方化的政治制度絕不會安設上去❶！

此刻，這個 根本的文化問題已迫在眉 睫了! 陳獨 秀當時發 表了〈吾人之最後覺悟〉一文，得到了梁漱溟的盛贊。他認爲陳獨秀邁越眾人的地方就是他看到了東西方的根本不同，看到了西方化是整個的東西、不能枝枝節節零碎地看待。只有在這個根本問題上入手才能爲中國的未來開出一條道路。梁漱溟的思想並沒有落在五四新文化運動的後面。對於五四運動批判封建文化以及文化論戰在中國思想史上的意義，他是持肯定態度的。這一點正是以往人們誤解梁先生的根本所在。在今天眞有爲梁先生「翻案」的必要了。

認識到文化問題是一切問題的根本，隨之而來的問題就是:既然西方文化在世界範圍內取得了巨大的勝利，那麼，要學習西方，就要對東方文化是否還有存在下去的根據作一回答。梁漱溟

---

❶ 《東西文化及其哲學》，頁9。

指出：此問題直截了當的就是東方化可否翻身爲一種世界文化的問題。它若不能成爲世界文化，則根本不能存在；若仍可以存在，當然不能僅適用於中國，而須成爲世界文化。可見，他是從世界範圍和人類歷史發展的角度上考察中國文化的危機及其前途的。

梁漱溟認爲，處在衝突之中的中國文化在此時面臨三條道路：

一、倘然東方化與西方果眞不並立而又無可通，到今日要絕其根株，那麼我們要自覺地作徹底改革，不要與東方化同歸於盡；

二、倘然東方化受西方化的壓迫不足慮，東方化確要翻身，那麼對今日之局如何求通要有眞實的積極的解決；

三、倘然東方化與西方化果有調和融通之道，那也一定不是現在這種「參用西法」可以算數的，須要趕快有個淸楚明白的解決❷。

這三條路實際談的是兩個問題。一、東方化是否還能生存下去；二、東西文化能否融合爲一新的文化形態。梁漱溟在此時評判一種文化的價値時所持的標準就是看這種文化是否有世界意義、是否能成爲一種世界性的文化。他首先批評了調和論，尤其批評了胡適的一些論述。梁漱溟十分贊賞陳獨秀、李大釗當時對中國舊文化的批判。他認爲，中國在精神生活、社會生活、物質生活等方面都遠遠落在西方後面。既然東西文化有著古今之別，那麼若說東方化能「翻身」，這在邏輯上是講不通的。胡適在

❷ 同前書，頁8。

《中國哲學史大綱》中曾預測中西哲學將會發生融合。他說:「今日這兩大支的哲學互相接觸互相影響，五十年後一百年後或竟能發生一種世界的哲學也未可知。」梁漱溟則認爲，中國古代哲學沒有經過西洋哲學在近代的那番批評改造，它在今天只能作爲一種「古董」。因此，胡適等人想要融合中西文化從而成就一種世界新文化的說法「只能算是迷離含混的希望，而非明白確切的論斷。」梁漱溟說，這些持調和論的人們有許多是受了西方人贊揚中國文化的影響，代表人則爲梁啟超。他們並不眞正知道中國文化的價値究竟在哪裏，只是人云亦云而已。若說中國文化和西方文化相同的內容就是有價値，那麼恰恰說明中國文化的不足。中國文化若有可寶貴之處，必在其特別之點上❸。

總的來說，梁漱溟此時對於文化問題的思考和五四新思潮基本上是一致的。當時的進步思想家們基本上都把目光集中在文化的時代性上。梁漱溟也是如此。並且，在梁漱溟看來，一個民族的文化精神和生活態度是可以改換的，也是可以移植的。由於強調了文化的時代性，梁漱溟不同意文化融合論的觀點。但是，梁漱溟指出了時人對東方文化缺乏認眞系統的研究，從而對東方文化尤其是中國文化在現時的命運和前途作不出令人信服的說明。這一點是梁漱溟區別於當時新舊兩派的特異之處，而《東西文化及其哲學》正是在這方面作出了有特殊意義的工作。

---

❸　同前書，頁13—14。

第二節 文化觀的基本結構

意欲和文化形態

梁漱溟提出了自己觀察文化的方法。他說:

> 文化是生活的「樣法」。生活就是沒盡的「意欲」(Will)——此所謂「意欲」，與叔本華所謂「意欲」略相近——和那不斷的滿足與不滿足罷了❹。

梁漱溟認爲: 文化是各民族的生活方式，生活方式的不同最終是由意欲活動的方向決定的。意欲支配著人們的生活，因此也就決定著文化的形態。要尋求各種文化之所以有不同，就要去考察意欲的活動。梁漱溟在他用的「意欲」一詞標出 Will，並註明它與叔本華的意思相近，但他對人們生活的基本表述是本著佛教思想作出的。正如他所說: 「這觀察文化的方法，也別無所本，完全是出於佛家思想。」❺

意欲如何成就了生活呢? 梁漱溟用唯識學關於意識決定世界的學說作了說明。他說:

> 生活卽是在某範圍內事的相續。這個事是什麼? 照我們的意思，一問一答卽唯識家所謂一見分一相分——是爲一

---

❹ 同前書，頁24。
❺ 同前書，頁48。

事。一事，一事，又一事。……如是湧出不已，是爲相續。爲什麼這樣連續湧出不已？因爲我們問之不已——追尋不已。一問卽有一答——自己所爲的答、問不已答不已，所以事之湧出不已。因此生活就成了無已的相續❻。

事是由主觀的行爲造成的。因爲問是由主觀作出的，卽見分的活動；答也是由主觀作出的，卽相分的活動。這種探問的工具有六種：眼、耳、鼻、舌、身、意。人類任何時候的一種感覺或一個念頭都是「一問一答的事」。在這些工具後面有一個生產者和支配者，梁漱溟稱之爲「大潛力」或「大意欲」。這種主體的活動過程就是生活過程，就是主體造成事物的過程。活動所作用的對象也是主體變現的。梁漱溟說：「當乎這些工具之前的，則有殆成定局。」❼生活就是意欲支配著六種工具對這「殆成定局之宇宙」的「奮鬪努力」。這個對象是否爲異己的呢？不是。它還是意欲造成的。「這個宇宙可以叫做『前此的我』或『已成的我』，而現在的意欲就是『現在的我』。……這個現在的我大家或謂之心或精神，就是當下向前的一活動，是與『已成的我』——物質——相對待的。」❽梁漱溟是本著「唯識無境」說來敍述他對生活、對世界的看法的。人的生活就是人的主觀意識的活動過程，而不是一個主體對客觀外在的物質世界的反映和改造過程。因爲不但主觀的活動完全是由主觀意識支配和決定的，連活動的對象也是由主觀意識造成的。梁漱溟認爲，每個人的自身（正報）和

---

❻ 同上。
❼ 同前書，頁49。
❽ 同上。

環境（依報）合爲一個人的宇宙。這個宇宙是這個人的活動造成的。所以每個人都有每個人的宇宙。但這個宇宙是虛假的，因爲它是由意識的活動變現的。所以：「盡宇宙是一生活，只是生活，初無宇宙。由生活相續，故爾宇宙似乎恒在，其實宇宙是多的相續，不似一的宛在，宇宙實成於生活之上，托乎生活而存者也。」❾這就是梁漱溟說的：「生活的眞象」。

梁漱溟說，生活就是用現在的我對於前此的我的奮鬥。什麼是奮鬥？每個現在的我都要向前活動，都有一個前此的我作爲我當前的「礙」。比如「器世間」就是這些障礙。要有所活動就要克服這些障礙。這種改變「前此的我」的努力就是奮鬥。但是生活中爲礙的不僅限於「已成的我」卽物質世界，還有別的。

一是「其他有情」。這裏指的不是那些有情的「根身」而是「他心」。比如，「我」要求他人同意「我」的意見，這時爲礙的就是「他心」。

二是「宇宙間一定的因果法則」。這裏梁漱溟指的是生命的必然法則，如生老病死。

這樣，作爲生活著的「我」面臨著三種障礙：物質世界、他心、宇宙間一定的因果法則。生活是沒盡的意欲和不斷的滿足與不滿足。由於存在這三種障礙，滿足與否就存在三種可能。一、可以滿足。這是指對於物質世界的奮鬥。梁漱溟認爲人對物質世界的奮鬥是可以達到預期目的的。二、滿足與否不可定。這是指對「他心」的奮鬥。因爲他心全然在我的要求之外，能否滿足沒有把握。三、絕對不能滿足。這是指對宇宙法則的奮鬥。因爲宇宙法則是必致之勢，人在這種客觀世界鐵的規律面前是無能爲力

❾ 同前書，頁48。

的。梁漱溟把生活中的這三種情況叫做「人生三種問題」。這三種問題，梁漱溟又把它表述爲人對物的問題、人對人的問題、個人自己對自己的問題。他認爲人生問題不出這三種，因此人的生活就有三種不同的路向，即三種不同的生活態度：

一、「向前要求」。這條路向的生活態度是：「奮鬪的態度」，即改造局面、設法取得所要求的東西。這條路是生活的本來路向。

二、「對自己的意思變換調和持中」。這種生活態度不是去改造局面，因爲所對的是第二種障礙：他心。人的要求是否能滿足不完全取決於自己。因此，這條路向上的人們就要通過：「變換自己的意思」以求滿足。

三、「轉身向後去要求」。這時人面對的是宇宙發展的必然之勢，人在它面前無能爲力。因此，走這條生活路向的人既不向前奮鬪，也不反身調整自己，而是根本取消這個問題。各種禁慾主義的生活態度都屬於這條路。梁漱溟認爲這種態度是最違背生活本性的。

梁漱溟說，這三條路向就是人類生活的三種樣法，所有人類的生活都不出這三種樣法。三條路向也就是意欲的三種路向。文化是生活的樣法，而生活的樣法又是由意欲的路向決定的。因此，「文化之所以不同是由於意欲之所向不同」。按這個方法，他對三方文化作了歸納。

「西方文化是以意欲向前要求爲根本精神的」。西方文化有三大異彩：征服自然、科學方法、民主。這三種色彩都說明西方人持的是向前奮鬪的態度，由此打破了自然的障礙，打破了信仰的觀念，打破了種種權威。他們走的是意欲的第一條路向。這條路向自古希臘卽開始了。中世紀有一千多年轉入第三條路上。自文藝復興後又回到第一條路上，就是在這條路上，西方人成就了理智的生活。

「中國文化是以意欲自爲調和持中爲根本精神的」。梁漱溟認爲，中國人的特點是安分、知足、寡欲、攝生，不求改造外部，而是調整自己以求適應外界情況，因爲持這種態度，就不會要求征服自然，對權威也只好忍受。因此也絕不會產生出輪船火車，也不會產生出民主。

「印度文化是以意欲反身向後要求爲其根本精神的」。梁漱溟認爲，印度的物質文化和社會生活都不進化，只有宗教很興盛。印度人要求的是努力解脫世俗生活，因此它是反轉向後的。

梁漱溟對生活及文化的解釋是出於一種唯心主義哲學。從他的敍述看，他說的「意欲」其實就是人的意識，亦卽唯識宗講的「末那識」。它的作用就是思慮，支配著眼耳鼻舌身意卽前六識的活動。客觀世界卽是這七識的活動造成的「業」。按唯識宗的教義，這些業的體是「思」。這就否認了外界事物乃至整個宇宙的客觀實在性，它們不過都是人的意識變現的。梁漱溟正是從「唯識無境」說的角度作出「只有生活初無宇宙」的結論。人的生活也不是人改造客觀世界的物質生活，而是意識的主觀活動。梁漱溟正是在這個意義上把他關於意欲的學說和叔本華的思想相比較。叔本華的哲學是生活意志論。叔本華把世界分爲兩個，一個是意志世界，一個是表象世界。表象世界是意志的表現和客觀化，它是虛假的。意志是每一種事物的本質，也是全部事物的實質與核心。意志是什麼？它是一種神秘的生活力，它的基本特點就是求生存，它是一種欲求。梁漱溟主要是從意志的欲求性這個意義上使用「意欲」這個詞。從意志的欲求性以及意欲要求形成外部世界這點來看，梁漱溟的意欲說和叔本華的一些學說有相似之處。意欲的性質就是向前奮鬪，這種生活的本來路向是梁漱溟由末那識的執求性導出的。他對生活的解釋是唯意志論的，但仍與叔本華有區別。叔本華把意志作爲唯一的實在，是宇宙的本體。梁漱溟則是按佛教哲學來解釋生活。他說的意欲是末那識，是人的自我意識，它不是宇宙本體。宇宙本體是阿賴耶識，它才是唯一的實在。

世界文化三重現

梁漱溟由意欲的活動方向歸納出人生三大問題。這三個問題在人類歷史上是次第出現的。由於人類次第解決這三個問題，由此決定了人類文化的三個時代。這三個時代所解決的問題不同，所用工具也不同。中國、西方、印度三種文化代表著人類對這三個問題的解決，它們都會成爲世界文化的代表而次第出現在人類文化史上。這就是梁漱溟關於世界文化三重現的基本觀點。

梁漱溟說，人類出現後面臨的第一個問題就是求生存的問題。要滿足生存要求，就要與自然奮鬪，因此這時的人生態度是向前要求。近代以來的西洋人都是持這種態度。這種人生態度就是只求對外，不求對內。在對付自然時，他們用理智構造的知識去分析它、利用它、戰勝它。他們把這種態度也帶到社會生活中來，造成人與人之間的經濟競爭和生存競爭。這時人類就從人對物的問題的時代轉入人對物的問題的時代，文化也就進入第二期。第一期人類面臨的是物質的不滿足，第二期則面臨精神的不安寧。物質不足必求於外，精神不寧必求於內，意欲的方向必由向前轉爲向內的自我調和。這就是中國人的態度。孔子的學說就是把精力集中在人的情志方面。梁漱溟認爲目前人類已處在從第一期向第二期的轉變時期。他用西方當時的經濟危機和思想界的新變化說明第一條路再也走不下去了，它已開始給人類造成許多痛苦。必須提高人格，依靠人類的社會本能、依靠不計較算帳的感情去生活。因此他斷言，最近未來的人類文化必將是中國文化的復興。第二期人類的生活是情感的生活，而生老病死這些不可抗拒的宇宙法則恰恰給人類的情感帶來痛苦。這三種問題一直存在著，但以前給人類帶來的痛苦尚未發展到極端。「到那情感益臻眞實之後，就成了滿懷唯一的問題」。第三期的文化於是就產生了。這就是印度文化。以上就是世界文化的三期發展，也是這三方文化在近代及未來歷史上的重現。第二期、第三期文化在古代中國和印度的出現則是這兩國文化的早熟。也正因爲它們不合時宜，所以只能委曲地表現出一種曖昧不明的文化。但是，它們既然代表著人類對第二、第三問題的解決，則必將在世界文化的未來大行其道。爲什麼會出現這種早熟呢？梁漱溟在這個問題上陷入了天才論。他認爲，這兩國古代的聖賢們在那時就領著人們去做那種高明的生活，才成就了這些早熟的文化。

人類文化有三期，三期文化的順序是意欲的活動支配的，所用的工具分別就是理智、直覺、現量。梁漱溟說：

> 照我的意見人類文化有三步驟，人類兩眼視線所集而致其研究者也有三層次：先著眼研究者在外界物質，其所用的是理智；次則所著眼研究者在內界生命，其所用的是直覺；再其次則著眼研究者將在無生本體，其所用的是現

量⑩。

從這種人類文化三重現的觀點出發，梁漱溟認爲，不能抽象地評價一種文化的優劣，只能就某一時期的人生問題來評價。

梁漱溟是從人類的存在及其生活方式之不同入手研究文化形態的區別和關係的。他把人類生活問題分爲三種，這三種問題實際是人類求生存的問題、人類生活合理性問題、人如何戰勝客觀規律的問題。這三個問題在梁漱溟一生的文化觀論述中一直沒有改變。他認爲人類的發展過程就是解決這三個問題的過程。但他用思想的原因來說明人類文化發展的歷史，因此是歷史唯心主義的。他把人類文化的產生和發展歸源於人的意欲的要求，實際是歸源於人的思想動機。這種錯誤的原因就在於他顚倒了人的意欲和人的生活方式的關係。人的意欲要求只能用人的客觀存在的生活方式說明。人的生活方式是歷史的，是由不同時代的經濟關係和其他社會關係決定的。

梁漱溟此時所持的是佛教哲學的世界觀。從他的論述中可以看出他的基本思想就是佛教哲學主張的：諸行無常、諸法無我、涅槃寂靜。他用佛教的眼光看待人類的存在，因此人生就是無常、無我、苦。他又吸收了叔本華的生活意志論，把欲求看作是生命的本質，而這種欲求不能得到滿足，反而徒增痛苦。因此，人類文化的發展就是一步步走向痛苦、加深痛苦，最後擺脫現實生活、否定人類自身的歷史。梁漱溟的這種世界觀在理論前提上就包含了對他討論的人類生活的否定意義。他說的人的意欲就是

⑩ 同前書，頁177。

末那識，是與宇宙本體相悖的東西。末那識使人產生「我執」，這就是人類產生各種生活問題的根源，也是人生痛苦的根源。要解除痛苦只有進入寂滅。這種宗教的歸宿在人類生活一開始就決定了。這種宗教世界觀使梁漱溟對人類文化及人生三問題的研究遇到了矛盾。他提出的意欲說不能圓滿解釋人生三問題，前提和結論是矛盾的。三個問題不是由意欲衍生出來的。意欲的方向實際還要受這三個問題支配，怎麼能把生活樣法的區別歸結爲意欲呢？意欲更不能決定人類解決這三個問題的順序。梁漱溟提出現量、比量、直覺這三個概念作爲人們解決三個問題的工具。人類文化的區別不應當用這些概念作分別的歸納，更不能把它們在宗教中的意義拿來判定人類不同地域的文化。因此，梁漱溟對人類解決生活問題方法的歸納是主觀的。他更解釋不了他所謂的東方文化早熟問題。他從佛教立場去評價人的生活要求，必須把人類的生活要求及其對客觀世界的認識都看成是錯誤的以至荒謬的。佛教對人生的看法是虛無主義的，他卻要從這個前提出發去談人類文化的合理性。這本身就是一個矛盾。

第三節　三方文化之比較

《東西文化及其哲學》的任務是要通過對中國、印度、西方三個文化系統的各自情況作一番比較研究，從而說明它們在人類歷史上的地位和目前面臨的命運。應該說這是一種比較研究。在整部著作中，這種比較研究所佔的比重是很大的。梁漱溟提出了一個預先構造的框架。這個框架主要是表現了一種進化的文化觀。梁漱溟主要是從這個框架的主導思想去說明三個文化系統在人類發展史上的順序位置。於是，本來屬於某一地域或民族的文化在邏輯上就成了某一時代全人類的文化。可以這樣說，梁漱溟的這種進化的文化觀最終將會抹煞文化的民族性。

但是，此書還是花了大量篇幅對三個文化系統作了一番比較。這種比較主要討論的是三方的哲學。梁漱溟在這裏著重分析三方文化在哲學方面表現出的區別。所以如此，原因有二：一是由於他在此時看到了文化的差別和衝突不僅僅表現在人們所使的器物和政治制度上，更重要的在於人們生活態度上的差別；二是他認爲決定人類文化發展的原因是人的主觀精神而不是外界的物質環境。他曾說：「通是個民族，通是個生活，何以他那表現出來的生活樣法成了兩異的彩色？不過是他那爲生活樣法最初本因的意欲分出兩異的方向，所以發揮出來的便兩樣罷了。」⑪他也批評唯物史觀的缺點在於忽視了人的主動性，把人類看作被動的人類，「全不認創造的活動，意志的趨往。」⑫梁漱溟看到了人類在創造文化歷史過程中表現出的主觀能動性，看到了文化差別的現象後面有深層的主觀原因。但是他未能對此作出令人信服的說明。

梁漱溟是從哲學的探討出發比較三方文化的。他認爲，思想也是廣義的哲學。廣義的哲學可以劃分爲形而上學、知識論和人生哲學三部分。三方文化在這些領域中的表現是不同的。他曾做了一個表格使讀者能明瞭三方文化的情勢⑬。下面是我對他的概括所作的轉述：

---

⑪ 同前書，頁24。
⑫ 同前書，頁44。
⑬ 同前書，頁68。

西方 在宗教方面曾一度盛行，後遭到批評發生變化以順應歷史發展的需要。形而上學在起初甚爲興盛，遭到批評後幾至滅絕，至今仍未復興。知識論一度成爲哲學的中心論題。人生哲學則不如形而上學和知識的討論，並且也是粗淺的。

中國 宗教觀念一向淡薄。形而上學與西洋及印度全然不同。對知識論方面的討論絕少注意，幾乎可以說沒有。人生哲學「最盛且微妙」，並且與形而上學聯爲一體。

印度 宗教成爲它思想的全部內容，久盛不衰。形而上學的動機與西洋不同。知識論的討論很細緻，但不繁盛。它的人生思想全部爲宗教的人生觀，因此倫理觀念淡薄。

梁漱溟認爲三方哲學所討論的問題是不同的。西洋哲學和印度哲學討論的是宇宙本體，是靜的問題；中國哲學討論的是變化，是動的問題。西洋和印度雖然討論的問題一樣，但兩種哲學卻有本質區別。這種區別的原因在於他們動機的不同。西洋人的動機是知識的動機、科學的動機。印度人的動機是行爲的動機、宗教的動機。西方人在希臘時代和文藝復興以後研究哲學都出於「愛智」；印度人則要「試著去解脫生活復其清淨本體」。因此，哲學在印度就演變爲一種宗教。

由於三方哲學的問題不同或動機不同，他們所用的方法也不同。梁漱溟對三方哲學的探討乃是爲了說明人類解決三種問題所用的工具。他用了三個概念對三方的哲學進行了歸納：現量、比量、非量。他自稱這些概念是來自唯識學的，實際上他也作了一些修正。

現量 梁漱溟說：「所謂現量就是感覺」⑭。現量是對事物

⑭ 同前書，頁70。

「自相」的認識，即對個別屬性的認識。這種感覺是單純的感覺，它不涉及對象的本質。梁漱溟按唯識學的說法對現量認識的性質作了敍述：「用眼睛看時，所得卽爲我眼識之所變現」，非外物之本質。認識對象是由識體的相分變現的，它也是由主觀生出的。因此，認識的結果不反映客觀外物的本質。

比量　「比量智卽今所謂理智。」⑮比量所得的認識就是意義、概念，卽唯識家所謂「共相」。梁漱溟認爲，這種共相也是主觀的相分產生的，與客觀外物沒有關係。比量所得知識也不是在現量積累的基礎上產生的。梁漱溟只是在運用概念判斷進行推理的意義上把比量稱爲理智。他在〈唯識家與柏格森〉一文中也說：「唯識家所用的名或端（term）都是明切呆定的概念」。這與柏格森所極力排斥的理智方法，或科學家所用的方法是一樣的⑯。

直覺——非量　梁漱溟所說的非量的意義和唯識學本來的意義不同，因此他把直覺標在前面。在唯識學中，非量指的是似比量和似現量，卽錯誤的比量和現量。梁漱溟自稱他所說的非量是指介乎現量和比量之間的認識階段。梁漱溟認爲，按唯識學的說法，現量重複多少次都還只是現量，沒有一點意義。這樣比量智就無法發生綜合作用。所以在現量與比量中間另外有一種作用。這種作用發自「受」「想」二心所。受想二心所是能得到一種不甚清楚而且說不出來的意味的。如此，從第一次所得「黑」的意味積至許多次，經比量智之綜合作用貫穿起來，同時與白、黃、紅、綠……種種意味相區別。然後才有抽象的意味出來。受

---

⑮　同前書，頁71。

⑯　《漱溟卅前文錄》，頁173。

想二心所對於意味的認識就是直覺。梁漱溟自稱他關於非量的說法是對唯識學的修定。我認爲，梁漱溟的論述也並非全無根據。在佛教哲學中心所所依賴的心王的作用就是思量、了別、積累和保有經驗。但是，梁漱溟關於直覺的論述主要是從他對柏格森哲學的理解作出的。他說：「直覺認識的是一種意味精神，趨勢或傾向。」⑰我們看見別人的書法就可以得其意味或精神，但難以言說，「自己閉目沉思，固躍然也」，這就是直覺的作用。這時，我們只有一次感覺，卻可以得其意味，這必須有一個直覺在起作用。這種意味既非感覺，亦非概念，「實一種活形勢也」。梁漱溟說，這種直覺所認識的是一種「帶質境」。所以稱之爲帶質境是因爲直覺所認識到的意味一半出於主觀，一半出於客觀。比如聽聲音。聲音是客觀確實存在的，稱爲「質」。但聽者產生的意味是客觀的聲音所沒有而由主觀加上去的。所以把這種認識形式稱爲「非量」，是因爲比、現量均對對象不增不減，「唯直覺橫增於其實則本性既妄」。直覺又分爲兩種，一種附於感覺，一種附於理智。聽聲音而得妙味卽附屬於感覺，讀詩文得妙味則附屬於理智。「惟如認識生活及我時，才能見出第二種直覺的重要來。」⑱

梁漱溟的直覺論和唯識學的比量、現量實際全無關係。他說的直覺指的是一種主觀的體驗。這種直覺的重要意義在於其主觀性，卽體驗到的意義不是客觀對象自身的本質，而是主觀加於對象之上的。梁漱溟的「直覺」是從西方生命主義借來的，目的在於和比量、現量搭配成一個哲學的框架用以歸納三方文化的哲學

---

⑰ 《東西文化及其哲學》，頁72。
⑱ 同前書，頁73-74。

特徵。他用這三個概念對三方哲學作了考察並對三方的生活作了判定。他認爲:「西洋生活是直覺運用理智的」。梁漱溟把近代西方人的科學活動及政治民主生活稱爲理智的生活。文藝復興以後，西方人認識了「我」，也認識了自然界，自覺地重新採取了希臘時的人生態度，因此使理智活動大大發達。他們把人和自然劃分開，對自然用理智進行分析，由此產生了科學。在社會生活中他們也採取理智的態度，用征服自然的態度來處理人際關係。人與人之間的感情聯繫被這種冷酷的理智分析打斷了，產生出了自由、平等和民主。所以理智是西方人作生活的唯一重要的工具。理智是靜觀的、無私的。它自己不會動，只是一個工具。是誰在支配這個工具呢?是直覺。這個直覺就是西方人對「我」的認識。梁漱溟把西方近代的變化歸源於文藝復興開始的個性解放(認識到了「我」)。這個「我」只有靠直覺才能認識到。西洋文化就是由這種直覺的「我」的意欲在向前要求過程中造成的。

「中國生活是理智運用直覺的」。梁漱溟認爲中國人的生活是直覺式的生活。這首先表現在中國哲學講的是變化問題。要認識變化不能靠理智，因爲理智的概念是靜的呆板的，而變化是「活動的渾融的」。要認識變化只有靠直覺。中國人的直覺尤其表現在他們的道德哲學中。這種哲學就是任自然、率性。任自然就是採取理智的「打量計算」的辦法，憑著道德感情的自然流露去做事，這種道德感情爲良知良能。所以如此，就因爲它是不慮而知、不學而能，是自然表現出來的。我們人的生活便是流行之體，他自然走他那最對、最妥貼、最適當的路⑲。梁漱溟認爲這

---

⑲ 同前書，頁125。

種良知良能就是直覺。這種道德生活中的直覺是人人都有的求對求善的本能。憑著這種本能式的直覺去做自然能够活動自如。不失規矩，就能合天理。不聽任直覺，要有意地打量計算，就叫做「私欲」。他引王心齋的話說：「天理者天然自有之理也，才欲安排如何便是人欲。」因爲天理「不是認定的一個客觀道理，如臣當忠、子當孝之類，是我自己生命自然變化流行之理。」⑳因此他認爲孔子的唯一重要的態度就是不計較利害。但是他又說，中國人的這種直覺生活不是完全排斥理智的。中國人在聽任直覺的同時還講求「回省」。這種回省「是有意識的，理智的活動。」㉑這種理智過程的最明顯的例子就是孔子的中庸之說。孔子的中庸說就是在主張自然地任直覺的求中之外，「更以理智有一種揀擇的求中。」㉒梁漱溟認爲，若直接任一種直覺走下去，容易出現偏頗。有了這種理智的回省就可以避免這種偏頗。

「印度生活是理智運用現量的」。梁漱溟說，印度人做的是現量生活。這種現量分兩步。第一步現量是達到純靜觀的感覺認識。這種純靜觀的現量是要將有所爲的態度去淨而成爲無私的。比如看飛鳥，就只見鳥（但不知其爲鳥），不見其飛；如看動旛，只見旛，不見其動。次一步現量是進一步的無私的靜觀。「就是眼前的山河大地沒有了，空無所見！空無所見，就是見本體。」㉓他認爲，照佛家的意思，人之所以奮勇地向前追求，是以我執和法執爲基礎的，即把自己和萬物看成實有。其實它們都

⑳ 同前書，頁127。
㉑ 同前書，頁143。
㉒ 同前書，頁144。
㉓ 同前書，頁84。

是末那識的變現，而且最終則是阿賴耶識這個本體的變現。它們本身是假相。有了末那識，有了我法二執，就將宇宙的絕對「打成兩截」。要認識本體，就要解放二執。如何達到這一步？「所幸感覺器官上還有這一點暫而微的現量是眞無私、純靜觀的，只要沉靜、休歇、解放，其用自顯。」㉔頭一步現量就是使有私利的比量、非量都不起了。不起非量則物不動。現量所現之影像仍是我們器官探問的結果。到次一步現量時，連這探問的要求也沒有了，才空無所見。印度佛教哲學要證明的就是那種不可言說、不可經驗的「絕對」。現量爲證明這種不可經驗的本體找到了一條「經驗的路」。印度人的生活是排斥直覺和理智的。但「這其間理智只是虛，還不妄，所以有時也可以承認，唯識道理卽全出於比量，而因明學卽專講比量者。」㉕印度人的理智就表現在他們用理智批判一切非量，包括直覺、似比量、似現量在內。

梁漱溟實際主要是對三方的人生哲學作比較。他認爲，印度人的宗教觀固然也算是一種人生哲學，但它的目的是要解脫生活，因此它不能理解人生的趣味。梁漱溟對印度人的宗教觀及宗教生活與人類存在之關係的問題作了長篇分析。至於西方人的哲學，其對象是自然，因此其人生哲學很粗淺。但它的人生哲學自有其特點，卽「尙理智或主功利」。要求功利就必須靠理智計算。雖然自赫拉克利特以來歷史上也出現過大陸理性派和康德等例外，但是主功利、尙理智一直是西方人生哲學的主流。這種人生哲學把人類的行爲都變成了有所爲而爲。到杜威等人，這種人生哲學發展到了頂峯。

㉔ 同前書，頁85。
㉕ 同前書，頁160。

三方人生哲學以中國最盛。這種人生哲學以孔子爲代表。中國哲學本來研究宇宙的變化，孔子就是由體會到宇宙「生」的本性而肯定和讚美人的生活。這種生活哲學就是順應自然，不加主觀的造作，與自然相合。這種人生哲學和印度佛教的「無生」的人生哲學有區別，和西方重理智、重主觀作爲的人生哲學也有區別。這種人生哲學雖然使中國人沒有享受到物質富足的生活，但也沒有遭到西洋人那種痛苦。因爲中國人的幸福在能享受的一面而不在所享受的東西上。中國人的容忍的生活態度使古代流傳下來的禮法對人性的壓抑日益深重。然而在中國的家庭裏和社會上，「處處都能得到一種情趣，不是冷漠敵對、算帳的樣子，於人生的活氣有不少的培養，不能不算一種優長的勝利。」㉖

梁漱溟是從佛教的人生觀和哲學觀去分析人類文化的產生和發展的，也是用佛教哲學的概念和範疇歸納三個文化系統的人生哲學的。在他看來，只有印度人的生活能眞正破除了「我執」，西洋人和中國人的生活都建立在有「我」的基礎上，而西洋的這種我執最強烈。孔子式的生活只是在直覺中保持有「我」；西洋人不但有直覺的我，並且又用理智加以分別使我執更爲鮮明。中國人能僅僅在直覺的層次上保持有我，也應歸功於理智。我執既由理智分別而立，又由理智分別而破。

第四節　近代西方文化

對西方近現代文化的分析是《東西文化及其哲學》一書的重

㉖ 同前書，頁153。

要內容。這一分析直接影響到梁漱溟早期文化觀的最後結論。梁漱溟自辛亥革命以前即崇尚西方近代民主政治和功利主義的生活觀。但是直到《東西文化及其哲學》一書他才第一次把這方面認識作了系統表述。然而，他此時的佛教人生觀影響到了他對這種文化的評價。他此時雖然也承認西方文化的成功與合理性，但是這種承認是有保留的。

科學和民主

和當時的新青年派一樣，梁漱溟也把科學和民主作爲西方近代文化的特徵。他贊成陳獨秀在〈本誌罪案之答辯書〉中提出的「德先生」和「賽先生」的提法，認爲陳獨秀看到了西方文化的本質特徵㉗。

梁漱溟在討論西方文化的科學精神時和中國文化作了比較。他認爲東西文化的本質區別就在於：西方文化是科學的成就，中國文化則是藝術式的成就㉘。中國人製作器物、建造工程靠的是工匠「心心傳授」的「手藝」；西方人卻採用一種方法把許多零碎的經驗不全的知識營成學問，由這種學問指導人們的工藝過程，而這種學問本身和「手藝」是分離的。中國人的師徒相傳必定造成門戶分立，並且有失傳的可能。結果總是今不如古。西方人的科學要求「公例原則」，原則成立後爲世人得益並且能循序漸進，不斷發明，從而能日新月異。「這種一定要求一個客觀共認的確實知識的便是科學的精神；這種全然蔑視客觀準程規矩，而專要崇尚天才的，便是藝術的精神。」㉙在西方，學和術是互

㉗ 同前書，頁21。
㉘ 同前書，頁27。
㉙ 同前書，頁26。

相分離的，而中國的學問「大半是術非學，或說學術不分。」是什麼決定了這種區別呢？是方法。梁漱溟以醫學爲例談了中國人和西方人方法的不同。西醫看病要檢查病竈的所在，要解剖人體。中醫則講究外表望象。這種外表望象的方法「加以惡謚就是『猜想』，美其名亦可叫『直觀』。」「這種要去檢察實驗的，便是科學的方法，這種只是猜想直觀的，且就叫他作玄學的方法。」㉚這是梁漱溟對科學和玄學的涵義下的定義，並用這兩個概念指稱中國和西方的文化精神。他認爲，只有科學方法得到的才是知識，而玄學方法所得到的只是一些主觀的意見而已。中西文化這種科學與玄學的區別是什麼原因造成的呢？他說，西方的科學乃成就於論理精神之上，而中國的玄學是非論理的精神。這是說西方科學建立在嚴密的邏輯推理基礎上，中國則缺乏這種邏輯推理。因此，西方的邏輯成就的是科學知識；中國人成就的只是玄談，不能稱爲知識。這種科學和玄學的區別也是由研究對象決定的。「科學所講的多而且固定的現象，玄學所講的是一而變化變化而一的本體。」㉛

從梁漱溟對科學精神下的定義看，他說的科學精神指的是西方近代經驗論哲學，他說的論理精神和科學方法指的是經驗論哲學的歸納邏輯。他此時是把經驗派哲學作爲西方近代文化的代表。他認爲大陸理性派談的是形而上學，是獨斷論。

梁漱溟對西方人民主生活的論述也是和中國的情況比較著說的。他說，中國的社會生活可以用兩句話來概括：一、有權無權打成兩截；二、有權的無限有權，無權的無限無權。在中國是

㉚ 同前書，頁28。
㉛ 同前書，頁31。

「大家不平等，個人不自由。」中國人對權的理解和西方人截然相反，他理解的權是「威權」而不是「權利」。西方人的社會生活也可以用兩句話來概括：一、公眾的事大家都有參與作主的權；二、個人的事大家都無過問的權。梁漱溟說的這兩點實際是西方人的個人自由權和公民參政權。他認爲這兩點造成了西方人「個性伸展」和「社會的發達」。這種生活衝破了以前的家族聯繫，不受中國人那種倫理關係的束縛。因此西方人的倫理觀念和中國人也不同：一種是「公德」，一種是「私德」。

梁漱溟此時對西方近代文化的瞭解主要集中在學術思想上，即他說的「科學主義的哲學」。在社會政治思想方面主要限於對「人權」思想的瞭解。對於西方整個社會政治制度以及它的歷史發展和原因，他此時研究得很不够，到後期才有大量的論述。

梁漱溟把這種文化產生的原因歸結爲西方人的生活態度，即「意欲向前要求」。科學主義精神就是要「向前下手克服對面的東西」，民主的精神就是「對於種種威權勢力反抗奮鬪」。這種文化精神自希臘時代就產生了。希臘文化的精神表現在四個方面：一、無間的奮鬪，二、現世主義，三、美之崇拜，四、人神之崇拜。這種求現實幸福的精神到羅馬時代產生了許多流弊，不得不靠希伯來文化（基督教）來挽救。基督教雖有「補偏救弊」之功，但宗教的流行又造成了一千多年的黑暗時代。於是，西方文化又發生了向希臘文化（即人生第一路向）的逆轉。這就是文藝復興時代人的覺醒，由這種覺醒開出了科學與民主的文化。

梁漱溟在談到文藝復興時對於西方近化文化的影響時強調了以下幾點：

一、要注意重新提出這種態度的「重」字。西方人重新走希臘時代的人生第一路向，非要把它走到底不可。並且，這條路的特點就是理智發達。

二、要注意這時的人從頭起就先認識了「自己」，認識了「我」。這又是理智的活動。

三、這種理智活動將本來在直覺中混然不分的我和自然劃分開來。

四、理智把本來在情感中不分的「我」與「人」劃分開來。

梁漱溟強調這四點的目的是要說明西方文化在近代以後出現的種種問題都是這種理智方法帶來的後果。

西方的新變化

梁漱溟的這部分論述目的在於說明世界文化未來的發展方向。他認爲西方近代文化發展到了十九世紀出現了許多變化，這些變化主要有兩方面：「事實的變遷」和「學術思想的變遷」。

「事實的變遷」主要指經濟領域中出現的變遷。梁漱溟指出，資本主義的生產是在機器發明、分工和自由競爭基礎上發展起來的，它使以前那種消費本位的生產變成了生產本位的生產。這種生產本位的經濟造成了不合理的現象，即資本家對工人的壓迫。生產過剩帶來了工人的失業，人們開始要求一種「社會本位的」「消費本位的」經濟，這就導致了社會主義的產生。

梁漱溟把資本主義的大工業生產看成必經的階段，因爲那時人類面臨的是求生存的問題，那時必須持向前要求的態度。當生產問題解決以後，第一路向也就走到了盡頭。人類就由解決人對物的問題轉而解決人與人的關係問題。西方文化在滿足物質需求的同時造成了社會關係的尖銳對立，帶來了人們精神上的許多煩惱。因此，人類將由物質不滿足的時代轉入精神不安寧的時代。

「事實的變遷」在於說明西方近代歷史發展到十九世紀提出了改變方向的要求，「學術思想的變遷」則要說明思想界也出現了一些新趨向，使西方近代文化有改變的可能。在這部分中，梁漱溟討論了西方出現的新思潮和新理論。他認為這些新思潮和中國孔子一派哲學歷來的主張極為相似，從而可以預測世界文化的未來將是中國文化的復興。在這些新思想中，梁漱溟比較重視的是心理學、社會主義、克魯泡特金和柏格森的思想。

梁漱溟十分看重西方心理學在西方文化發展中的作用。他認為，十九世紀以前的西方人只看重人們心理上有意識的一面，忽視了無意識的一面，重知不重情。由於秉持這種見解，於是人的生活就是重理智的、重計算的。現在開始發生了變化。一個有代表性的例子就是麥獨孤（McDougall）的心理學。麥獨孤主張人的行為和動物一樣出於本能，而理智不過是一種工具。有了這種心理學作基礎就能認識到：人的行為只有任其自然流行、不加主觀的「事先調理」才能恰到好處，這恰恰是孔子的「仁」的生活。

這時的梁漱溟對克魯泡特金的思想比較感興趣，認為他「充滿了中國人的風味與孔家的氣息」。他把克魯泡特金關於人的無私本能的思想和孟子作比較，認為他們說的人的道德心都是指人類生來具有的「才」(faculty)。他也從這個角度去理解克魯泡特金的無政府主義，認為無政府主義的思潮表現了西方人變革霸道偏向王道的意思。他認為克魯泡特金的互助論及其對進化論的批評和修正都表明了西方人看到了人類的「社會本能」。梁漱溟本人也接受了這種觀點，認為人們的倫理道德以及人類的合理的社

會生活都成就於這種本能的社會性之上。他說:

> 以前所作的生活偏靠著理性，而以後將闢的文化則不能不植基於這社會的本能之上，所以這「社會的本能」之發見，就是發見了未來文化的基礎，其關係爲何等重大呢㉜！

梁漱溟十分看重社會主義思潮在西方現代歷史中的意義，認爲「西方文化的轉變就萌芽於此」。他認爲社會主義大致有三派:聖西門的帶宗教氣味的社會主義、馬克思的科學社會主義、羅素以及基爾特主義的哲學社會主義。從梁漱溟的討論看，他接受較多的是各社會主義流派對資本主義經濟現實的批判。他還沒有理解和吸收聖西門、馬克思等人的社會主義理論。他也同意這些批判。但是就他本人的思想來說，他對近代資本主義的種種不合理現象的批評較多地表現了基爾特社會主義的色彩。他自己也說:「基爾特一派的主張好多惹我注意之處，使我很傾向於他。」㉝他認爲資本主義以前的那種在基爾特組織下進行的經濟生活是消費本位的，「是很合理的，使人的生活很太平安全從容享樂。」手工業時代的主人和雇工之間是朋友關係，彼此共同操作「很有些情趣，遇事也有些通融。」「手工業時代有點藝術的樣子，於工作中可以含些興味。」近代工業資本主義破壞了這種經濟生活。梁漱溟認爲，各派社會主義的學說就是要指出，「生活的豐美滿足是只能得之於內，不能得之於外的。」社會主義的出現表明西

㉜ 同前書，頁174。
㉝ 同前書，頁194。

方人要改換一種人生態度，而他們所嚮往羡慕的恰恰是「雍容安閒的中國態度」。

第五節　中國文化的前途

在對東西方三個文化系統的歷史和現狀作了一番探討之後，梁漱溟提出了自己的結論。這個結論可以分爲兩部分：一、世界文化發展的大致方向，二、中國文化面臨的選擇。

梁漱溟從物質生活、社會生活、精神生活三方面對世界文化的大趨勢作了預測。在他看來，西方近代文化之所以能在世界上取得勝利是因爲當時的人類尚處在第一問題之下，由此西方近代文化才能成爲一種世界性的文化。但是，十九世紀以來的西方社會現實說明人類文化已開始轉向，中國文化將逢其運會。世界未來的物質生活方面將要求增進工作的興趣，向著藝術創造的方向發展。但是他並不斷言未來一定能復興基爾特社會主義。

在社會生活方面，梁漱溟認爲，西方的法治社會固然保障人的權利，但是這種法律所憑藉的基礎是利用人們的計較心去統治人。「這樣統馭式的法律在未來文化中根本不能存在。」㉞因爲在統馭式的社會生活中人們所具有的心理是不能實現協作共營的經濟活動的。因此梁漱溟批評陳獨秀倡行法治的主張。廢止法律後，由什麼來維持社會秩序呢？梁漱溟主張代之以中國的禮樂制度。

在精神生活方面，梁漱溟認爲，雖然現在人類進入了精神不

㉞　同上。

安寧的時代，但是不能靠宗教解決這個問題。宗教發生作用的條件還不具備。現在需要的是一種「不含出世傾向的宗教」。它能給人的感情以安慰卻不需憑借宗教的超絕觀念；它可以像哲學一樣解決人們遇到的疑難，卻不僅給以知識而且也給人們以「新生命」。他也承認中國原有的生活態度不能像西方哲學那樣給人以科學的知識，但卻能給人生以感情上的勗慰。因此中國的人生哲學將是世界未來文化發展的方向。柏格森、倭鏗、泰戈爾等人的哲學已經表明了西方文化在向這個方向發展。

面對這樣的前途，目前的中國人應持什麼態度？梁漱溟提出了三點：

> 一、要排斥印度的態度，絲毫不能容留；
>
> 二、對於西方文化是全盤承受，而根本改過，就是對其態度要改一改；
>
> 三、批評的把中國原來態度重新拿出來㉟。

這三點結論是從世界文化的趨向和中國文化的早熟與失敗出發得出的。梁漱溟認爲，中國人的生活態度本應屬於人類文化發展的第二期所需要的文化，但中國文化的早熟影響了中國人去解決人生第一個問題。所以在中國個性不得伸展，受著種種威權的壓迫，學術不得清明。這種早熟的文化遇到適逢其會的西洋文化自然要遭到失敗。但是，中國靠自己本有的文化已不能再回頭再去走第一條路。它只有靠引進西方的科學和民主精神才能富強起

㉟ 同前書，頁202。

來。「這兩種精神完全是對的；只能爲無批評無條件的承認；我所謂對西方文化要『全盤承受』。怎樣引進這兩種精神實在是當今所急的；否則，我們將永此不配談人格，我們將永此不配談學術。」㊱從這個立場出發，他對當時守舊派批評新青年派是不贊成的。他認爲這些舊派人物對於新文化運動的攻擊大多出於一種心理上的反感，他們自己「並不曾認識了舊化的根本精神所在」。梁漱溟和新派的區別來自他對西方文化弊端的認識。他認爲新派的缺點恰恰是沒有看到這些弊端，因此他們在引入科學和民主兩種精神時沒有加以修正。他說:「中國文化是可以救正其偏頗的。」因此，處在世界文化革故鼎新的中國人面臨的任務是:

> 我們此刻無論爲眼前急需的護持生命財產個人權利的安全而定亂入治，或促進未來世界文化之開闢而得合理生活，都非參取第一態度，大家奮往向前不可；但又如果不根本的把他含融到第二態度的人生裏面，將不能防止他的危險，將不能避免他的錯誤，將不能適合於今世第一和第二路的過渡時代㊲。

梁漱溟並沒有提出完成這一任務的具體辦法，只提出了一種態度——孔子所說的「剛」。他認爲「剛」這一個字可以概括了孔子的全部哲學。什麼是剛，梁漱溟作了一個粗略的界說：「就是裏面力氣極充實的一種活動」。這個剛字的提出大約來自他對《論語》中「棖也慾，焉得剛」一句的理解。他說，欲和剛都是活

㊱　同前書，頁206。
㊲　同前書，頁211。

動，但欲這種活動在於追求外物，是有理智色彩的；剛才是發自內心的情感。他在「李超女士追悼會之演說詞」中說：「我們的要求不是出於知識的計算，領著欲望往前，是發於知識的提醒我們情感，要我們如何作的。要求自由，不是計算自由有多大好處，而是感覺著不自由的不可安。」㊳他指責民國初年以來的許多社會運動都是出於欲望的活動。他希望能用羅素說的「創造衝動」融攝西方人的向前的活動。這樣，庶幾乎可彌補中國人夙來之短缺並避免了西方文化的弊害。

雖然梁漱溟主張對西方文化要「全盤承受而根本改過」，但是從他對這種「陽剛乾動」的態度的論述看，這種態度所能起到的作用還是在於避免西方文化的弊端。對於如何引入科學和民主，這種態度似乎還難承其任。按照梁漱溟的邏輯，「剛」作爲中國人的生活態度是「自爲調和持中」的，它如何才能「含融了向前的態度」呢？並且，科學和民主本來是在一種「向外逐求」的生活態度上產生的，是和向前奮鬪的態度相聯繫的。怎樣才能在避免向外逐求的同時吸收這兩種精神呢？對這個問題，梁漱溟沒有回答。

第六節　保守主義

梁漱溟是在中國最早提出中國文化經過批評改造還能繼續存在和復興的知識分子，也正是這個立論使他在當時的文化論戰中獨樹一幟。他本人也說：「若眞有中國的文藝復興，應當是中國

㊳《漱溟卅前文錄》，頁131。

自己人生態度的復興，那只有如我現在所說可以當得起。」㊴這種獨具慧眼的見識固然為當時消極的保守派所不及，也是新青年派所缺乏的。勒文森（Joseph Levenson）在三十年代出版的《儒家中國及其現代命運》（*Confucian China and Its Modern Fate*）也缺乏這種見解。也正是梁漱溟的這個論斷使他在半個多世紀中被人們看作是一個保守主義者。其實這是一個誤解。從以上的介紹中可以看出，此時的梁漱溟至少在理智的層次上還不是一個保守主義者。這主要表現在他對中國文化的失敗和西方文化長處的分析上。在他對科學和民主的態度中，我們可以看到他此時的資產階級民主意識還是很強烈的。

在考察了梁漱溟的早期文化觀之後，我們可以得出以下幾個結論。

首先，梁漱溟當時主要還是從「通古今之辨」的角度上來考察人類文化的發展以及三個文化系統的意義的。他把人生三種問題主觀地排列了一個次序。他這時強調的還是文化的時代性，認為文化可以隨著時代變遷。時代變了，人類的文化精神、生活態度就要改換一番面貌。梁漱溟為人類文化進化史構造的邏輯使他忽視了文化的民族性問題。因此，雖然他也看到了三個文化系統在歷史上形成的差別，但他沒有找出這種文化民族性地域性特徵的眞正原因。更有甚者，他還試圖從文化的時代性出發解決由文化民族性造成的文化衝突。例如，他看到了西學傳入中國後在移植上出現的種種不成功根於中國人文化精神與西方人的不同。但他的結論卻是：只要中國人改換了一種人生態度，這種西方近代

㊴　《東西文化及其哲學》，頁213。

文明就可成功地安置在中國這塊土地上。可以說，在強調文化的時代性上，梁漱溟和當時一些進步思想家們的主張是一致的。幾年以後，他反省自己此時的思想時說：

> 我在民國十年講演《東西文化及其哲學》時，即尚不曾發現今日的問題。那時模糊肯定中國民族盡有他的前途，在政治和社會的改造上，物質的增進上，大致要如西洋近代或其未來模樣；便是原書「對西洋文化全盤承受」的一句話了。於如何能走上西洋近代政治制度的路並未之深思；產業如何發達，分配問題如何解決，總覺此誠費研究，而政治果有路走，這些總不會沒有辦法。「假以時日，自然都有解決的一天」。由今思之，這不是做夢發呆麼㊵？

由於梁漱溟在佛教哲學的基礎上構造了一個進化的人類文化史，使他在此時着眼於文化的移植而忽略了文化融合。因爲只有肯定了各民族的文化精神將在本民族的文化發展中長期起作用，才會看到這種文化的民族性將會長久地存在下去，才不會得出人生態度可以「斬截改換」的結論。梁漱溟在此時持的態度正是「只可斬截改換，不能參半融合。」直到1927年以後，他才認識到一個民族的心理習慣是很難改變的。在梁漱溟的論述中也有自相矛盾的地方。他在意識層上強烈地反對融合中西，無意中卻要用儒家剛健乾動的態度「含融」西方的人生態度。然而他卻以爲是順理成章的事。

㊵ 《中國民族自救運動之最後覺悟》。

梁漱溟的中國文化能够復興並成爲一種世界文化的預言也是在這種人類文化進化觀的基礎上提出來的。於是，他和陳獨秀一派人的觀點在內容上又大相逕庭：不是中國文化落後於西方文化，倒是中國文化比西方文化還進步。中國文化的失敗不在於它落後於西方文化，而是這種先進於西方的人生態度拿出來得太早了。在此時，梁漱溟還明確地反對用「先進」、「落後」、「優秀」、「低劣」這類名詞來規定西方文化。他在評價各民族文化上還處於一種相對論的階段。他是相對某一時期人類面對的問題談人類文化的效用。但是到了幾年以後，他就明確地提出中國文化高於西方文化。由此也可以看出梁漱溟早期關於文化時代性的認識深深地影響到他後來一生的思想發展，並且妨礙著他對文化民族性的認識。這種東方文明高於西方文明的觀點雖然在梁漱溟這裏有著特殊的理論基礎，但是它在一百年來的中國思想史上屢見不鮮。從洋務時代的「中體西用」說到民國初年的精神文明物質文明說，直到今天的「社會主義精神文明」說，都以各種形式表現了一種中國文化優於西方文化的意識。

那麼，如何看待梁漱溟對西方、中國、印度三方文化的比較研究呢？雖然梁漱溟用文化的時代性掩蓋了三方文化本來的民族性，但他還是分析了三方文化在歷史中表現出的各自特色。比起陳獨秀和李大釗，他的研究有了系統和深入的發展。

其次應當指出的是，梁漱溟此時的文化觀是悲觀的。這主要歸因於他此時的佛學基礎。用他自己說的一段話也許最能表達他的這一悲觀色彩了：

> 我並不以人類生活有什麼好，而一定要中國人去作；我並

> 不以人類文化有什麼價值，而一定要中國人把他成就出來；我只是看著中國現在這樣子的世界，而替中國人設想如此。我很曉得人類是無論如何不能得救的，除非他自己解破了根本二執——我執，法執[41]。

1922年以後，梁漱溟表述其人類文化三期發展的邏輯時，不再堅持宗教文化才是人類文化的歸宿，只是他這時的態度已轉消極為積極了。

西方資本主義十九世紀以後出現的種種弊端一直是中國人在接受西方文化過程中感到棘手的問題。當著一代新興的資產階級思想家鼓吹在政治經濟和意識形態領域全面移植和借鑒西方資本主義文化的同時，西方資本主義社會卻也在政治經濟和思想等領域遇到了許多新問題。經濟危機的衝擊、階級矛盾的日益激化、人們精神的空虛和帝國主義的野蠻侵略使西方人自己也感到進入了沒落時代。這些弊端給中國的思想家們留下了深刻印象。雖然西方資本主義社會在二次大戰後經過調整重新進入繁榮時代，中國的一些思想家也接受了社會主義共產主義的學說另闢蹊徑，但是對於西方資本主義的戒備之心卻深深地留在中國的思想界中，至今仍不能消失。於是，中國的文化保守主義就有了兩個思想來源。在文化的傳播過程中，本土文化的慣性和排外性一直是各文化系統中保守主義的深厚基礎。任何文化系統都要按照自己原有的價值觀念評價和吸收外來文化，按照自己的慣有方式重組外來文化。這種守成過程本身就包含著一種保守主義。然而尤其令所

---

[41] 《東西文化及其哲學》，頁209。

有東方思想家感到苦惱的是: 西學東漸主要是乘帝國主義東侵之威，它和帝國主義時代西方社會的種種弊端在東方文化之外造成了一種力量，更使這種保守性日趨強化。因此，在中國，保守主義就常常和對資本主義黑暗面的批判交織在一起，對資本主義的批判給中國的保守主義加上了一層保護色，而在社會主義的口號下隱藏著的保守主義更是在文化改造中難以消除的障礙。中國在1949年以後的保守主義正是在批判資本主義的社會主義形式下不斷發展的。艾愷在他的著作中也談到了這種保守主義。他說:「這種對於現代化的反動已經超出了一般的政治範疇，並且它旣包括了悲觀的保守主義者，也包括了樂觀的革命家。」[42] 梁漱溟此時並不屬於悲觀的保守主義，他還算是一個「樂觀的革命家」。因爲他在此時還是主張「全盤承受」西方文化的，對中國文化的種種現狀也作了激烈的批判，認爲有革除的必要。這是我在評價五四時期的梁漱溟的立場時要指出的。然而，正如我前面說到的，梁漱溟在批判西方文化的同時也表現守成傾向。這種守成傾向在日後使梁漱溟的文化觀向著保守主義發展。梁漱溟此時的守成性是不自覺地表現出來的。他認爲西方文化出現的那些弊端在人類處在第一期文化時是必然要出現的。按照他的邏輯，如果不是人類文化將進入第二期，這些弊端的危害也不會表現出來，而且簡直就是順理成章的事。但是，對西方的批判他在設計未來方面主要是以本土文化爲標準，其目的就在救正西方之偏頗。他把西方文化稱爲功利主義文化。這種批評是從中國歷史上的義利觀念出發的。在批評西方法制社會的生活方式時，我們會看到他是從中國

---

[42] 見 *The Last Confucian* 導論部分。

傳統社會中以家族關係爲基礎的人際感情和倫理觀念出發的。

最後我還要指出，梁漱溟此時尚未提出中國靠自己的傳統文化就能够實現現代化的問題。在他看來，要取得西方人的近代成就，必須引進西方人的文化精神。這是由他的人類文化三期發展說導出的結論。梁漱溟沒有意識到以後新儒家們致力的開出「對列之局」的任務。他的工作未嘗不是開新局，卻是世界文化之新局。

第三章　仁　學

這裏所討論的是梁漱溟在《東西文化及其哲學》一書以後、構思《人心與人生》之前的思想，所用材料主要是梁漱溟1923年至1924年在北京大學開設的「孔家思想史」一課的講課筆記。最近在整理出版《梁漱溟全集》過程中，我們發現了這份筆記的油印本。據收藏人、梁先生的學生李淵庭回憶，此油印本係在鄒平搞鄉建期間所印，至梁先生在四川辦學時，圖書室尚有許多存本。惜乎幾十年來一直湮沒不聞。據梁先生在1926年寫的《人心與人生・自序》中說，該演講筆記當時即在社會上有流傳，但那種筆記未經梁氏親見，故聲明不能代表他的思想。目前我們見到的這本筆記文句酷似梁漱溟當時其他著作，並且有些話和《東西文化及其哲學》相同。它不像筆記，而甚似梁氏本人草稿。梁漱溟在《人心與人生・自序》中說《人心與人生》有一個初稿本。在梁先生遺留下來的講筆中還有題名「人心與人生」、「意識與生命」的筆記，內容和晚年出版的《人心與人生》一書有直接聯繫。但這兩本筆記都不像梁漱溟說的初稿本。梁漱溟說此「初稿本」是《孔學繹旨》的一部分，而《孔學繹旨》的內容即是在北大所講「孔家思想史」。因此可以說，梁氏《人心與人生》的初稿本和晚年出版的成書已沒有直接關係，而是從當年《孔家思想史》一書劃分出來的。梁先生「孔家思想史」一課的講授綱目曾刊於1923年的《北京大學日刊》。此課程又名「孔家哲學史」。對照這個綱目可以看出當時所列的內容在目前看到的記錄中已不見。此講稿亦斷不是該課程的全部內容，它只是一個儒學通論式的東西而不是「史」。

梁漱溟這個講稿的發現很有意義。它使我們得以瞭解梁漱溟在《東西文化及其哲學》之後所從事的工作，雖然只是一部份。1985年，我曾詢問梁先生：後來爲什麼沒有寫作《孔學繹旨》一書？他說，其內容就是後來的《中國文化要義》。我當時不相信他的這個回答，卻又無憑證。1987年末，我聽說這個講稿尚存世上。1988年初，我在整理梁先生北大任教時期的思想時發現了那篇講授綱目，果然和《中國文化要義》的內容完全不一樣。我當時抄錄了下來準備幫助梁先生回憶當年的思想。此後不久梁先生沉疴不起，終於使這一願望成爲永久的遺憾。我們今天瞭解當時的課程內容或梁先生當時的工作只有憑藉這份講稿和這份授課提綱，雖然梁先生的具體講授內容很可能與提綱有很大出入。這份講稿更重要的意義在於它使我們可以看到梁漱溟在《東西文化及其哲學》一書提出改造並復興儒學的任務之後馬上就實際著手從事這一改造的工作。梁漱溟被後人視爲新儒學的先驅人物，但是直至目前人們對梁漱溟新儒學的研究所依據的材料主要是《東西文化及其哲學》一書，甚至連晚年《人心與人生》也未予看重。我認爲，梁漱溟的《東西文化及其哲學》在當代新儒學史上的地位和意義不在於他在該書中對儒家哲學作的概括和解釋，而在於他對儒家文化在世界文化未來發展中的前途和意義所作的考察和預測。作爲一位當代新儒家的先驅人物，梁漱溟不僅提出了復興儒學的任務，而且馬上著手從事了儒學的重建工作。就目前看到的材料說，我認爲這個重建工作是從 1923 年開始的。這一時期的工作在當時的報章上也有反映，就是《學燈》刊登的梁漱溟於 1924年 2 月在武昌師大講演的「孔子人生哲學大要」的記錄。對照「孔家思想史」講稿可以看出兩者的內容是一致的。梁漱溟在武昌師大講演的就是他當時正在北京大學講授的「孔家思想史」一課的內容。

第一節　重建儒學的方法

在《東西文化及其哲學》一書中，梁漱溟是根據自己的理解來概括儒學的。這種概括也可以說是一種重新解釋，尤其當他用直覺和反理智標識儒學的時候。然而總的來看，他基本上還是按照中國哲學的原貌進行敍述的。從柏格森哲學那裏引用來的變化的概念和直覺概念不過是爲了更明醒地標識儒學的特徵，卻首先因爲這些觀念和《周易》的變易觀念相近似使得這種引進顯得那麼貼切。梁漱溟在《東西文化及其哲學》一書中並未重構儒學的框架，使用的概念基本上還是原有的：變易、中庸、生。

當然應該承認，《東西文化及其哲學》和「孔家思想史」有很密切的聯繫。後者討論的問題在前書中已粗具條目，前書的一些思想也由後者作了進一步的發揮。但是，從「孔家思想史」可以明顯地看到梁漱溟此時開始努力給傳統的儒家學說以一個新的建構、對於傳統儒學中的一些概念給了重新的界定，在吸收佛學和柏格森生命創化論的基礎上對儒學的人性論作了新的說明。除了這些材料上的區別外，更重要的是方法上的區別。《東西文化及其哲學》闡述儒 學的方法是從儒 家形而上學原 則入手的。在「孔家思想史」的開篇，梁漱溟卻明確提出他不再講儒家的形而上學而專講人生問題。他認爲歷史上闡述儒學的方法主要是解釋的方法，這種方法只是從符號上去講求，不從工夫上去驗證，不從事實上去說話。梁漱溟認爲要從事實入手。他說:「要是我們從事實入手，雖不能瞭解古人眞正的意義，卻可以掃除這一切依稀彷彿的假觀念。」梁漱溟自稱他解釋儒學所根據的事實就是「生活」。他批評朱熹和陸象山討論儒學都離開了生活，讚揚王陽明主要是從生活本身去講儒學，因此他自稱要按照明儒的態度去講儒學。梁漱溟的這一討論實際是對《東西文化及其哲學》闡釋儒學之方法的一種自我批判。《東西文化及其哲學》闡釋儒學是從討論《周易》入手的。他試圖通過解釋《周易》爲中國的人生哲學樹立一個形而上學的基礎。他那時很重視形而上學對於人生哲學的意義。這和他對西方哲學近代演變之認識有關。他認爲，康德對形而上學是摒棄不談的，至柏格森等人以來形而上學有復興之趨勢。他對《周易》的討論卽是要順應這一趨勢。他的討論隱含了這樣一個前提：人的道德情感是由宇宙本體的性質決定的。「孔家思想史」的討論則不需這種形而上學作前提。這也是《周易》的討論不見於「孔家哲學史」的原因。

但是，梁漱溟在此時討論的生活事實已和陽明相去甚遠。他自稱他所說的「生活」事實就是人的心理或生理。他認爲如果從心理現象上去分析人的生活就可以成功地解釋儒學。由此可見，梁漱溟是要利用當時心理學和生理學的知識去解釋傳統儒學。這種解釋必然導致對儒學在理論系統方面的重構。在《東西文化及其哲學》一書對儒學的解釋中尙未看到這一特徵，所以我說梁漱溟對儒學的重建工作是在此書之後開始的。梁漱溟對方法論的討論非常簡單，理論性不強。但是，從他的討論中可以明顯地看出他意識到傳統儒學的理論需要一番改造，這種改造是迫於當時西方文化的挑戰。在重構儒學的過程中除了引進西學的新知識外，必然也要就新時代所討論的問題、儒學面臨的危機、儒學對於未來文化的意義等方面作出回答，由此產生的儒學當然是二十世紀的新儒學而迴異乎先秦及宋明時的傳統新儒學。因此，梁漱溟在1920年前後不但提出了復興儒學的任務，而且立卽著手從事了重建儒學的工作。這兩者奠定了他在當代新儒學史上的先驅地位。

梁漱溟在一開始卽主張摒去形而上學不談，似乎是認爲舊說均不免於理智主義的弊端，而他本人引入西方學術以明儒學豈非又入此彀？我認爲，梁氏摒棄舊形而上學不談正是因爲它不足以維繫傳統儒學，他要爲儒學找到一個新的生長點。他所以認爲從心理現象上去講明一定可以成功就是要從西學相對應的水平上、從與西學討論的共同問題上去闡明儒學。他本人不啻於在尋找一種新的形而上學。

在討論如何處理材料時，梁漱溟也談到方法問題。這時，梁漱溟主要是從孔子的言論出發討論儒學，也就是在重構孔子的思想。在討論如何對待《論語》這部書時他提出兩種方法：憑藉的方法、歸整的方法。歸整的方法就是把《論語》中的討論歸納爲幾種態度，然後在生活上理會，看孔子最重要的觀念是什麼，再用此觀念貫串孔子整個學說。他批評胡適、蔡元培、梁啟超的討論缺乏這種歸整的方法。梁漱溟承認由這種方法得出的解釋也只是一種假設， 但這種假設可以使孔子的思想 得到一個 完整的解釋。這種由歸整得出假設的方法更可以說明梁漱溟此時的工作是對儒學進行一種重新的構建。

利用這種歸整方法，梁漱溟將孔子思想的主要內容歸納爲十四個態度：樂、仁、訥言敏行、看自己、看當下、反宗教、非功利、非刑罰、孝弟、命、禮、不遷怒、不二過、四毋。這些態度有的在《東西文化及其哲學》中已討論到。那時梁漱溟企圖用《周易》和《中庸》將這幾種態度統攝起來，這幾種態度不過是那種形而上學原則的例證或表現。這時，十四個態度已有了一個自我完善的系統。這些態度權作一種框架，《周易》和《中庸》的主導地位已不存在。融進這個框架中的是西學的概念，正是它們才給了這些往日的態度以新的生命從而成爲一個有生機的系統。

第二節　仁

在《東西文化及其哲學》一書中梁漱溟對仁的討論也是重要的內容。雖然他明確強調了仁和直覺是有區別的、指出直覺式的情感也不足以言仁，但是他未能對仁作出明確的說明，而是用一些「無欲」、「寂」等前人的界定來表述仁。並且，雖然他用體用來界劃仁和直覺，但是由於有了《周易》形而上學作基礎，仁在其儒學體系中的地位並不是總攬全局的。到了講授「孔家思想史」時，梁漱溟明確指出儒學中最重要的觀念就是仁，並對仁作了長篇的論述。

仁是什麼

梁漱溟首先批評了阮元、梁啟超、蔡元培、胡適對仁的看法。他認爲這些人的討論都可以導致這樣一個結論：仁是一個後天的條件。梁漱溟對仁的討論也就是從「仁是先天抑後天」這一問題入手。他說，仁是慈愛之義。仁之含義與英文的 tenderness 相當。仁是一種柔嫩而眞摯的感情。他以孔子與宰我討論「三年之喪」爲例論證人的感情，指出這種情感是從人的固有生命中發出的，是先天即備的，並不是後天才有的。它不待後天的行爲去證明，也不待後天的行爲去完成。因此儒學最高的道德理想也不過就是人們生活本來的事實，是人的本然。

人　心

說仁是一種慈愛的情感，柔嫩而眞摯，這一點在《東西文化及其哲學》中也可以看出來，即「仁是直覺敏銳」。在重建儒學的理論工作中，梁漱溟把它提到本體論的意義上進行討論，得出了「仁就是人原來的心」這一結論。梁漱溟一生中從儒學的立場討論「人心」是自這時開始的，但這種討論是爲論證「仁」服務的，它還沒有上昇爲最後的根據。心作爲梁漱溟哲學體系中最根本的觀念是他受到柏格森《心力》一書影響之後。

「孔家思想史」中對人心的討論比起「孔子人生哲學大要」在條理上要清晰得多。他把這一討論分爲兩個層次：一、「注意人心之人」。這是討論人心和禽獸之心的區別。二、「注意人心之心」。這是討論什麼是眞正的人心。

一、人心異於禽獸之心

這個問題自孟子起即是儒家人性論一直討論的。梁漱溟這時的討論是在新的基礎上重建儒家關於人性的學說。這裏首先要指出梁漱溟的工作是由此時開始的，他此前並未意識到這個問題。

在《東文化及其哲學》中他談到心理學的新成就時實際承認了麥獨孤、克魯泡特金一派泯沒人禽之別的理論的。現在，梁漱溟開始批評這種觀點，認爲他們和孔孟之說是大相逕庭的。

梁漱溟把人區別於動物的特徵歸納爲三點：(1)人走智慧的道路，可以自由活動。(2)人能利用語言文字與記憶。(3)人能利用工具。這三個特徵都在於說明人的活動行爲是一種理智的活動，不是動物式的本能活動。梁漱溟指出，人和動物的區別就在於：動物的活動是先天規定好的，它靠本能支配；人的活動擺脫了本能的束縛，因此它是一種自由的活動。這種自由活動植根於人理智自由選擇的活動方式中。梁漱溟用「柔嫩」、「敏銳感覺」表述這種自由靈活的特徵，並進一步指出：人類心靈的自由靈活就是仁，靈活不顯而痲木則爲不仁。之所以稱它爲「仁」在於這種自由選擇的活動方式成就了人的道德特性。動物的殘忍與仁慈都是出於生性，對生活也不負責任，因此無所謂道德可言。人則不然。人的行爲可以自由選擇，所以對生活負有責任。

梁漱溟還指出動物的行爲是有目的的，是「有所爲而爲」，人的行爲是「無所爲而爲」的。但是這時他對「無所爲而爲」之感情的論述並未和他的其他觀點形成有機的聯繫。

二、心與非心的區別

梁漱溟這部份的討論是要明確什麼是眞正的心。這部份討論是針對當時的西方心理學而發的。他認爲，人們俗常說的心既包括了主宰之心也包括了工具之心；而一般心理學討論的心主要是指工具之心。他說，廣義的心包括知和情感，知又可劃分爲理智和感覺。知的方面只是工具和手段，不是眞正的心。所以爲工具在於它們本身只能提供關於客觀事實的知識而不能直接發動爲行爲、指示方向。

梁漱溟此時對「心」的確認是要進一步對理智作出批評。這種反理智傾向在《東西文化及其哲學》中已很明顯。那裏的批評一是借鑒柏格森的形而上學，二是借鑒麥獨孤的策動心理學和羅素的《社會改造原理》。策動心理學 (hormic psychology) 主張從人的潛意識層去尋找行爲的源泉，這個源泉就是和動物相同的本能衝動。梁漱溟此時由於柏格森生命創化論的影響，對本能持批評態度，但是仍堅持認爲人的行爲之基礎在潛意識層，他稱之爲「情志」。

梁漱溟對理智的批評實際是對整個西方文化史的批評，這是他在文化觀上的一貫立場。他說，西方自蘇格拉底以來到杜威都認爲知識能主宰人類的生活。蘇格拉底說：「知識卽道德」。杜威說：「實驗的方法能指導我們的生活，使我們常常能明瞭去作有意識的生活。」他們都是主張要把生活的動力放在知的一面，結果往往還是放在了一種「情志」——計較利害——上。這種計較利害的情志，用羅素的話叫「欲望」。

梁漱溟的這些討論在於指知識只是感情的工具，它不是眞正的心。情志是不是眞心呢？在《東西文化及其哲學》中，梁漱溟強調直覺的敏銳感覺，但又認爲它容易偏。爲免除偏頗，還要求助於理智的「回省」。這實際上又在肯定理智，在理論上是不徹底的。從他的思想發展脈路上看，這是因爲他那時沒有對人的「情志」作進一步的分析，沒有把本能和直覺區分開，所以在評價克魯泡特金、麥獨孤以及羅素的觀點時認爲他們合於孔孟之旨。在得益於生命創化論以後，梁漱溟對本能作了重新確認。表現在感情上，本能的感情就是有所爲而爲的，是欲望。他把本能也看作工具。本能即本來的能力和技巧，爲人憑藉以作生活，因此它雖往往是行爲的源泉，卻亦非「心」。在人的行爲中，本能的勢力作用已大大弱於動物。比如作爲本能的「親親」，動物要明顯強於人類，人類的溺女、墮胎在動物斷不會有。這樣，梁漱溟雖未否定卻明顯地弱化了本能在人類情志中的地位，進而將它從人的「情志之心」中剔除出去。此時「眞心」這一概念的純化實賴於對本能的批判。人心的主宰能力是在擺脫本能束縛的過程中成就的。擺脫了本能的束縛才能主宰本能這個工具。這時的人心就不再借助理智的「回省」了。

梁漱溟對人心的論述實際是對傳統儒家關於道心、人心的重新解釋，雖然他未意識到這一點。他在新的基礎上把人心分爲「眞心」（主宰之心）和工具之心。他對本能、理智和眞心之關係的說述實際是在重述朱熹的主張：使道心常爲一身之主，而人心每聽命焉。那麼什麼是眞心呢？是「直覺」。直覺就是主宰之心，它的作用就是給人的行爲指示方向。梁漱溟對人心的這種兩分法的認識使他後來終於吸收了程朱理學的內容以補心學之偏。

直覺

直覺在這時的理論建構中仍然是一個重要的概念。但是，在1924年初的「孔子人生哲學大要」的講錄中卻幾乎看不到直覺概念。這或許是記錄人（雷漢傑）未能聽懂講演而造成的舛誤（即將直覺聽成了知覺）。因此可以說，「孔家思想史」對於研究梁漱溟吸收直覺重建儒學的工作是很重要的原始材料。

梁漱溟此時仍然保留著以前對直覺的定義，並作了進一步的發揮。在《東西文化及其哲學》中，直覺有三個特徵：不慮而知；先天本有，不依客觀；它是一種意味。在對直覺的發揮中，梁漱溟作了如下說明。

直覺之知異乎理智之知。在《中國文化要義》和《人心與人生》兩書中都有關於兩種理的討論。這一討論是從「孔家思想史」開始的。在這時，他提出有「客觀的事理」和「主觀的情理」兩種知識。這兩種理的性質之不同在於：有關客觀事理的知識是待證明的，它的正確與否取決於客觀事實，關於主觀情理的知識是不待證明的，它取決於人的主觀。在《東西文化及其哲學》中他說：「這隨感而應，通是對的。」❶之所以對在於這個感應乃是從人生活的「流行之體」發出的。現在他則提出兩種理來爲直覺之知和理智之知劃分界域，但在論證上卻未提及此情理與流行之體的關係。「主觀情理」是從以前說的「意味」發展而來。意味的內涵是主觀給予的，和客觀事物沒有關係。情理的不待證明有賴於「人心之所同然」，因此通是對的。

直覺活動的方式 主宰之心在人的生活中如何起作用呢？這應當是「心與非心的區別」討論的最終目的。主宰之心就是直覺。它如何給人以方向？梁漱溟說，直覺所涵的意味、情味就是當下給人的一個方向。他舉「好好色、惡惡臭」爲例。因此我認爲梁漱溟說的這種方式是知行合一的，也可以說他用直覺對王陽明一派心學的知行合一說作了新的說明。理智之知的內容是冷靜的、僵硬的，它不能使人直接發爲行動。直覺則不然。人第一次看到不平就憎惡它。這種憎惡感不依恃以往的知識。因此人的正確的行爲就築基在當下的感應上。「仁就是當下易感之直覺」。

---

❶ 《東西文化及其哲學》，頁125。

心就是「感」。眞心的主宰作用就表現爲「在感的時候給出方向」。這種方向不是預定的，不受此前知識的支配。因此要保證人的行爲受眞心主宰，就要使人的心時時保持敏銳。人心如果能够敏銳、柔嫩，微微的不安也能感覺到。它發出的方向也有無限之可能。每一感就給出一個方向，人就靠著直覺之感給出的方向去作生活。這種生活就是人原來應有的生活。

從梁漱溟的全部討論看，他是把直覺歸於人心的「靈活性」。他指出靈活性有兩種：一種是「本能——直覺」式的靈活；一種是「理智的回省」。他認爲，前者是「先天」的，後者是「後天」的；並進一步認爲孔子以先天的靈活作根本，以後天的靈活作工夫。因此他強調的是人先天具備的那種靈活，理智的靈活不過是先天的一個佐證，他之所以承認第一種靈活也包括本能是顧及到柏格森關於動物反應的偶然性自由的論述，這反映出他在吸收柏格森哲學時的不成熟；但他的第一種靈活主要是指直覺。這種靈活就是擺脫了本能束縛的自由性。梁漱溟此時只注意從與本能的區別去界定直覺。人的直覺是在擺脫本能束縛的過程中產生的。這一點符合柏格森原義。梁漱溟討論人類擺脫本能束縛是要窮究人類生活的「原樣」。他強調孔學的宗旨是「生活要原樣」。柏格森討論直覺立足於生命衝動；梁漱溟討論直覺則立足於人的「生活」。他也稱之爲「生命」，但這時的討論柏格森的「生命」概念要遠一些。於是，梁漱溟對直覺作了第三點發揮。

仁與直覺的關係　《東西文化及其哲學》已經確立了「仁是直覺」的思想❷。他並且指出了直覺式的情感不足以言仁，因爲

---

❷ 同前書，頁126。

一任直覺容易出偏。故直覺之感應必以仁爲其體。在「孔家思想史」中，梁漱溟仍保持這一見解。他說：「直覺不過是仁的發用處」，前面說「仁是直覺」乃是不得已而爲言。有生命才有仁。仁就是指生命而說，指活氣而說。直覺不過是生命裏面發出來的東西。所謂仁是實有其體的。體是什麼？梁漱溟有三種表述：活氣、心境、生命。這些在《東西文化及其哲學》中都談到過，但那時表述體用時梁漱溟是用聶雙江的「寂」和「感」來談的，所謂「寂其體而感其用」❸。現在，他不談寂了。活氣是說活潑靈敏；心境是安暢柔和；生命則指人的生活，和柏格森的生命概念有區別。但是他認爲直覺活潑安暢，還是和柏格森的思想很合拍的。

此前，梁漱溟以直覺爲體是由於他尚未將本能和直覺區別開來。現在以仁作爲直覺之體，其意義在於指明人心的本然和宇宙的本然，從而與古代心學一派的核心思想相契合。他說：所謂仁者是混然與物同體的，所以說「仁者無對」。這種情形在人的生命活動之時最容易看出來：在他的生活裏面，自有一種和氣，情彷彿從心中浮出。因爲是這樣，所以眞是與物同體。這個體就是人的生命流行，就是人心的隨感而應。在這種感應和流行中，人和宇宙融爲一體。如果人心向外用，宇宙就劃分爲「兩截」了。

馮友蘭先生說：「心學不承認有形上形下之區別，也不去作這種區別。」❹梁漱溟的思想和這一特徵是相一致，不過他是給了新的說明。「隨感而應」固然和明代心學有思想上的淵源關係，但隨感而應形成的人的生命流行這一思想卻有鑒於柏格森和

❸ 同前書，頁128。
❹ 馮友蘭：《中國哲學史新編》，第五册。

唯識學。他明確說，「宇宙混然一體」這個道理可以用柏格森哲學說明，也可以用唯識學的道理說明。他用柏格森的話說：當生命弛散的時候、休歇的時候，混然一體的宇宙就被截然劃分開了。當生命向前奮進的時候，並沒有物我之對待。只有當使用理智的時候，生命之流才中斷，才出現物質。用唯識學的話說：「向就是感」，是眼睛去看時有反射之相。這種反射是無限連續的，這種反射的連續就是生活。在這種生活中沒有宇宙和我的區別❺。

第三節　樂

對於樂的討論，梁漱溟在〈究元決疑論〉和《東西文化及其哲學》中就開始了。「孔家哲學史」對《東西文化及其哲學》中的討論作了進一步的發揮，並對自己〈究元決疑論〉中的苦樂觀作了檢討。在他所列孔子十四個態度中，仁和樂占有很重要的位置。梁漱溟把樂排在十四個態度的第二位說明他此時仍很看重他所理解的儒家重自然的思想。我為「樂」列出專節即想體現它在當時梁漱溟思想中的重要性。但是在此我暫不作詳細的分析，而基本止於介紹。至於他對〈究元決疑論〉苦樂問題的再討論則暫時略去。

樂是生機的活動　「生機的活動」就是生機暢達、生命的日新不已。生機暢達就樂，否則即苦。如何求得暢達？梁漱溟提出兩個條件：調和、新。人們追求欲望的實現是要求心境達到一

---

❺ 見1924年 3 月31日《學燈》。

種調和平衡。人們一些享樂的手段（如賭博、看戲、聽音樂）是要求開一新局面，雖然有時是通過外部給予一個刺激以求遂。

生命本動　生命是自然流行、暢達溢洋的。它本來就是活動的，並不要憑借外部的刺激。人的生活本來就是新新不已，也自然是樂的。豈止人如此，物類亦如此，它亦時時翻新。但是，物類不能抑制自己的衝動。人和物類不一樣。他有意識。當人用意識去尋樂時，反而把情趣壓抑下去了，因爲理智壓抑了生機的流暢。梁漱溟在此表達的實卽大程子所說的：「若心懈則有防，心苟不懈，何防之有？」在《東西文化及其哲學》中，梁漱溟十分強調人的生活是流行之體，這個體是生趣盎然、天機活潑。這自然是有悟於古人「魚躍鳶飛」之喻，卻也有鑒於柏格森的思想。現在，他用「生命」表述人的「生活」，雖然和柏格森本義尙有距離，但仍是一種借鑒。「自然」是《東西文化及其哲學》十分強調的。「孔家哲學史」對自然的討論主要表現在對「樂」的論述中。

樂是無所依待　此時梁漱溟認爲有三種樂：一是把樂的基礎放在外境上，靠外界的刺激以求樂；二是求活動以得樂，仍然還是有所依待。第三種樂是把生活的重心放在生活本身，完全無所依待；梁漱溟認爲這才是眞正的樂。既然生命是天機暢達、新新不已，任生命的自然流行而得樂，因此「有依待」的樂都不是眞正的樂。梁漱溟對「執外境爲樂」的態度作了批判，實際是批判了理智主義的樂。他把這種用智稱爲「找」。一「找」便停滯了生機的「暢達抑揚」。批判「找」卽批判主觀的欲求。因此，他認爲自己以前出於「欲求生生不已」的佛教觀的「苦多於樂」的結論是錯誤的。出於佛教觀必認「不遂是其本然」。

然而，無所依待的生活是怎樣一種生活呢？

樂者心之本體　仁是生命（生活）本身。這種生命自己會湧現出來，不待外部去刺激。孔子的生活就是聽任這種生命的流行。仁者對於外部事物易有感受，但他只是「感觸而止，過而不留。」他沒有一個欲念放在心裏，故無憂。這種隨感而應、過而不留就是梁漱溟常說的直覺。仁者「照生命之理而生活，只是有感觸便起一個意思，並未於此外加一點意思。」「他感觸變化只隨此生命自然之理」。這些論述和大程子的思想是一致的。程顥在《定性書》中說：

> 夫天地之常，以其心普萬物而無心；聖人之常，以其情順萬物而無情。故君子之學，莫若廓然大公，物來而順應❻。

大程子也反對用智。他說：用智則不能以明覺爲自然。梁漱溟自《東西文化及其哲學》始一直批判理智主義，提倡直覺主義的隨感而應。他也像大程子一樣反對「自私」，認爲自私就是違背了生命的天機自然。凡是多加一點意思都是私欲。「因爲本來只有現前當下，任他自然流行，所謂一任天理是也。」可見梁漱溟對仁和樂的闡說是發揮古代心學的思想。雖然他未談到大程子，但他的思想卻來源於王心齋。王心齋的以樂爲教是梁漱溟轉入儒家的最初門徑。他極稱頌王心齋的這幾句話：「人心本無事，有事心不樂，有事行無事，多事亦不錯。」直到晚年我請他談對泰州

❻　《二程集》，北京中華書局本，頁460。

學派的體會時，他仍背誦這四句話給我聽。梁漱溟從王艮接受了關於本體自然流行、不著人力的思想，繼而印證以柏格森的生命衝動和直覺主義。這些在「孔家思想史」中得到了進一步的發揮，明確表現出心學的特徵。

第四節　不　仁

什麼是不仁？在外部表現上就是感覺的痲木。但那是由用而言，《東西文化及其哲學》已屢屢言之。「孔家哲學史」開始從本體上論其根源。簡單的說：「人的心能够有一個不走原來天然的路的可能」。這就是不仁的起因。這個起因仍存在於人和動物活動方式的區別上。可見梁漱溟對人禽之別的新立論爲仁和不仁同時找到了解釋，如同宋儒由「氣」、「理」等本體論說中作的雙向解釋一樣。

物類的活動是現前當下的，但這種現前當下是憑藉本能，只是一種「反射」。它沒有主體的自由靈活。人的理智生活就在於他擺脫了本能的束縛。他能够聯想過去以應付現前當下。他走的是「學習」的路。這種學習和聯想就是摻雜了「人力」，反而不似物類行爲之自然天眞。正是這種人力的摻雜使人可能不走原來的路，障礙了人的靈活敏銳。梁漱溟要的是擺脫了本能的靈活自由，這就是直覺。擺脫了本能的靈活自由是一種迥異乎物類的情感，是一種不同於物類的直覺。它就是生活（生命）的本然狀態。這就是仁。此外均非仁矣。這時的人心謹守著「現前當下」。離開了它，就是人有意去作爲，就是「欲望」。

梁漱溟把不仁的起因分爲三種：氣質、習慣、找。

氣質 梁漱溟聲明他對「氣質」的定義與前人有異。他批評朱熹的氣質之性不合孔子的原義。他認爲前人說的氣質指的是物質，而他則不承認宇宙有精神物質之區分。他把氣質定義爲「先天的習慣」。「先天」是言其與生俱來，是先天安排好的一些「趨勢」、「傾向」。它們是人類作爲生物在以往進化中形成的。這些先天習慣在孩提時代還表現不出來，要到了成年方始出現。在梁漱溟的表述中，「氣質」近於本能。但是，他沒有表述淸楚，並且這些氣質的表現究竟有哪些也未說得完備，只舉了「脾氣」一條。他指出，氣質之所以使大陷於不仁就在於它有方向性。有了方向就使仁者之心不能隨感而應。

習慣 習慣是「人走熟的路子」。人類社會中的組織、風俗都在習慣之列。社會上的多數人都靠著習慣生活。每種習慣都有一種方向。梁漱溟說，習慣是違背孔子的意思的，無論好習慣壞習慣都是如此。「因爲凡是習慣都反乎直覺的生活。習慣卽是鑄成的模型，統是痲木。若改換了新局面，他就不能應付停當。」

找 什麼是「找」？梁漱溟並未給出明確的界定。他說，「找」就是離開了現前當下，心到別處去了。種種念起，無不出於「找」。就「離開當下」而言，氣質和習慣也是「找」。梁漱溟對不仁的原因的論述並不是條分縷析的。有時表述爲習慣和「知的揀擇」，有時表述爲氣質、習慣、昏墮。但根本是「找」，是「昏墮」。在「孔子人生哲學大要」的講演中總把氣質、習慣同昏墮聯繫在一起。昏墮就是當下的過失，也是離開現前當下的意思。他說，氣質和習慣只是「緣」，不是因。作爲不仁的「因」的就是當下的「昏墮」。如果當下昏墮了，心就被氣質習慣支配，就僵硬了，就失去了直覺的敏銳之感。因此，找和昏墮都是指的一件事情：心不在當下。找是指心向別處去，昏墮指直覺的受障蔽。

找當然包括「知的揀擇」。因爲人們利用知識去揀擇道路，當然就是使心向外用，離了生命流行的本體。找什麼呢？梁漱溟說，統是在找物質、找東西。所有這些找的對象都是在智慧中才有的。在生命自然流行時宇宙是渾然一體的，在生命弛散時才出現了找。柏格森認爲，在生命弛散隳落之時出現了理智和物質。梁漱溟以此與儒家學說相比附。他還用「昏失」指稱生命的弛散。生命向前流動渾然一體之時就是仁；找、昏失之時就是不仁。

第五節　對孔子諸態度的解釋

在梁漱溟從《論語》中歸整出的十四個態度中，仁是居統攝地位的。從其論述看，他試圖把十四種態度組織爲一個自成系統的新儒學。然而總的說，其餘十三個態度主要是作爲仁的表現和例證。除了仁和樂，其他的態度都尚需此系統以外的概念作說明和界定。我目前尚未看到由李淵庭先生整理出的全部文稿，僅就所見舉其要者進行介紹。

訥言敏行　梁漱溟解釋此條有幾層，中心是說孔子目的在使人免於不仁。不仁就是對於許多事不覺不安，習慣了就陷於不仁。「訥言」是恐人言而未行，言而未行即是將善行善理放在口頭上，就會形成「找」。

梁漱溟說，言思是使用「符號」的，這是「知」的態度，是冷靜的。這種冷靜的理智是從動物式情感解放出來的一個結果。

人們往往把主觀的情理也放到冷靜的「言思」中去。其實客觀知識只能作主觀情感的工具。主觀情感是溫厚的，放在知識中就淡薄了。梁漱溟的意思是要使善行建築在人的情感上，而不是建築在知識上。知識中關於善行的道理是不能發動爲行爲的。

看這裏 梁漱溟把「看自己」、「看當下」、「反宗教」歸爲一個意思：「看這裏」。看這裏就是任天機，就是任「生命之理流行」。

梁漱溟說，看自己的「己」就是孔子「古之學者爲己」、「君子求諸己」的「己」。這個「己」就是我們當下的心意、當下的情、當下直覺所覺。俗常人說的「己」是通過區別計較後得到的，是「私」。孔子的「己」是「生命之所在」，未加分別，因此不是私。孔子的爲己是盡其在我。孔子說的「己」是一種情感。這種情感排斥知識，因此也沒有由知識建立的「他人」「自己」之區分。這個「己」、「我」是宇宙中唯一存在的渾然一體，是生活中的我。發之於「爲己」的行爲就是發之於當下之心。由這種心情出發的行爲即使是爲自己個人也是「公」；不順應此自然心情去行動，即是爲國家社會做事也是「私」。

「看當下」就是「心在心那一個地方」。「當下」就是心。梁漱溟說，宋明人說的「敬」也是指「心在當下」。心在當下就是心不要繫屬於外，係屬於外就是功利態度。

孔子曾說：「未能事人，焉能事鬼？」「未知生，焉知死？」據此，梁漱溟認爲孔子是反宗教的。這個態度也是「看當下」的一種表現。宗教所談爲無始以及將來之事，是出位之思，是心有所繫。他把一切宗教皆斥之爲「一團私意」。

毋意必固我 梁漱溟說，孔子和我們的分別就在於他的喜怒哀樂得當，我們的不得當。我們之所以會過或不及，就是因爲有了「意必固我」。「意必固我」就是在天理之自然上多了一點意思。這種現象在我們的生活中實在太多了，以致成了牢不可破的習慣，使我們的喜怒哀樂不能恰好。孔子哭顏回而不許厚葬就是他在感情上「過而不留」。

梁漱溟說，人們談到意必固我時常附會到佛家的意思上去，把「毋我」講成破我執，把「毋意」、「毋必」、「毋固」講成破法執。他認爲，儒家不排斥佛家的俱生我執，並且以它爲根本。它排斥的是佛家說的分別我執和分別法執。梁漱溟實際是用佛學關於分別執的學說解釋孔子的思想。他認爲，俱生我執的「我」成立於直覺的念念相續之上。俗常人說的「我」是通過理智分別得到的。直覺的我是「無邊大無邊的長久」，是沒有範圍的。分別後的我是有範圍的。俗常人的我是用「明了意識」構成的，「明了意識已不是生命，怎能去認識生命？」

分別我執固然是錯的。但是，依梁漱溟看，這種由知構成的我尚不可以發動爲行爲。它若發展爲錯誤的行爲，還是由妄情支配。妄情相當於梁漱溟說的本能式情感。他對「我」的批評主要還是批評理智的運用。

在對分別法執的討論中，梁漱溟說明了人們是如何形成苦樂觀和是非觀的。綜其大義：意必固我就是認定一個道理，然後依據這個道理去生活。這樣，人的生活非亂不可，因爲這是把主觀的情理當作了客觀的道理。孔子的「親親、仁民、愛物」完全是聽任直覺情感的指示。如果把情厚多愛作爲定理去秉持，反而成了形式上的行爲而沒有眞情。

非功利 關於這個態度的討論篇幅較長，某些層次卻仍嫌簡略。究其實，梁漱溟還是根據前面那個哲學框架或原則進行討論的。功利和非功利兩種生活態度的根本區別就在於：非功利的生活憑藉趣味，依靠直覺；功利的生活則依靠理智。前者是「品質」(quality) 的，後者是「數量」(quantity) 的。非功利的生活是「順天理之自然」；功利的生活則是依靠人爲。生活態度是否爲功利完全由此判別，而不在於這種態度是否獲得利益。根據事實，孔子也可以說是有所取得，但他的態度「固未嘗欲有所取也」。由這一點出發，梁漱溟作了以下幾層分述：

生活不是手段。俗常生活中手段和目的之區別只是一種便利，是「假」的。如果執以爲眞，就會把原本整個的生活打斷了，把作爲手段的生活附屬於作爲目的的生活，而作爲手段的生活則失去了本身原有的趣味。每一段生活都不應是手段而應是目的。就其不是手段而言，它是無所爲的。

生活不憑意識而立。無所爲的生活是順應自然，它不靠意識或理智。因此意識和理智不是生活的主宰。梁漱溟反對詢問人生的意義、價值、目的，認爲這些都是用意識去作生活。

功利派用利害解釋一切。梁漱溟承認生活中有利害問題存在，承認功利派也確有其地位。功利派的錯誤是它用利害解釋一切問題。因此，梁漱溟否認功利派作爲一種生活態度的合理性。孔子的非功利態度是絕對的，是對整體生活而言。功利態度之相對合理性恰恰由於它是只針對一小段生活即「打碎了」的生活而言的。功利態度的謬誤就在於它喪失了生活的趣味。其實，富於生活趣味的非功利態度不是冷酷無情。冷酷無情恰恰是功利態度的特徵，因爲它用理智。

梁漱溟很看重孔子的非功利態度，以爲是全部孔學的特徵。

持這種態度去生活，社會就昇平；而功利態度喪失生活之趣味卻是最危險的，會使社會出亂子。這是比照西方社會危機而言。他對非功利態度的討論實乃對西方近代資本主義以來功利主義人生觀的批評，並由此預言孔學在世界未來文化中的地位。他斷言，將來世界文化走上孔學之途實卽非功利派代功利派而興。

第六節 批 評

思想基礎

梁漱溟早期哲學的思想基礎有三個成份：唯識學、宋明心學、柏格森哲學。

究其實，梁漱溟的哲學乃自《唯識述義》始肇其端。讀者檢閱該書及《東西文化及其哲學》自然明白。〈究元決疑論〉雖探討了許多哲學問題及中外各家學說，而實不過是梁氏哲學的準備階段，更多的是表達一種信仰而不是理論。在北大講授印度哲學和唯識學過程中，梁漱溟形成了自己的哲學見解。這種哲學就是唯識學「一切唯心萬法唯識」的學說。不過，他此時的唯識見解是在與西方哲學的對勘中形成的。確切地說，他的唯識學是借用西方經驗主義一系的理論和某些心理學理論重新解釋了的，我稱之爲「感覺主義的唯識學」。正是這種唯識學的感覺主義特徵才使他不久以後順利地接受了心學和柏格森哲學的某些內容。

梁漱溟引入了感覺解釋「唯識無境」說。他明確指出：唯識的「識」就是感覺。「唯識」的意思就是說，一切都沒有，只有感覺。這種感覺就是唯識學說的「現量」❼。說感覺、說現量都是說唯識學排斥一切比量的抽象、概括、判斷、推理。屬於比量、非量基礎上成就的東西都是虛妄，只有現量的感覺眞實不虛。並且，這種感覺是主觀自生的，不依外界的刺激和影響存在，能感覺和所感覺均爲主觀的感覺所有。在把識解釋爲感覺之後，梁漱溟把外界的一切現象和存在都建立在感覺的基礎上。從這個解釋出發，他批評了外道和小乘的有色論，論證了不可能在感覺以外建立現象界。在論述中，他借用了心理學關於視覺原理的學說，指出俗常所謂各種顏色不過是主觀神經上出現的感覺，並非爲外物實有。他的論述明顯地表現爲一種主觀主義的感覺論(Sensualism)。並且，他明確談到唯識無境說和當時受到馬赫主義（Machism）影響的英國科學家波耳松（Karl Pearson）的說法大致相似:「所謂宇宙只許是感覺的總計」❽。瀏覽一遍《唯識述義》也可以看出梁漱溟此時的唯識學受到經驗論中感覺主義（如 Berkeley）的影響。

梁漱溟還解釋了唯識學所說的心。他說，心也是感覺，是沒有「念慮」的感覺❾。這種心和俗常說的心不同。俗常說的心有見的作用，還有念慮的作用。俗常說的心是與物相對的，所以只是半邊的心。這種半邊的心實際把心看作了一種作用。在梁漱溟看來，俗常人說的心指的是見分和念慮作用，這是和唯識學大相逕庭的。唯識學的心包括見分和相分（還有自證分、證自證分），即包括俗常人說的心和物❿。梁漱溟依唯識學把心和物統

---

❼ 《梁漱溟全集》卷 1，頁286。
❽ 同前書，頁278。
❾ 同前書，頁288。
❿ 同前書，頁307。

一起來，這個統一的基礎是感覺。感覺到的東西不在心外，是心派生的。這種感覺排斥任何「念慮」，即排斥任何比量和非量。在這種感覺的基礎上，沒有心和物的分別。「心物分疆原無其事，渾然一體全都是心。」⓫這就是唯識學的完整的心。

梁漱溟極言唯識和唯心都是指感覺，表現了明顯的反理智主義特徵。他認爲現量的唯一條件就是無分別。在唯識的感覺中見相是同體的，是渾然未劃的，沒有物我之分。只有通過感覺以外的其他作用才能把渾然一體的見相、物我劃分開，構造出物我的概念。依《唯識述義》全書之義，這些非感覺的作用就是比量和非量。這些劃分和構造都是妄想。感覺是刹那便過的，理智根本沒有施加的餘地。比量所成的概念都是虛假的；感覺則是眞實無妄的。

梁漱溟在這種感覺的基礎上建立了現象界。他說，現象界是感覺的現現別轉成就的。唯識學以阿賴耶緣起解釋現象界，梁漱溟亦據此而論，不過側重在識體的感覺而已。他認爲現象是種子的不斷生發變成的。每個種子都是刹那變生、刹那息滅的。識的感覺活動只是積累了無數靜止的相分。這些彼此獨立的相分要待感覺以外的意識作用才能串聯成動的影像。究其實，現象界在空間上的移動是虛假的，實有的只是時間上的「流轉」⓬。

梁漱溟在講述唯識學的遍行心所時作了一些心理學的討論，不過很粗略。其大意是指出西方心理學家說的知情意三者在唯識學中也有，但不是各自獨立的。他主張任何知識都和意志或情感結合在一起。刹那生滅的心在每一刹那間都是意、是知、是情。

⓫　同前書，頁308。
⓬　同前書，頁313。

當然，知情意是建立在唯識的感覺之上的。不過，這幾點意思只在《唯識述義》第一册的末尾談得很簡略。梁漱溟自稱《唯識述義》寫有三册，而我們目前只見到第一册。他的唯識學的全部理論我們目前尚無從得窺。

據目前看到的材料，梁漱溟是自〈究元決疑論〉一文時開始研究柏格森哲學的。其時，梁漱溟尚未閱讀柏格森原著，全據其他西人的介紹。他此時對柏格森的理解是：柏氏以遷流變化解釋世間一切存在。他認爲這種解釋與唯識學關於阿賴耶緣起的學說相類。但柏氏執此爲眞，故其說與佛學依他起自性的說法相同。在這個層次上，梁漱溟評價說「善說世間者莫柏格森若也」⓭。梁漱溟此時對柏格森哲學的瞭解很膚淺，只接觸到「實在是一個流」的思想；對柏格森的生成創化論也理解得不準確；對柏格森哲學的評價則是出於佛學立場予以否定。但是，梁漱溟最初的這些理解在以後一直發生影響。他在〈究元決疑論〉一文中認爲柏格森哲學講的是「生活」，這影響到他後來在《東西文化及其哲學》對「生活」的討論，雖然後者借用了叔本華的概念。

在《唯識述義》中，梁漱溟在評論西方哲學發展時又討論了柏格森哲學。這時他注意的是柏格森的直覺主義方法和反理智主義特徵，所根據的是柏格森《形而上學導言》一書。柏格森這部著作對《唯識述義》、《東西文化及其哲學》、《孔家哲學史》都有極大影響。在《唯識述義》中，梁漱溟贊成柏格森的反理智主義，認爲它與唯識學「頗相密合」，「假使無柏格森開其先，或者唯識學還不好講。」⓮《唯識述義》中所以「狠命的排斥比

⓭ 同前書，頁14。

⓮ 同前書，頁279-280。

量」應該說是受到反理智主義的影響。但是，梁漱溟對直覺卻持保留態度。他說，直覺還包含著比量的作用，因此柏格森的反理智主義並未臻於圓成至善。他認爲，雖然唯識學要得柏格森哲學相助才能得到說明，而柏格森的反理智主義卻要靠唯識學「圓成」。《東西文化及其哲學》則從佛學立場上對直覺作了批評。他認爲柏格森的直覺是建立在主觀基礎上的，不是眞實的。

梁漱溟對柏格森的批評並不重要，重要的是他如何將柏格森哲學納入自己的思想體系。我認爲這種「接納」應始自《東西文化及他哲學》一書，並且這種接納的理解方式和〈究元決疑論〉是一脈相承的。梁漱溟此時對柏格森的「生命」、「緜延」、「直覺」都作了大致準確的理解並看到了它批判康德哲學的歷史背景。這些理解中最重要的是他把柏格森的直覺說成是「生活的直覺」。直覺起作用的時候就是生活進行的時候，這時候主客是渾融一體的。如果說柏格森的哲學和梁漱溟的唯識學有一個聯結點的話，它就在這裏！柏格森在《形而上學導言》中說：

> 實在是一種可動性，沒有已造成的事物，只有正在創造的事物；沒有自我保持的狀態，只有正在變化的狀態。當我談到絕對的運動時，我就是把一種內在的東西，卽所謂精神狀態，歸屬於運動著的物體，同時我還暗示我與這種狀態相交融⑮。

從依他起自性的層次上，這些說法是可以爲梁漱溟接受的；他對

---

⑮ 見該書中譯本，頁1。

柏格森的否定是出自圓成實性的立場。

《東西文化及其哲學》對柏格森哲學的接納表現在他對直覺的引入和闡說。在這部書中，梁漱溟把直覺和唯識學的非量相糅合。這與《唯識述義》中對心所的理解有關。在論述「受」、「想」二心所時梁漱溟談到：在根、境、識三法和合之時是有感受作用伴隨的，在感受時也就有分別隱然存在，這就是受和想⑯。但是這種感受分別不是比量而是直覺。《唯識述義》中的感覺主義是不徹底的。梁漱溟在討論心所時隱然承認主觀有念慮作用，這導致他能夠接納直覺概念，雖然他在表述上對直覺和現量作了區分。

直覺的引入在認識論上給了梁漱溟以很大幫助。由純粹的感覺（現量）如何過渡到知覺、理智（比量）呢？梁漱溟在《唯識述義》中好像已經在這兩者之間找到了一個過渡階段，在引入直覺後他才把這個階段清晰地表述出來。現量的感覺所得的內容是純客觀的，比量的分別是純主觀的，其間有一個主客合一的過渡階段，在直覺階段，主體開始把主觀的東西賦予客觀。梁漱溟自稱這是他對唯識學的一個修訂⑰。從這個修訂看，梁漱溟的直覺是有二元論色彩的。這和柏格森的純粹主觀主義是違悖的。梁漱溟的所用直覺概念只在兩點上和柏格森原義相同：一是將主觀的東西賦予存在。二是這種直覺不是固定呆滯的概念，是一種「活形勢」。由此也可看出梁漱溟所以能接受「直覺」是基於他以前的理解：善說世間者莫柏格森若也。

梁漱溟接受儒家思想是由王心齋「得門而入」的。他在《朝

---

⑯ 《梁漱溟全集》卷 1，頁316。
⑰ 《東西文化及其哲學》，頁12。

話》中回憶當年思想轉變時自稱是由王心齋「自然」的思想而對儒家有所理會的。梁漱溟一生的哲學和生活經歷明顯地表現了心學的色彩，然而這一思想的生長點也在於王艮和唯識學的聯結上，雖然他在崇佛之前已對譚嗣同的心學大加贊揚了。梁漱溟最初的心學也主要是王艮和聶豹的思想，對王陽明卻持有微辭⑱。《東西文化及其哲學》一書對儒學的討論反覆闡說的就是王艮那句話：「天理者，自然自有之理也。才欲安排如何，便是人欲。」他對王艮思想的發揮也是符合原義的：人的生活便是流行之體，人自然會去走最正確的路。王艮「百姓日用卽道」表現出的自然精神是和唯識學關於依他起性的見解相契合的，也是和柏格森關於實在是連續不斷之流的思想相似的。這是梁漱溟同時接受了三家哲學作爲自己早期哲學根基的關鍵所在。

本體是自然、是變化，因此認識這種本體就不能用呆定的概念，而需要用「柔順活動的觀念」。關於自然流行的思想，梁漱溟基本上是按照歷史上儒家的學說論述的。至於柔順活動的觀念，梁漱溟則主要依靠了柏格森的直覺主義。在儒學當中，他只找到了聶雙江的「歸寂以通天下之感」的學說，並將此「感」等同於「直覺」。在《東西文化及其哲學》第四章的論述中，梁漱溟就這種直覺的反理智主義特徵作了許多論述。到了「孔家哲學史」時，他進一步提出「仁就是當下易感之直覺」。我認爲，這種當下易感和他以前唯識學的感覺主義特徵有聯繫。這種「感」是感應，也是感覺。梁漱溟反覆指出心體的柔嫩，就是要談這種感覺的敏銳性。《唯識述義》篇末對心所的討論就是講的隨感而

---

⑱ 同前書，頁150。

應，只是在《東西文化及其哲學》中才把它離析出來稱之爲直覺。因此，在《唯識述義》中表述的那個思想在後來仍然起作用:「只這一轉的爲心，而便是意是知是情。」⑲《唯識述義》並未對知情意分析得很清晰，然而這卻爲他後來論證直覺活動方式創造了條件，即「在感的時候給出方向」。關於「隨感而應」的正確性，梁漱溟從未進行過論證。我認爲這也是由《唯識述義》關於感覺的正確性（或無錯誤可言）發展來的。

由上可見，梁漱溟對儒家的理解和接受過程中受到了唯識學和柏格森哲學的極大影響。但是《東西文化及其哲學》中對儒家的直覺主義解釋有一個薄弱點，就是他未能將直覺與本能區別開。因此他的解釋仍未能圓滿解決天理人欲的對立。他只解決了遍計所執性層次的人欲問題，未能解決依他起性層次上的人欲問題。感覺主義唯識學尚不足以解決這個問題。儒家是依他起性層次上的文化，而依他起性是要承認有私欲的。此時梁漱溟理解的直覺也不足以解決這個問題。此時他依仗了聶雙江的「歸寂」。這個寂是一種理智的回省。雖然他也說這是附於理智的直覺，但仍說明他是在求助於理智。這一點在「孔家哲學史」和後來的著作中更爲明顯。寂是本體，是仁；感是直覺，是作用。這是梁漱溟接受儒學後作的劃分。他說仁是一種很難形容的心理狀態。這是針對人的外觀生活而言的。這說明他是認爲人的聽任自然的情感生活是有流弊的。《東西文化及其哲學》對這個矛盾的點出和解釋使他轉向心的研究。

由於梁漱溟在依他起性的前提下討論儒家文化，他在一開始

---

⑲ 《梁漱溟全集》卷1，頁318。

就偏離了《唯識述義》末尾的心理問題討論。《東西文化及其哲學》一書對儒家生活的討論偏於情感生活的外觀而不是這種情感的心理基礎。他講的流行之體是外觀的流行之體，而不是內心的自然流行。直覺的流弊以及對柏格森創化論的吸收使他又回到了心的討論。因此，他重構儒學的工作自一開始就築基在對心體的說明上，並明確地說自已是在作生理和心理研究。此時他對心的研究分爲三個部分：人心和禽獸之心的區別，主宰之心和工具之心的區別，人心的活動方式（仁和直覺的關係）。由於他從人的自由本質立論，從而使他對儒學傳統的心性論給了一個全新的解釋。由於他吸收了西方的生理學、心理學和認識論，從而使中國傳統哲學站在與西方近代學術相應的水平上進行對話。

直覺主義

直到此時，梁漱溟的哲學都明顯地表現出直覺主義的色彩。但是我認爲，他的直覺主義雖由柏格森而來，卻和柏格森全部哲學的特徵有區別。從外部發展上看，梁漱溟的哲學路程確實很像柏格森：從實在的變動性發展到方法的直覺主義，再進一步發展到尋繹生命創化的眞諦。但是，這兩位處在中西哲學貞元之際的哲學家面臨著不同的哲學遺產和現狀。柏格森面臨的是機械論發展至頂峰而產生的康德哲學，他的任務是要用生命科學和心理學的新成就打破用物理學及數學構造出來的哲學世界，把康德劃在現象界之外的自在之物重新和認識主體聯結起來。梁漱溟面臨的任務是要對中國傳統道德哲學的內涵在理論上作一次重新的確定，這一工作是對西方近代以來的理智主義的回應，以試圖說明儒學將代西方理智主義文化而興的前景。所以，只是反理智這個共同任務將梁漱溟和柏格森聯繫在一起。於是，梁漱溟的直覺主義並不偏重在認識論的討論。自《時間與自由意志》、《物質與記憶》，經《形而上學導論》而歸結到《創造進化論》，柏格森反覆在實在的內涵、把握實在的方法、主體和客體的一致性上作了循序漸進的討論。梁漱溟雖然在《東西文化及其哲學》中也作出這類本體論和認識論的討論，甚至在「孔家哲學史」中也可以看到他將唯識學和大程子的心學與柏格森的本體論相契合，但從「孔家思想史」開始可以看出他已廢止了這種邯鄲學步。我認爲梁漱溟早年的新儒學建構是標準的直覺主義倫理學。他對人心與禽獸之心的區分是要論證人類道德感的先驗性。梁漱溟是把道德感的討論作爲新儒學重建的基點。

梁漱溟的哲學顯然受到孟子一系的人性論的影響。這突出表現在對「仁」的解釋上。「仁」這個儒學最重要的範疇在孔子的思想中還僅僅是一種道德原則。勿庸諱言，它的確不像梁漱溟所說是先天就有的，而僅僅是「後天的條件」。到了孟子開始強調「仁」的內心基礎，認爲它是「不忍人之心」的發展。這種不忍人之心就是一種道德感。由此，仁有了先驗的性質。雖然他緊緊扣住《論語》攢集材料並力證此義爲孔子之「仁」所固有，但我們仍然可以看出他在沿襲孟子之說。梁漱溟的立論有兩點很重要：仁是道德感；仁是先天本有的人性。

道德感可以說是一種情感，也可以說是一種感受性。在西方，十七世紀的英國人沙夫茨貝里（Shaftesbury）第一次把這個概念引入倫理學。他的討論與中國孟子的討論有相同之處。他們的倫理學均旨在論證人的道德不是建築在後天的知識上，而是以先天的情感爲基礎。這是直覺主義倫理學的一個最基本的特徵。

梁漱溟上承孟子立論，卻比孟子對這個問題的論述更明確更具體。他一起手卽指出「仁」是 tenderness，是柔嫩易感，又指出仁是一種情感。

梁漱溟和孟子又有區別。一是他將這個道德感直接稱爲「仁」。在孟子，仁只是不忍人之心的發展。按照梁漱溟的解釋，仁倒成了不忍人之心的根據，後者則是前者的外部表現。二是他把這種情感和動物式的情感作了區分。傅偉勳先生曾批評孟子關於道德感的論辯缺乏嚴密的邏輯論證，且不能排除負面人性存在的可能⑳。沙夫茨貝里的論證也有此矛盾隱然存在。《東西文化及其哲學》對此問題的討論還停留在孟子的水平上。他當時也意識到有這個矛盾，這等於承認還不能對人性的兩個方面作出說明。對柏格森哲學的進一步吸收使他解決了這個問題，從而將孟子所作的「人禽之辨」表述得更爲清晰。從此以後，他把人的其他自然本能劃歸在生物長期進化的遺跡之內，作爲工具處理，剩下的就是純然善的「仁」。動物的本能和人的直覺都是感情。兩種感情的區別就在於：動物的感情是有所爲的；人類理智生活之自由性則使人的感情「不預備作什麼」。正是這種「無所爲而爲」的感情成就了人心的「道德」性，使「道德感」成爲人類獨有的本質特徵。柏格森哲學的影響使他改變了以前對克魯泡特金社會本能說和羅素「創造的衝動」的態度，認爲羅素講的「靈性」比克魯泡特金的「本能」更能揭示人性的本質。

直覺主義倫理學的另一個特徵是認爲道德中的眞理性是自明的，絕不訴諸經驗和理性。梁漱溟的新儒學也有這個特徵。他在

⑳　傅偉勳：《儒家心性論的現代化課題》。

「儒家思想史」中提出了兩種理：客觀的事理、主觀的情理。這個思想是從他以前對直覺內涵的認識發展而來。從歷史淵源上說，主觀情理對孟子「心之所同然」的理、義作了重新說明。梁漱溟把道德領域中的知識論問題築基於直覺之上，認爲直覺也能構成是非判斷、構成知識。這種知識由於受直覺的指導，不像客觀事物那樣是「待證明」的。這樣，他就明確指出了孟子「心之所同然」的理義具有眞理性，這種眞理性通過人的直覺就可以把握到。

柏格森說直覺是一種單純的行爲，實際是「知行合一」的。雖然梁漱溟強調直覺的情感性，但直覺作爲「仁」的發用流行，它也是行爲。他說，主觀的情理就是「直覺所指的方向之理。」這實際也是融知行爲一的。因此，他對主觀情理的說明同時也在客觀上爲王陽明的「知行合一」作了直覺主義說明。

梁漱溟在建立直覺主義倫理學的同時進一步排斥了理智在人類道德生活中的作用。《東西文化及其哲學》對理智的批判與其說是有保留的不如說是自相矛盾的。「孔家思想史」雖然承認並接受了柏格森對理智在創化過程中的作用，而且更從理智活動的基礎去探討人類道德情感的產生；然而恰恰是這種探討圓成了他的直覺主義，使他從理智活動過程中離析出自由選擇作爲人性善的先驗論根據，從而徹底地將理智的作用劃分出去。這樣，梁漱溟就比《東西文化及其哲學》向前邁進了一步，不再需要「理智的回省」校正「直覺」的偏頗，於是也就徹底地否定了理智指導人們生活的作用。

評價梁漱溟的新儒學建構必須要從當時的文化背景出發。在西方文化的挑戰面前，中國文化如何重新調整自己以證明自己在當今及未來文化發展中的價值？當西方文化在帝國主義時代遇到問題時，中國文化如何對西方文化的危機作出自己的反應？梁漱溟在新儒學興起之初卽感到了這兩個問題，其建構的實施則深深地受到了十九世紀以後的西方文化的影響。在這個背景上，他同時對西方文化和中國文化都作出了批評。在這一批評中，直覺主義起到了雙刄之劍的作用。

浪漫主義

梁漱溟對中國本土文化前途的信心和對儒學的直覺主義解釋的動力都是直接地來自西方社會和思想界的總趨勢。在哲學上，這種動力更多地源自柏格森哲學。然而我認爲，梁漱溟對柏格森哲學的吸收應該放在更長遠的歷史背景下加以考察。柏格森哲學是自盧梭（Rousseau）以來西方近代浪漫主義思潮在哲學上的極端發展。浪漫主義的發展歷史一直表現出反對科學和反理智主義的特徵。休謨（David Hume）對經驗主義哲學的破壞以及大機器生產之後資本主義社會出現的罪惡都促進了浪漫主義思潮的流行。康德哲學在這方面的作用就是爲理智劃定界限、爲信仰和道德確定了自身的領域，從而刺激了反理智主義的發展。他把自由、實在、道德等問題從理智的適用範圍中劃分出來訴諸非理性的感情，使浪漫主義思潮在盧梭之後第一次得到了哲學上的表述㉑，此後又在費希特、叔本華、尼采、柏格森等人的哲學或社會政治學說中得到發展。柏格森哲學雖然曾對康德作出了激烈的批判，但他並沒有批評其浪漫主義傾向。他承認康德爲新的哲學

㉑　參見羅素《西方哲學史》下卷。

開闢了道路，這種新哲學是通過直覺的努力用超知性的知識材料構建起來的。

對於西方浪漫主義的這一發展脈路，梁漱溟並沒有能够從學理上把握，甚至也沒有自覺地意識到。這導致他同時接受了作爲浪漫主義發展結果的柏格森哲學和作爲理性主義發展結果的進化論以及社會主義。但是，自從梁漱溟拋棄了邊沁、穆勒式的功利主義之後，由佛學到叔本華，再到柏格森，他一直受到這種氣質的哲學的陶養。從他對叔本華「意欲」的援引、對麥獨孤「本能」和羅素「創造的衝動」的贊賞，直至他對柏格森哲學的借鑒，我們都可以看到他和盧梭以來的那一派哲學家有著共同的追求。因此，透過他與柏格森直覺主義的聯繫這個現象，我們也許會看到一個中西文化交融的更寬廣的圖景。梁漱溟對柏格森哲學在學理上的接受是非常艱難的，他的各部著作都表現出消化不良的癥候，但是對於柏格森哲學之基本精神的接受卻不那麼艱澀。

羅素在他的《西方哲學史》中曾指出盧梭思想的背景是十八世紀法國上流社會中崇尚感情的社會風氣。上流社會標榜的是他們的「善感性」(la sensibilité)㉒。梁漱溟在「孔家思想史」中對仁作的界定與此極其相似。他說的「柔嫩」就是一種「善感性」。不過，當梁漱溟對這種善感性的基礎作了說明並對它作了反理智主義的限定之後，這種善感性比起盧梭的時代和孟子及聶雙江的時代都要明晰和深刻得多了。雖然梁漱溟對直覺的理解有一個變化過程，但他表現的基本精神是一貫的：人類的行爲建立在感情而不是理智的基礎上。在「孔家思想史」中，他明確地論

㉒ 羅素：《西方哲學史》下卷，頁213。

述了人的自由本質不在於人的理智而在於感情。他的論述如同羅素所指出的是用審美的標準代替功利的標準，這在他對「樂」的闡述中可以明顯地看到。「孔家哲學史」也表現了浪漫主義的另一個宗旨：無目的的活動才是眞正的善。這一思想在梁漱溟此後的著作中的主要特徵就是排斥人類行動的功利性。

浪漫主義發展到柏格森哲學已臻於成熟。由於心理學和生命科學的發展，康德之後的哲學很快又將康德劃分開的兩個世界融爲一體，將理智統治下的物質世界湮沒在「生命」概念中。對此，梁漱溟也模糊籠統地感覺到了。他說，唯有生命派的哲學將被理智弄得破碎的物質世界化爲精神的世界。但是，梁漱溟本人在重建儒學時還沒有這麼大的氣魄，雖然他本人唯識學和心學中也有一些因素使他可能將其改造得像柏格森哲學一樣的龐大奇偉。他沒有能够用直覺、生命去涵蓋全局，從而也就使他的新儒學建構基本上停留在倫理學的範疇內。從這個意義上說，他的新儒學大致與康德哲學相當。他仍然承認有兩個世界：理智活動的世界和直覺活動的世界，或者是物質世界和精神世界、自然與社會。梁漱溟此後一直是循著這個思路進行新儒學建構的。

第四章 心 學

我在這一部份中討論的是梁漱溟自1925年北京私人講學以後至 1949 年《中國文化要義》期間的哲學思想。這一部份和〈仁學〉一章所討論到的材料大多是以往不爲世人所知而近來才準備加以整理公諸於世的。有些已見諸於世，如《朝話》及《中國文化要義》中〈論理性〉一章，在過去也往往不爲學界所重視。

從曹州講學之後至1927年提出鄉治，梁漱溟把它稱爲自己思想上的第二個消歇期。其實這正是梁漱溟在因曹州辦學而中斷他1923年開始的重構儒學之後又一次作理論探討的時期。我在本章所討論的思想主要形成於此時，雖然梁漱溟在鄒平鄉村建設研究院研究部講授此內容時或許有所增補並在《中國文化要義》中又確有發揮。我之所以把它和前章內容區別開來，是有鑒於保存下來的當年講錄稿本在內容和表述上和仁學有著很大的差異，雖然在「人禽之別」討論上是前者此題的繼續。本章即以這些材料爲基礎對梁漱溟此時的思想作一討論。通過本章和前章的討論，期望世人對於梁漱溟在《東西文化及其哲學》之後至 1949 年以前的哲學建構作一全面的了解，期望弄清這一段工作與前後思想的聯繫與發展，也期望學界由此對梁漱溟在本世紀新儒學初創期的工作有更多的認識和恰當的評價。

梁漱溟在仁學階段已經開始討論心性問題。但是在他那時的系統中，「仁」是最高的觀念。同時他那時對人心仍然偏重於從作用方式上去討論。「流行」、「歸寂通感」和「不起意」都是從作用上去談心。對人心的主體性的內涵及其發源的討論是在此後完成的。所以我用「仁學」和「心學」來區別兩個階段的思想。

第一節 心理學

1926年，梁漱溟爲他立志寫作的《人心與人生》一書寫了一篇序言，文中聲言要爲孔子的學說找一個心理學的基礎，並且試圖要「推翻今日的心理學」。梁漱溟不是一個心理學家，但是他在研究西方文化並企圖吸收西方學術改造中國傳統儒學進而改造中國文化的過程中的確研究過西方心理學。在晚年出版的《人心與人生》一書中，他把自己所談的人心部份稱爲心理學❶。

梁漱溟對心理學的最初接觸是在《唯識述義》。他企圖對照當時心理學對人類心理因素的劃分來研究唯識學的「心所」❷。到了《東西文化及其哲學》一書，他則把西方心理學的變遷看作西方文化由第一期轉向第二期的重要基礎。從中我們可以看出他受到了麥獨孤的影響。梁漱溟從此時起開始著重心理學的意義。但是，他這時還只是把它作爲評斷世界文化趨勢的依據，對於麥獨孤的策動心理學乃至其他心理學派並未有一個深入的了解。《東西文化及其哲學》在評斷世界文化趨勢時表現他這樣一個思

❶ 見該書，頁4。
❷ 《梁漱溟全集》卷1，頁315。

想：心理學是一切文化因素的基礎。

在《人心與人生·自序》中，梁漱溟又指出：每一個倫理學派都有其心理學基礎，心理是「事實」，倫理是價值判斷。而孔子學派的倫理學能否成立，就要先考察它的心理學基礎。同時他還指出：當時西方流行的心理學見解和孔子的心理學大不相同。因此，要研究孔學的心理學就必須以之與時下西方心理學相「較量勘對」並推翻後者的見解。這是梁漱溟心理學研究的兩個任務。這一點，梁漱溟大約在 1923 年就認識到了❸。在北大開設的「孔家思想史」一課的內容的確有這種心理的考察。但是也可以看出他在那時於心理學方面的研究尚未作多少功夫，尤其是對於西方心理學並不比從前有更多的瞭解。直至曹州辦學失敗回到北京作私人講學時才開始作此研究。最初講於 1926 年 5 月的「人心與人生」已可見出在內容上比以前有了很大的改觀，雖然目前能看到的講稿據梁漱溟的題記可能是鄒平再講後形成的文字。

比較心理學

在二、三十年代，梁漱溟主要研究了比較心理學和行爲主義心理學。雖然他對其他流派的心理學也有所涉獵，但都沒有詳細的筆記保留下來。而且，從他二、三十年代的兩本筆記中也可以看出，他當時的主要思想基本上是從對比較心理學和行爲主義心理學的研究中引發出來的。

「人心與人生」這本講課記錄的第一章就是講 比較心理學

---

❸ 見《東西文化及其哲學》第八版〈自序〉。

的。這一章的文稿有兩份。一份由梁氏學生雲頌天（筆記抄整者）注明爲梁漱溟本人自寫的稿子，但沒有寫完。這份文稿有三千五百字。第二份有四千字，主要是舉列了引自他書的實驗材料，顯然略去了梁氏現場講演時的許多議論。這些材料有些在晚年成書的《人心與人生》中也使用過。從兩份筆記都可以看出梁漱溟對比較心理學的了解還是很粗略的，雖然他在《東西文化及其哲學》寫作時已經開始接觸到比較心理學了。

梁漱溟開篇就提出了這樣一個問題，「心是什麼」、「什麼是心」。這可以說是梁漱溟全部心理學研究要弄淸的問題。這個問題其實自唯識學研究時已隱然蘊含，仁學研究時亦屢屢涉及，然而至此時才明確地提出來，並且找到了他自認爲能將此問題討究淸楚的途徑——心理學。梁漱溟的心學是在批判近代以來的科學主義心理學的基礎上建立起來的，卻也同時得助於心理學，這主要是比較心理學。對於什麼是心，梁漱溟在其仁學階段已經作了探討，因此他是先存了意見再去向心理學作驗證的。這個意見其實和陽明時代的看法相近，即以心是一種主宰作用。現在梁漱溟要從心理學的討論中進一步確定這個定義，以使古代「心」的概念在新的水平上得到說明。他在入手討論「什麼是心」時首先系統地批評了古代的性理之學和時下心理學各派對心的解釋，然後舉了一些比喻以明心的主宰之義。但是他認爲若明心之主宰之義則莫妙於用生物的進化來解釋。因此，他第一章的題目就是「從生物進化看心之發展」。梁漱溟的全部思想都受到了進化觀的影響，無論是他的文化觀還是對傳統儒學的重新建構，無論是對柏格森哲學或對現代心理學的吸收。在時下的心理學中，他十分著重比較心理學。他認爲，雖然比較心理學只是心理學的一種方法，但這種方法比起華生、羅素、麥獨孤、弗洛伊德的心理學都更有益於人們明瞭：「心是什麼」，因爲這些人的心理學研究都不能「攬其全而窺其旨」。

梁漱溟此時所根據的材料是從中國本世紀著名的行爲主義心理學家郭任遠《人類的行爲》和當時商務印書館出版的西人著作《科學大綱》中抽繹出來的。他對於比較心理學或動物心理學的瞭解並不太多，因爲他自稱當時並未看過這方面的專門著作或教科書。梁漱溟對於比較心理學雖未攬全卻能窺其旨全在於他對這些材料的主觀解釋。這個解釋一言以蔽之就是：「生物進化原只進化得個心」。梁漱溟從郭任遠對生物進化的三點概括出發發揮了自己的這個觀點。郭任遠的這三點概括是：(1) 行爲的進化與生物構造的進化相伴，即由簡單而進複雜。(2) 行爲的進化常與分工作用並行，行爲愈複雜則分工愈專。(3) 分工作用又與統一作用並行。從這三點出發，梁漱溟認爲心的發展有兩個方向，一是應付環境的工具，一是在進化中騰出一個空隙使自己有自由活動的餘地。郭任遠說的分工即是指工具方面，他的統一作用則是說的「自由空隙」。梁漱溟認爲生物的進化表現在應付環境的本領越來越大，而這個本領的發展就表現在這兩個方面。在敍述進化史實時他是兼容這兩個方面的，但在評價上他明確說要側重在所謂「空隙自由」上，並指出這是爲了反對機械觀的心理學。因此他說的心就是指「空隙自由」、「統一作用」、「主宰操縱」這個方面。他對分工和心的發展的關係作了五點說明：

一、在生物進化中，分工的過程也是成就統一的過程。由分工得到工具。工具是被動的，運用它的就是統一作用。統一是宰制、主動、自動，也就是自由。這個起宰制作用的就是心。

二、分工成就了神經中樞的無用之用。有用之用屬於工具;無用之用是主宰作用，就是有自由。

三、由於分工「使中央之處事情簡少」，從而形成空隙，得到自由。

四、處於工具的身體結構器官隨著發展日趨簡便，也就是日趨「機械」。唯其日趨機械，中央之處才日趨自由。

五、「愈分工而行爲之可能之路愈多，應付之路愈多，則自由之空隙愈大。」

以上五點都是集中談作爲工具的身體器官之發展與心之發展的相反相成關係。在兩篇筆記中這個思想論述得很不詳細，隱然可以看出他比較著重動物神經系統的發展，到了晚年的著作中，他才有進一步的補充。

梁漱溟從《科學大綱》中摭引的材料也是集中用來說明:「心的發展即自由擴張」這一思想的。他列舉了該書中幾項動物記錄，有魚類、兩棲類、爬蟲類、鳥類、哺乳類。在解釋這些材料過程中，梁漱溟側重從動物的學習現象看心之發展。他認爲，動物是否有學習能力在於它受本能規定的程度而定。這二者之間的關係是反比關係。學習是動物自由活動的一個標誌，這主要反映在動物的刺激反應現象上。動物接受外界刺激和作出反應之間的距離越大，動物的自由性越大，反之則自由性越小。在整個生物的進化過程中，機械性的發展從反面促進了自由主宰能力的發展，但衡量動物具體行爲自由性的標誌則要看動物行爲反應的機械性是否小。機械性反應行爲是被動的，而學習則反應了動物行爲的自由性或主動性。

行爲主義心理學

對行爲主義心理學的批評是梁漱溟當年心理學研究筆記中的主要部份。梁漱溟對當時的各派心理學都持有批評態度，但他卻選擇了行爲主義作爲主要的批判對象。可以說，行爲主義是梁漱溟推翻當時心理學的突破點。雖然可以把比較心理學作爲他建立「孔子的心理學」的生長點，但也極大地借助了對行爲主義的批判。他對行爲主義心理學的批判有三個方面：關於行爲和意識的看法、刺激反應說、行爲主義方法。他批評針對的行爲派人物是郭任遠和華生（J. B. Watson，梁漱溟當時譯爲蝸遜）。

行爲和意識 郭任遠在《人類的行爲》一書中討論到了行爲和意識問題。這實際是要明確限定行爲心理學的研究對象。郭任遠的論述有自相矛盾之處。例如，他既說到心理學是研究行爲的科學，並不是意識之科學；又說意識也是一種潛伏的行爲，並不是主觀精神之作用。但是郭任遠的全部思想都明確表明了行爲派的主導思想，即它研究的對象不包括人的「心靈」或「主觀精神」。他所以稱意識也是一種行爲，目的在於要從人們俗常所說的「意識」中離析出可以作客觀觀察的成份作爲心理學的對象，而離析出來的這一部份自然就歸入行爲派所說的「行爲」範疇中去了。由此，他也說到過：「所謂意識皆是客觀的，皆有直接觀察之可能。」梁漱溟正是對郭任遠的這一主導思想作出了批評。他也對行爲作了說明，雖然這一說明似乎也有著和郭任遠相似的矛盾。他說，行爲有兩種：「自己可以知道的；旁人可以勉強知道的，也可以看見的。」他認爲郭任遠說的行爲均屬於第二種，而把第一種抹煞了。

梁漱溟對行爲的界定和行爲主義在標準上是針鋒相對的。行爲主義是依據可客觀觀察性確立行爲的外延，梁漱溟則根據「親驗」。他以吃東西爲例。吃東西這個行爲有兩面。吃這個行爲可以爲旁人看見。但吃者的味覺和快樂感只是吃者自己「獨知」的。獨知作爲一種親身經驗不能傳達給他人，他人亦無法參與到這種經驗之內。雖然梁漱溟未說明看見別人吃的視覺已是一種主觀感覺經驗，但他是從這一層意思上把兩種行爲統一在「親驗」這個標準之下的。因此，他進一步強調「獨知」是不可以直接觀察的，並且永遠也不可能直接觀察。郭任遠從意識中離析出一些成份歸入行爲的目的在於他要以「物觀的眼光解釋種種意識的形象」，歸根到底是要從客觀觀察的角度確定心理學的對象。然而梁漱溟總的意思則是極力聲言有一種不能直接觀察的行爲，它就是獨知。郭任遠明確說他自己的作法是要否認心靈或精神作用的存在，梁漱溟則要肯定其存在。梁漱溟心理學研究的目的就是要重新確立「意識」這個主觀精神世界。

作爲親驗的獨知是否可以成爲心理學的研究對象呢？行爲心理學是不承認的。郭任遠說，若一個人對心理學家說:「我覺得快樂或痛苦」，心理學家會回答他:「我不懂你的話」。在科學的心理學中沒有苦樂這種親驗的位置。雖然後來的行爲主義者也開始注意到「知覺」這類原來一直受排斥的領域，但郭任遠仍嚴格循守華生的原則。他把意識劃分爲兩方面：能知（亞蝸爾納司，即 awareness）和所知。他認爲心理學的任務在於研究意識的所知（潛伏和外表的行爲），並不涉及意識的能知。梁漱溟批評郭任遠對能知所知的區分不清楚。郭任遠說所知的事實有三種：自己潛伏的行爲、自己外表的行爲、他人的外表行爲。梁漱溟則認爲前兩項可以屬於自知之一面，郭任遠抹煞自知並不成功。他進一步指出，亞蝸爾納司——自知——恰恰就是心理學之所謂「心」。郭任遠認爲能知是哲學研究的對象；而梁漱溟則認爲能知才是心理學的對象，研究自知的才是眞正的心理學。這個問題我在後面還要談到。此處僅就梁漱溟對行爲派的批評言及於此。

行爲與刺激　在這個問題中梁漱溟主要是批評行爲主義的條件反射法。條件反射法是行爲主義心理學最重要的客觀分析行爲的方法。它把行爲分解爲最基本的單元：刺激——反應（S—R）聯結❹。華生的這種方法目的在於把複雜的行爲分解成簡單的要素。對於這些方法及其目的梁漱溟都有準確的理解。他自稱對這種方法的批評還是在對象上作文章。他根本不承認有這種簡單的刺激。實際上他是反對把複雜行爲劃分爲最簡單的基本單元。他是從整體上看刺激反應現象。他說，刺激不是一個兩個簡單的東西，而是一個大的系統或「全環境」、「全情境」。這個環境是受刺激者形成的。它是受刺激者的「已成之我」；受刺激者在接受刺激時是「當下之我」。反應是由「當下之我」對「已成之我」作反應。已成之我是一個大的系統，行爲主義者說的那種簡單刺激必須放在這個大環境中才有意義，才能形成刺激。如一聲大響動令人吃驚，但一個小孩子也許就不吃驚。因爲這個大響動在他的「已成之我」中沒有位置。梁漱溟由此強調簡單的刺激不存在，作爲刺激的都是一種大系統。人於生活中時時刻刻在形成已成之我，已成之我刻刻發生刺激，現在之我刻刻發生反

❹ 見舒爾茨《現代心理學史》，沈德燦等中譯本。北京人民教育出版社出版。

應。刺激反應是前後的時間關係，不是內外的空間關係。因此，要透過一個行為反應去尋它的刺激就必須去尋察該人的「全宇宙」。由於這個「宇宙」是已成之我，各人有各人的宇宙，並不相同，因此刺激反應也是不同的。梁漱溟看到行為主義者是要通過條件反射法去尋人們行為的通例以期能預測並宰制人的行為。但是，他從自己的這套「刺激反應」說出發斷言：宰制人的行為是不容易的。

從上面這些說法可以看出它是由唯識學脫化出來的。在《東西文化及其哲學》中我們已經看到過這種「已成之我」與「現在之我」的「生活」過程了❺。由於梁漱溟這套學說太籠統了，因此他在這個問題上對行為主義的批評並不成功。唯識學作為一種徹底的唯心論當然是和行為主義大相逕庭的。對於唯識學所描述的主觀精神活動，行為主義方法簡直無從施其功。但是，如果梁漱溟徹底堅持唯識學的立場，他將在整個「心學」系統上自相矛盾。按照他的講法，他將把他前面說的行為的兩個方面全部淹沒在主觀世界當中去。我們評價他這套講法時大約只應該看到他反對行為主義對行為複雜性的忽略。然而由於梁漱溟在心理學上的功力所限，他不可能對條件反射說的簡單化作出嚴格的心理學意義上的批評。他能借助的只有他的佛學唯心論。在當時，心理學界已由詹姆斯對梁漱溟的這種思想作了心理學的表述❻。在此以前柏格森也對此問題作過哲學討論❼。他們針對的分別是構造心理學和聯想主義心理學。在心理學上，這個問題討論的是心理因

❺ 見該書，頁49。
❻ 見舒爾茨《現代心理學史》一書。
❼ 見柏格森《時間與自由意志》一書。

素能否進行分析。他們的意思都是要說明心理經驗是一個整體，無論它是「意識流」或是互相滲透的雜多。在梁漱溟的討論中，他是用唯識學的語言表達出來的。當然，我們承認他接觸到了這個心理學中的問題。

方法 梁漱溟對行爲派方法的批評是從該派對內省法的態度談起的。華生對內省法的批評主要是針對馮特（Wundt）一派的構造心理學的❽。馮特認爲，由於心理學的方法是觀察經驗，而一個人只能觀察到自己的經驗，因此心理學的方法必定是自我觀察或內省。馮特要求內省的內涵是指人們經驗感受的本身，卽心理狀態。這大約就是華生批評的那種「內容術語」。華生對構造派（也包括機能派）的批判旣是方法意義上的也是對象意義上。他反對內省法是認爲內省者所報告的事情不能通過客觀觀察予以證實。並且在他看來，內省者所以有如此的錯誤還在於他們研究的對象是意識而不是行爲。然而華生反對內省法並不徹底。這反映在他的「口頭報告法」（verbal report method，大陸學術界又稱之爲言語報告法）當中。言語報告法是指觀察者對自己身體內部的變化進行口頭報告。這種方法被華生列爲自己設計的四種客觀觀察法之一。正是這種方法受到了攻擊。連華生自己也認爲這是一種權宜之計。他承認自我觀察「粗糙不精確」，但是由於沒有別的辦法，所以對一部份情況不得不依賴於「他自己」的報告。並且，他表示要努力逐漸捨棄這種方法。

梁漱溟正是對華生的不徹底方面進行批評。他說，行爲派斥內省法爲神秘，然而這種神秘也是行爲派內心的感覺。所以，當

---

❽ 見舒爾茨《現代心理學史》。

行爲派斥內省派神秘時他自己已內省了。他批評行爲派在實驗中也不能排除自省的成份，並以狗覓食作例。狗尋食的行爲以及吃食的行爲均可以被觀察者知曉，但是狗「餓」卻不是觀察者由實驗得到的，而是觀察者根據自己以往的感覺「忖度而言」。行爲派排斥內省破綻乃在於它的言語報告法，而梁漱溟對此並未有深研。他只是援引了中國心理學家陸志韋《社會心理學新論》中的批評:「語言是符號，是代表意思，然不內省自己之意思，則何以知道?」由此可見梁漱溟在學理上很難批評行爲心理學或其他心理學派，他作出的一些批評一直是很籠統的。到了晚年《人心與人生》一書中對心理學的討論仍然很多，但他的目的在於根據這些材料作出一些自己的解釋。

梁漱溟從內省法問題入手的目的在於批評行爲派的科學主義主導思想。他說，行爲派排斥內省的理由是它要保證心理學成爲一門自然科學，因此它爲此目的而排斥內省則有似「削足適履」。梁漱溟的批評如同華生對構造、機能兩派的批評一樣，表面上是方法的批評，而實際上是對象的批評，並且在這一點上更是如此。客觀主義是近代心理學創立以來的一貫特徵。物理學的還原主義、原子主義一直影響著心理學在方法上的發展。馮特也是通過內省法把心理和意識分解成最基本的成份，就像自然科學研究的物質世界一樣。華生的方法體系雖然與構造派不同，但他們在方法特徵上仍然是相同的。他強化了這種客觀主義特徵，亦即自然科學的特徵。梁漱溟要批判的正是這個特徵。他找到客觀主義在當時最激進的代表行爲主義，從研究對象入手進而討論到行爲主義的方法。這種方法上的批評是要說明華生等人的方法對於梁漱溟認定的心理學對象是不適用的。因此在方法討論這部份，梁漱溟的筆記雖然很短，卻把矛頭直接指向了心理學的客觀主義方法。對於外物是可以用客觀方法考察的。但卻不能「自察」，因爲當用此方法自察時，所察者已非「自」矣。客觀方法就是要把「非物」的東西亦以物觀之。這是他對客觀主義方法的概括，並沒有錯。在構造主義時，被試者旣是觀察者又是被觀察者，因爲他可以觀察他自己的經驗。到了行爲主義時就不同了，被試者只是觀察的對象，不再起觀察者的作用。這可以說是客觀主義極端發展的一個表徵。梁漱溟認爲，這種客觀主義的科學方法對於物質現象是有效用的，因爲物質沒有自由，人可以操縱它。對有自由的人這種方法就無效。所以他斷言，心理學不能做實驗，日下心理學所實驗的對象不是「心」。

那麼，如何解釋建立在客觀主義方法之上的心理學對人類心理現象的說明呢？梁漱溟說，客觀主義方法所實驗的那些東西均是「生理上的機械」。人的生命在向前發展開闢自由的過程中留下了許多省力的不費心的機能，包括本能、習慣、反射。這些是人類生活的「熟路」，它們是物而不是心。對於這些機械的東西，客觀主義的科學方法可以奏效。因此，在梁漱溟看來，行爲主義等心理學派只能在這些不是心的部份上獲得成功。對於心來說，這些方法就無效了。因爲心的屬性是自由，不像物質那樣呆板固定。

心理學的對象與方法

梁漱溟把心理學的研究歸納爲三種，他稱之爲三種研究法。我認爲他的這些討論仍然是從對象的角度出發的，也就是說要求把人的主觀精神世界作爲心理學的研究對象。他概括的這三種方法爲：發生研究法、獨知、物觀法。

發生的研究法 又稱「歷史的研究法」。這是指比較心理學使用的方法，用梁漱溟的話說就是前面所謂「從生物學上看心之發展」。這裏說的「發生」和「歷史」是指心的發生和心的歷史。從我們前面對梁漱溟關於這個問題的論述中可以看到他的確吸收了許多比較心理學的材料。並且從某種程度上說，梁漱溟也承認了比較心理學這一學科的原本意義，卽在人與動物之間尋出連續性來。然而梁漱溟在「連續性」這一點上卻仍和比較心理學有著區別。比較心理學本身的發展一直體現著機械主義的精神，它的研究強化了其他心理學分支將人視爲動物的特徵。而梁漱溟承認機械主義解釋的部份，正是要將這一部份離析出來，從而確立「心」這個主觀精神世界。沿著這個思路發展，梁漱溟將重新回到他在仁學階段的論辯：人禽之別。實際上梁漱溟是從他仁學階段的「主宰之心與工具之心」的論證出發，通過心理學的鍛鍊，把「仁學」階段的作用之心改造爲本體之心，進一步強化仁學階段的人本主義基礎。仁學階段的心是體用一源的。然而我認爲他表達的似乎是王陽明的這樣一個意思：心不是一塊血肉，凡知覺處便是心。但這種體用一源是由直覺的特徵決定的。從其言心的主宰作用來看，他是把這種作用建立在直覺的隨感而應上，而直覺不過是心的發用，本身不足以言體。他自己也意識到了這一點，所以說直覺以仁爲體。然而仁又是柔嫩。於是，梁漱溟的仁學陷於循環論證。所以如此，正是由於他把著眼點放在作用上。

從對心的劃分上，梁漱溟仍然是沿著仁學階段把心分爲主宰之心和工具之心來討論的。至於人心與禽獸之心的論辯，在這部份中看不到。梁漱溟在《東西文化及其哲學》中已通過麥獨孤和克魯泡特金對比較心理學有了瞭解，從而接受了本能的觀念。柏格森的創化論使他對本能的觀念作出了批判。在這以後他對比較心理學的理解有了新的進展。這個新理解仍可以劃分爲主宰之心和工具之心、人心與禽獸之心的論辯。後者我們將在他晚年成書的《人心與人生》中看到。在二十年代後期，他仍著重在主宰之心和工具之心的論辯上。我認爲，這時期討論的新發展就在於對主宰之心作出了進一步的說明，從而明確了主宰之心的「體」。這個體就是生物在進化中騰出的「空隙」、「中央之地」，也就是「統一作用」。在此時，梁漱溟並未研究腦的發達史，只談到了神經中樞。但是我認爲，梁漱溟從生物進化過程史中看到了從動物到人的主觀精神世界的形成過程。在仁學階段，他一再講直覺是以仁爲體的，這個體就是活氣，是生命的自然流行。到了心學階段，他不再這樣表述，並且心也不歸結爲感情。梁漱溟明確談到空隙和感情的關係。感情是以空隙爲存在之所的。空隙有多大，感情就有多大。

獨知　這是梁漱溟眼中眞正的心理學對象。在批評行爲派對行爲的解釋中他已經把它確立起來了。研究它的方法是什麼呢？梁漱溟說，研究獨知的方法不是科學方法，也可以說是玄學的方法。獨知就其內容講是個人的自我經驗，那麼是否可以用內省法呢？梁漱溟說：不能。他認爲，獨知既然是自知所以與內省法不同。他說：內省法容易使人誤會爲自己往裏找。返回頭追找，好像追求剛才過去的東西。這個意義上的內省法實際上和客觀觀察法是一樣的。梁漱溟對內省法的捨棄表明了他徹底拒絕一切科學主義方法和立場。梁漱溟爲獨知法作的界定很簡單：在有思慮時，獨知對這種思慮明白。他認爲，內省法的回頭找及物觀法的向外找都有使獨知不明的傾向。他又說，這種方法就是「在當下這裏不轉彎讓獨知眞切明白」。

從上面的介紹我們可以看出，梁漱溟是在繼續討論仁學階段中的「看當下」問題，也是在力圖排除影響直覺活動的「找」。但是這時他說的「看當下」和仁學階段已經有了根本的不同。仁學階段的看當下是建立在眞心活動的無意識、不自覺基礎上；而這時的看當下恰恰相反，是自覺、有意識。仁學階段的目的是要保留人心能離開當下而產生的自由性，卻又要避免人心離開當下去構造知識。但是他並未解決《東西文化及其哲學》中存在的一個矛盾：直覺的自然流行如何能够合理，人心的當下直接活動方式和禽獸之心的當下直接活動方式有什麼本質區別。從外觀上，仁學階段的自然流行和知行合一固然合於心學的一些原則，且從來源上以聶雙江、王艮爲本而歸於心學一派。我認爲，仁學階段的梁漱溟思想大致合於王陽明心學發展的第二個階段：默不假坐，心不待澄，不習不慮，出之自有天則。心學階段的梁漱溟思想仍然有這些特徵，卻進入了王陽明心學的第三階段：知之眞切篤實處卽是行，行之明覺精察處卽是知[9]。程明道《定性書》云：「自私則不能以有爲爲應跡，用智則不能以明覺爲自然。」[10]仁學階段的梁漱溟偏重於「應跡之自然」，反對用智，卻丟失了「明覺」。王陽明說：「若行而不能明覺精察，便是冥行。」梁漱溟的仁學是有「冥行」之弊的。梁漱溟在對心理學的硏究中提出「獨知」法就是要求人心的自覺。他說：從獨知方面下功夫，

---

[9] 《明儒學案》，北京中華書局本，頁181。

[10] 《二程集》，北京中華書局本，頁460。

命獨知刻刻明醒，此是心理學中最重要的一部份。從他前面的話來看和王陽明的論述是一致的：「凡意念之發，吾心之良知無有不自知者。」但是王陽明的這句話有個基礎：良知是天命之性，自然靈昭明覺是吾心之體。梁漱溟是否有這種意識呢？這在我後面的討論中會看到。從梁漱溟把獨知作爲心理學之所謂「心」來說，他是有這種認識的。

物觀法 從前面的介紹中我們已經可以看出，梁漱溟雖然對行爲主義心理學提出了激烈批評，但在某種程度上還是肯定它的，這也代表了他對整個科學心理學的態度。他最終承認這種建立在科學方法基礎上的心理學還是有其存在意義的。他認爲，物觀法的研究對象是「機械的人」或者是人們心理上比較近乎機械化的機能。在這個範圍內，物觀法是適用的。此外，這種方法在社會上也可以使用，如在政治中、在工廠裏都需要這種方法來制約人類的行爲。但是梁漱溟指出，物觀法的特點及偏失就在它只想管別人而不想管自己，不想對自己的行爲找一個作主的地方。

從我上面對梁漱溟關於心理學研究的介紹和討論，讀者大致可以看清他研究心理學的目的、這一研究和仁學階段的關係、他對三種心理學研究法的評價。當然，後面的討論還會給這一主題提供更多的內容和背景材料。梁漱溟的心理學研究不但的確使他利用當代科學及哲學發展的新材料對儒學作出了新的說明，同時也使他本人的思想更接近於儒學中心學一派的主旨。當然，在體系上它是十分不完整的，這要等到晚年《人心與人生》一書才可以看到。

梁漱溟心理學研究的重心所在是要確立心理學的對象。這個對象就是人的主觀精神而不是外顯行爲。在這一點上，他和六十年代在西方興起的人本主義心理學是一致的。人本主義是盧梭以來浪漫主義思潮的發展。梁漱溟的思想從《東西文化及其哲學》開始就有著人本主義的某些思想特徵。在仁學階段的討論中，他首先從對麥獨孤、克魯特泡金的批評上表現出他心理學的人本主義立場。在心學階段，他對行爲主義方法的機械主義傾向的批評就是反對科學心理學從物理主義、還原主義的角度來思考人的心理現象，而把研究的重點放在人的自由創造上。但是縱觀梁漱溟一生思想發展，他的確是自心學階段開始有了一個幾乎是全新的建構。這個建構是從確立「心」的內涵開始的。從現代心理學史上看，梁漱溟是上承了笛卡爾二元論的一個側面。在現代心理學的實際發展中，笛卡爾關於身體方面的學說對於心理學中機械主義發展的確有著重要的影響。但是，笛卡爾對心靈的論述也的確是非機械主義的。在笛卡爾那裏，人的確可以劃分爲客觀和主觀兩個世界。主觀世界就是心靈。心靈這個實體的全部本質或本性就是思想。這個心靈是不依賴任何物質性的東西就可以存在的。笛卡爾的這個思想在後來的心理學史上也有過討論。在柏格森和詹姆斯的討論中都肯定了笛卡爾的這個思想並豐富了心靈的內容。梁漱溟、柏格森、詹姆斯的討論有著許多區別，但他們在一點上是共同的：存在著一種我們稱爲心靈或意識的純粹經驗。柏格森把它稱爲自我的綿延或生命之流，詹姆斯把它稱爲意識之流，梁漱溟把它稱爲「獨知」。我們從他對獨知的簡單描述中可以看出他說的就是一種純粹的主觀經驗。並且他在表述心靈的活動時也援用過「生命之流」和「意識之流」這兩個概念。可以肯定，他的確受到了這兩個人關於主觀經驗論述的影響。在這些影響中，最重要的是承認存在著一個不能或可以不用（詹姆斯）科學方法解釋的主觀世界。這一點和笛卡爾是一致的。其次是這個主觀世界的經驗是流動變化的。這些內容都表明：在科學心理學盛極一時的情況下，笛卡爾的另一個思想仍然在心理學研究中發生著作用並得到了新的發展。在中國，梁漱溟的心理學討論體現了這一發展。

當然，梁漱溟關於獨知的論述最重要的一點在於「自知」(awareness)。這一點思想和心學傳統及柏格森的影響都有關係。在心理學史上是否有這一內容呢？上個世紀的心理學就已經對意識作出了這樣的解釋：一切意識的經驗內容都憑藉「自我」而存在或顯現⑪。這種意識的特徵就是自我覺察。在以後的心理學中，意識就被用來指稱自覺的心理活動。在梁漱溟的思想中，獨知、心、意識是異名同謂的。而他和柏格森、詹姆斯二人在心理學討論中的最重要的區別就是強調對主觀經驗內容的自覺。這種偏重自然是由於心學傳統的影響。因爲他的心理學研究的任務就是爲論證心學傳統服務的。他對獨知的這一解釋和唯物主義哲學對意識的解釋是有區別的。後者是以生理學解釋爲基礎的，而梁漱溟的解釋是心理學的解釋。

縱觀梁漱溟的「心理學」研究，可以看出他討論並建立的是一種心性之學。這種心理學和當代西方心理學的主流是大相逕庭的。他著力研究的是人類心理現象的本質及其與動物的區別，而不是人類心理現象的機制。這種對象上的區別是與其主觀主義哲學方法相聯繫的。他不是用機械主義或實證的方法去歸納人類心理活動的規律，而是企圖對現代心理學研究的成果作一種哲學上

---

⑪　舒爾茨：《現代心理學史》，頁63。

的說明，並且這種說明乃是爲了確立中國傳統儒學在現代學術界的地位。

人本主義心理學是六十年代在西方興起的派別。梁漱溟直至晚年從未受到它的薰習。但是我認爲他的心理學研究和人本主義心理學有某些共同點：他們都批評行爲主義一類的心理學抹煞了人和動物的本質區別，因而是反人性的。他們都主張心理學的注意力應集中於人的主觀的內部經驗而不是外顯行爲上。他們都主張人有高於一般動物的心理潛能，並且心理潛能高於生理潛能，對於這一點的論述也都是出於對生物進化的考察。他們都認爲人的本性是善的，惡則是派生的。他們都認爲以往以動物資料爲基礎的心理學排除了人類心理過程和心理經驗的獨特性。但是，梁漱溟的心理學和西方人本主義心理學又不能同日而語。西方心理學三百年前產生時受到科學發展的影響。物理學的成就使心理學成功地抵制了宗教神學和傳統道德哲學的影響。人本主義心理學的產生也是和二十世紀科學的發展相聯繫的。物理學的新發展使人們認識到：我們所謂的客觀知識最終仍然是主觀的，它取決於觀察者。科學開始允許主觀性進入。人本主義即順應此潮流開始把主觀經驗作爲研究對象。梁漱溟置身其中的中國學術界沒有經過這兩次科學的洗禮。他仍然在用舊時代的哲學去反對物理學的客觀主義方法，並且也沒有達到人本主義心理學的主觀主義水平。他用的哲學方法最終還是導致了一種客觀主義，即用一種外在於人類心理現象的宇宙本體作支撑的客觀主義。這種客觀主義就是宋明理學的理性觀念。柏格森的主觀主義在他那裏也變成了舊式的客觀主義。西方人本主義心理學家們要給予以往的心理學以補充，而梁漱溟則要「推翻」以往的心理學。他的理論背景是中國舊學術對西方文化的本位主義的反抗，而不是中國科學的發展。所以梁漱溟的心理學以及中國傳統心性學說究竟是否有益於在中國建立與發展人本主義心理學還是一個待探討的問題。

第二節　對科玄之戰的反應

在梁漱溟留下的講演記錄中專有一章題爲「幾個糾纏不清的問題之分疏」。梁漱溟自己說所以有此一討論是由於他反對機械主義的心理學並且倡言自由。實際上，這幾個問題可以看作他對科玄之戰的反應，也可以看作他的思想經過科玄之戰思想氛圍的薰陶之後又有一些新的發展。《東西文化及其哲學》是融文化討論與哲學討論爲一的。此書以後的梁漱溟的思想則分文化和哲學兩個脈絡發展。哲學的發展即他的仁學以至後來的心學。文化的發展即社會教育乃至後來的鄉村建設。哲學的發展可以說借重了當時整個哲學思潮的影響。科玄之戰的中心問題即科學與人生觀的矛盾在《東西文化及其哲學》一書即已隱含。但這個思想直到仁學階段仍未十分清晰。在《東西文化及其哲學》一書中，梁漱溟爲人類文化三階段設計了三種問題和三種工具⑫。這實際上是認爲科學和人生觀乃各有其限域，彼此不相干的。到了仁學階段，梁漱溟乃致力於論證科學知識的工具性，而人生觀是主宰。這樣，科學在自然界的活動程度亦是有限的了。由此，以前劃出的界限似乎又模糊了。1923 年科玄之戰進行時，梁漱溟雖然已經開始他的重建儒學工作，即在北大開設儒家思想史，但他本人

---

⑫ 見該書，頁179。

的注意力已別有所屬，更多的是關心他即將在山東開始的社會教育。由儒家思想史的內容也可以看出他並未將科玄之戰的討論吸收進去。然而，梁漱溟當時對科玄之戰是作出了反應的，雖然他本人並未參加論戰。他當時在《北大日刊》上刊出二則講演預告⑬：一則是談胡適對他的批評，一則即是談科玄之戰。前者的內容後來刊登在《北大日刊》上，後一個講演大約因時間安排未能進行。

從我們現在看到的梁氏講演記錄的內容中，我們會感到他的討論和當年科玄之戰的辯論家們的說理顯得那麼不諧調。假若丁文江、王星拱當年眞的與梁漱溟對壘的話，他們很可能感到無從施其技。固然，這很可能由於梁漱溟並不具備丁文江、王星拱、張君勱等人受到的那些學理方面的訓練，雖然他自己很讀了許多西學的典籍。此外還有一個重要的原因：梁漱溟一生的論述全然出自自己的體會，在表現形式上自然與他人不合轍。即使在發揮前人的思想上，我們也很難看出他是在循規蹈矩地演示古人的每一個具體的論題。1928 年梁漱溟在廣州大學哲學系講「如何成功今天的我」⑭，其中談到科玄之戰。他批評張君勱講自己的主張時卻引了許多西洋人的話來作「幫襯」。他認爲用自己的話來講道理似乎倒還能說得「清楚通透」。瞭解了這一背景，我們對梁氏的筆記中似乎在學理方面的貧乏可以給一些原諒吧。

自由與因果　這個問題實際是討論建立在因果律基礎上的決定論和建立在自由基礎上的非決定論。

梁漱溟此時從生命活動入手談自由 。他的論述很籠統，看去

---

⑬ 1923年10月25日《北京大學日刊》。

⑭ 見《漱溟卅前文錄》。

有些類似西方的自生論。他認爲生物的生命活動是自生自長，因此生物有自由。所以稱之爲自由是說它的活動爲自動而非被動。在以後，梁漱溟把這種自動概括爲「主動性」，它的特徵是「憑空而來，前無所受。」⑮生物的自由活動旣然是自動，它是沒有原因的。一定要尋其因，那這個因就是生命的「當下之一努力」或「當下之一動」。在這裏，梁漱溟引入了佛教的因緣觀念來說明人的活動。他說，俗常人們說的原因有「憑藉」的意思在內。其實一切憑藉都只可算作是「緣」而非「因」。生命在活動中時時要和「外物」接觸，梁漱溟便把這些作爲憑藉的緣看作「外物」而非生命活動本身的東西。如一人說話，他的發音器官、生活習慣、他的思想、經驗均是緣。梁漱溟的這種因緣劃分與他的「現在之我」、「已成之我」的劃分是一樣的。

梁漱溟承認，對於這些作爲緣的東西，因果律是可以使用的。他認爲，那些反對自由觀念、主張一切現象均可以用因果律給予說明的人們都是針對「緣」說的。他們面對的現象中沒有「當下之一動」這個因素。如果加上了這個因素，「則翻舊世界而爲新世界」。這時的世界就不能就不能根據因果律去理解了。因此，梁漱溟反對唯物史觀，認爲歷史唯物主義者把環境作爲了動力之因，顚倒了主客關係。其實他的這一批評也是針對行爲主義心理學派的。華生認爲，科學的功能不在於解釋世界，而在於預知和控制事件。這是決定論的思想，而梁漱溟關於生命自動的論述就是要論證人類社會中的事件是不能預測的。所以不能預測，就在於「生命刻刻創新，時時開端。」他實際是要表達這樣

---

⑮ 見《人心與人生》。

一個思想：因果律、決定論面對的是一個已完成的世界，而自由論者面對的則是一個尚未完成的世界。這兩個世界就是物理世界和人類社會。在梁漱溟，他主要是要說明決定論和非決定論在人類社會活動中的適用範圍，指出決定論不能解釋人類的全部活動。

從上面的論述中，梁漱溟似乎是主張一種絕對自由。其實不然。在梁漱溟的論述中也有相對自由的意思。他認爲許多人對自由的看法往往走兩個極端。他們眼中的自由都是「離開一切之自由。」梁漱溟眼中的自由不是超絕的。他說：自由是「有關係又不限死之意。」他雖然強調生命的自由源於其自動；但在對自動的一般性討論時又說道：「凡一切活動必有所依據」，所以自由亦有所依據。正爲有所依據，才有自由可言。這種「有所依據」就是「又有關係又不限死。」我覺得，他的這種認識很可能與他對動物心理學的理解有關。在他看來，生物史上心的發展就是自由的發展，就是對「有所依據」的一個恰當的說明。所以他又把自由解釋爲「少靠外面，少被規定。」他認爲，人總要和外緣發生關係。或者運用外緣、戰勝外緣，或者受外緣的壓制和規定。從正面看生物史，可以看出自由的不斷發展；從反面看又發現生物完全受外緣規定，沒有自由可言。由此可以看出，梁漱溟是從生物學或動物心理學的知識出發來認識自由和決定論之關係的。他又借郭任遠書中談到的生物的「興奮性」來講自由，認爲自由的意思就是有興奮性。興奮就是不知其所以然的自動。顯然，這種討論和上面相對自由觀又有區別。梁漱溟談自由實際有兩層意義，一層是談自由的本質和根源，一層是自由的實現過程。

在討論自由時，梁漱溟明確談到他的思想與柏格森的關係。

他認爲，從生物進化上看自由的不斷擴大，這很與柏格森相契合。但他自認爲柏格森《時間與自由意志》一書雖有深義卻不足取，因爲此書是形而上學的討論而非心理學的討論。《時間與自由意志》是柏格森的早期作品。梁漱溟本人最初接觸到的是柏格森《形而上學導論》與《創造進化論》的思想。在梁漱溟此前的思想中，我們可以看到他最初接受了柏格森的主觀主義和直覺主義，此後又接受了生命創化的思想。這以後他才接觸到了柏格森的《時間與自由意志》。但是從梁漱溟上面的評價中卻可以看出他對其中的論述頗有些隔膜，其實其中最重要的概念「綿延」是他早已熟悉的。梁漱溟實際上對《時間與自由意志》有一種誤解，因爲該書有許多論述正是針對當時的心理學而言的，雖然它的確也是一種形而上學。

其實，梁漱溟並非沒有受到《時間與自由意志》的影響。我們在前面介紹到他對時間和空間的使用就是這種影響的一個表現。並且從思想內容和實質上說，梁漱溟和《時間與自由意志》更有許多共同性。他此時的哲學目標和《時間與自由意志》是一樣的。都要確立一種「基本自我」，這種自我是不能通過一般的科學來認識和說明的。梁漱溟和柏格森都試圖要說明這種自我是自由的，是擺脫了決定論的。他們都試圖從人的心理狀態入手去論述這種自我的內涵。但我們可以明顯地看出梁漱溟對自我的論述在內涵上與柏格森有區別。梁漱溟對自我內涵的論述並不明確，他對自我的「獨知」的定義是從否定性說明入手的，即是說它不能爲他人所知。而柏格森則從綿延的多樣性入手談自我的內涵。由於梁漱溟不談自我意識狀態的雜多性，因此他談到的時間和柏格森還有區別。梁漱溟依照唯識學把自我的心理活動描述成一連串的感覺，這如果在柏格森看來仍然是把時間等同於空間了。但梁漱溟的本意是要把時間與空間區別開來的。他認爲科學可以處理的是空間中存在的那些作爲「緣」的東西，卻不能處理在時間中存在的自我。梁漱溟和柏格森的這種區別有其各自的文化傳統及其中的傳統論題作背景。要求梁漱溟作更細的討論是不實際的，梁漱溟本人也缺乏這種訓練。我們只能在哲學的基本精神上去討論二人的關係。他們也的確都表述了這樣一個思想：自我是一個正在進行的狀態而非一個已完成了的現實。梁漱溟是從唯識學和生命創化論的基礎上去論證自我的活動是時時創新、時時開端，因此是不能通過決定論來預測的，因此也才是自由的。柏格森批評了物理學的決定論，也批評了心理學的決定論。他面對的是聯想主義心理學。梁漱溟面對的是行爲主義心理學。梁漱溟對物觀法心理學和獨知心理學的論述也很像柏格森在《時間與自由意志》中的某些思想。柏格森說：意識有兩種形式。一種是被流行的心理學所描述分析的。這種意識是清晰準確的，卻不屬於任何私人，它更符合一般的社會需要。一種就是混雜紊亂、變動不居、不可言狀的意識，它才是人的基本自我。梁漱溟在前面的討論中也有這個思想。他其實也談到了柏格森說的變動不居和不可言狀，但並不明確和一貫。柏格森可以把被科學心理學分解的那些心理因素重新化歸在基本自我之中，因此可以取消科學心理學的存在資格。他的手段就是論證自我的內涵就是意識狀態互相溶化並組織成有機整體。從梁漱溟對刺激反應的唯識學解釋中我們也可以隱約看到這種思想。但梁漱溟還是保留了科學心理學的存在地位。這爲他以後在倫理學上同時容納朱子學和陽明心學兩個體系奠定了思想基礎。

梁漱溟對自由與因果的討論是要弄清楚「自由有無因果之關係」。從其討論看，他的結論是否定的，這使他在基本精神上與玄學派的張君勱等人一致。但是，梁漱溟並未將科學排斥在人生問題之外。這是他區別於自己五四時期的地方。從其論述上看，他這一點和西方某些實用主義哲學家有相似之處。英國實用主義哲學家席勒 (F. C. S. Schiller) 在 *Studies in Humanism* 一書中討論自由時承認作爲「科學設准」的決定論和作爲「倫理設准」的自由都有存在的根據。他認爲，道德學家並不直接反對道德的可預計性。大部分道德生活似乎都是由習慣和環境決定的，在這個範圍內沒有自由選擇的餘地。但是，席勒也承認在人的道德生活中存在著自由選擇的可能，道德家需要非決定論就是要使他在道德生活中遇到的「各種供選擇的可能性」成爲實在的⑯。梁漱溟實際上也是將對象作了這種區分。不同的是，席勒作這種區分爲的是進一步論證科學設准在道德生活中的作用方式⑰。梁漱溟作這種區分則是爲了在人類的存在和行爲中找到非決定論的立足之地。在仁學階段，梁漱溟是極力批評因果律的，認爲它並不能決定人的行爲。由此看來，心學階段的梁漱溟在這方面作了退讓。我認爲，梁漱溟的退讓正是爲了牢固地確立人的自由本性。對因果律作用的相對承認正是要把人類活動中可以證成科學作用的部分劃分出去。在《東西文化及其哲學》一書時，梁漱溟惴惴於直覺的出偏而求助於理智，從而造成理論上的不徹底。仁學階段雖亦有此痕跡，然而從整個系統上則尙不需此救助，因此那時的反科學主義達到極端。對比較心理學、行爲心理學、生命

---

⑯ 見麻喬志中譯本《人本主義研究》，頁85-87。

⑰ 見前書，頁90。

創化論的進一步消化使他對人類的生活作了進一步的劃分，從而再次將科學的作用力引入人類活動的範圍中。然而，這時梁漱溟的認識已然是明醒的了。他對心理學上「發生法」和「物觀法」的承認正是表明他這種退讓。但是，使梁漱溟敢於作出這種退讓的並不全由於他對科學主義的首肯，而主要在於他對「獨知」、「生命」等範疇的理解。獨知使梁漱溟不再把人的情感生活僅僅描述爲一種隨感而應的直覺過程，而注意這個過程中主體的自我意識。生命創化論則使他將唯識學當下之我的活動從直覺活動變爲創造活動。於是，科學主義的局限性就表現爲對自我意識和自我創造的無所施其功。有了這兩點，梁漱溟便從仁學階段偏於描述人心的活動方式而轉爲描述人心不同方面（工具和主宰）的內涵。自我的確立使人的自由本質找到了安立之所，人的本質非因果律所能支配也就找到了有力的說明。同時，作爲生命創化遺跡的機械的部分則盡可以由科學去作說明，並且這部分「人心」也找到了自己的安立之所。由此向前發展，梁漱溟的哲學將向著兼容「尊德性」和「道問學」的方向完善自己。由上可見，梁漱溟雖然未參加到科玄之戰當中去，但此時期留下的材料卻說明他的思考仍然受到當時的影響，並且他的結論在內容上和其他玄學派人物的思想是有區別的。梁漱溟在《東西文化及其哲學》一書時已預先表達了張君勱等人的主張，而在科玄之戰之後，他的思想卻顯然比玄學諸將邁進了一步。這一進步即在於開明地承認科學主義在人生問題上的參與作用，同時對人生觀問題作出了非決定論的說明。這一說明雖不完備細密，卻比張君勱等人更深刻。

精神和物質　這個問題也是科玄之戰中著重討論的問題。從梁漱溟講演錄中曾批評王星拱的觀點看，他對這個問題的思考是受到科玄之戰刺激的。雖然他的論述明顯地表現出受到了柏格森的影響，但若無科玄之戰的刺激，他恐怕不會專門討論這個問題。在梁漱溟留下的這部分簡短的記錄中，從文字表述上看出他對幾個重要概念的界別劃分得不甚清楚。我這裏只是概括他的主要意思，不從學理上作批評。

在這部份討論中，有三個概念是緊密聯繫在一起的：精神、心（宇宙本體）、物質。他認爲精神只是一個空名，它寄存在心物二者之間。他實際上是把精神作爲心物關係的表現。心和物質雖有對立，但物質是由心化成的。這個變化是一個過程，在這個過程中，已化成的物質和心是對立的，有對立即有「爭持」。這個爭持就表現爲精神。宇宙本體化爲物質，這是柏格森的思想，梁漱溟也承認這是從柏格森那裏來的。但柏格森不承認有宇宙本體和精神的區分。梁漱溟作這種區別表明他尚未擺脫唯識學的影響。他既接受了柏格森哲學，又從唯識學的角度上解說它，因此才有概念模糊的缺點。所以當他定義精神之內涵時，他是三分法，在論述精神與物質之關係時，宇宙本體和物質的對立就變成了精神與物質的對立。說概念模糊是指梁漱溟未能說清作爲宇宙本體的心和精神之間在內涵上的區別。在他自己的表述中，他倒是劃清楚了三個概念的適用範圍。從根本上，梁漱溟只承認了宇宙本體是實在，精神和物質是衍生物。物質是宇宙本體化出來的；精神則又是宇宙本體與物質之對立化出來的，在宇宙本體化出物質的同時就產生了精神。因此，他認爲：如果不談宇宙本體，那麼可以粗略地承認精神與物質是一對概念。

關於精神與物質的特性，梁漱溟吸取了柏格森的思想：精神是向上動、是興奮性；物質是往下動、是惰性。他又用中國易學中的概念來表述這兩種性質：乾、坤、陰、陽。至於精神和物質之關係，梁漱溟則有兩點認識。一方面，他認爲物質不能離開精神單獨存在。這種認識和他對柏格森和唯識學的理解有關係。從這個基礎出發，他認爲物本不在心外。這個心既指宇宙本體又指人的精神，因爲他認爲人的精神是宇宙本體的變相。他說：一切物質無非我所感覺，離開與生命有關係之物質，則其物質爲不可知，即等於沒有。這個認識主要是從他的感覺主義唯識學出發的。這段話可以說是他對精神與物質關係的最根本的理解，並且也是他理解柏格森哲學的基礎。因此，他並不從生命衝動的中斷這個意義上去解釋物質的存在。

從上面的論述看，梁漱溟只承認精神是實在的，當然它是宇宙本體的變相。所以他說，精神雖是空名，卻可以說一切無非精神。但是，他又說，精神不是赤裸裸地孤立存在的；而物質體卻可以獨立存在，如石頭能單獨存在。說物質單獨存在，這固然是梁漱溟表述上的矛盾之處，卻並不值得我們去評判它。因爲梁漱溟從未著意去建一個柏格森或唯識學那樣龐大完備的哲學體系。因此，梁漱溟甚至不強調精神和物質有什麼本質區別，說到底他是不太注意去談物質而把注意力集中在精神方面。他說精神和物質不過是宇宙間的兩種趨勢：一種偏於興奮性，一種則偏於「沉凝呆硬」。他甚至還說：精神是敏活柔軟之物質，物質爲凝固呆板之精神。梁漱溟的這種說法也有柏格森哲學的痕跡在內。在柏格森哲學中的確談到物質是生命衝力向下隳落的表現形式。柏格森當然沒有也不承認精神是柔軟的物質。但是梁漱溟如此表述還是要說明柏格森的一個思想：生命的衝動不是孤立存在的，它必須和物質結合在一起，在生物的進化中表現自己。梁漱溟說，精神的興奮活動乃是在呆滯的物質之內進行的，沒有物質也就沒有「爭持」的存在。進一步說，爭持是生命和自由的生長點，那麼沒有物質也就沒有自由。這一思想特徵從梁漱溟對比較心理學的解釋中可以看得更清楚。應該說，梁漱溟在研究比較心理學以前就受到了柏格森生命創化思想的影響。

科學和玄學 梁漱溟的這部份討論和當年科玄之戰的爭論並不一致。他實際上仍然在繼續五四以前對西方思想史的認識來審視科學和玄學在目前的地位和作用。

從梁漱溟的議論看，他是反對康德以前西方哲學對本體的討究的，並且認為這是中西哲學不同之處。他把西方科學發達後的哲學發展分為三種派別：一派是「將科學之概念生吞活剝以應用於哲學」。這大約是指的機械唯物主義哲學。一派是以波耳松(K. Pearson)為代表的，僅僅把科學之方法引入哲學。他認為前者仍為一種玄學，而後者則為反玄學。這些他自《唯識述義》時即已談到過⑱，並且還從波耳松的感覺主義中得過啟發。但是他最感興趣的還是第三派即柏格森的哲學。他認為這種哲學的特徵是在方法和對象上取消物我的對立。在方法上，不取靜慮的觀察之知而用直覺之知；在對象上，無外在之物，「通體只是生命」。因此，這一派的學說是反科學的，他稱之為「新玄學」。

從「物質與精神」的討論看，梁漱溟是拒絕談本體的。由此他對康德哲學對獨斷論的批評是贊同的。他否認在人心之外還存在什麼絕對的究竟的東西。這一點在他早年的唯識學中已然表現得很明顯且以為此與柏格森哲學頗相契合。由此他認為玄學研究

---

⑱《梁漱溟全集》卷1，頁274-275。

的對象是物我合一的。

對於科學和玄學的功用，梁漱溟並不作截然的劃分。他認爲對同一個事物科學和玄學都可以作出自己的解釋。梁漱溟採取的是較爲靈活的態度，這一點在「自由與因果」的討論中我們已經可以看到。到了晚年，他更主張要在哲學與科學之間建立一種「心理學」。

第三節 意識與生命

現在我們看到的〈意識與生命〉這篇講演記錄是1939年6月由梁漱溟的學生雲頌天抄整的。雲頌天在注釋中說，此本爲梁漱溟在鄒平山東鄉村建設研究院時的講演，由李淵庭記錄。雖然如此，我們仍不妨把它看作自大有莊私人講學至山東鄉建時期思想的記錄。這篇筆記中的一些內容在《中國民族自救運動之最後覺悟》論文集和《朝話》中也有反映，至於「理性」的討論則在《中國文化要義》一書中作了發揮。

〈意識與生命〉一講主要反映了梁漱溟對柏格森哲學的吸收。梁漱溟的興趣一直在於要爲儒家傳統思想建立一個心理學基礎。他這一講也劃歸在這個範疇當中。梁漱溟在記錄的開首卽講到這個項目是討論哲學和心理學的問題。他認爲，討論這個問題最好要去讀柏格森的著作，並開列了一串柏格森著作。在這篇講演中，梁漱溟明確說到他自己的思想和柏格森差不多一樣。由他開列的書目看，梁漱溟對柏格森的思想確曾有過較全面的瞭解。但從他的全部著作看來，他對柏格森思想的吸收很簡單，雖然他在《朝話》中也曾提到柏格森關於記憶的認識。〈意識與生命〉

這篇講演反映出梁漱溟在仁學階段受到生命創化論影響之後，又接受了柏格森 *Mind Energy* 一書的影響。*Mind Energy* 一書中文譯為《心力》，1924年5月首次在中國出版。從梁漱溟的講演記錄可看出他是由中文譯本中瞭解柏格森思想的。梁漱溟在講演記錄抄本上作的題記中也明確說到，因為《心力》一書中有〈意識與生命〉⑲一文，所以引來作為講演的題目。從梁漱溟的講演中以及晚年的《人心與人生》一書中，我們都可以看出《心力》中這篇文章對他的影響。

意識與機械

什麼是意識？梁漱溟說：是自覺，也是醒覺。這個解釋與他對獨知的解釋是一樣的。在梁漱溟的思想中，心、意識、獨知三個概念都有自覺、醒覺的意思。在這三個概念中，意識的含義要寬泛一些。梁漱溟在解釋意識時用到兩個英文詞：consciousness、awareness。consciousness 來源於柏格森《心力》一書，awareness 是他討論郭任遠行為心理學時接受下來的，即「亞蝸爾納司」。這時的梁漱溟認為這兩個詞含義一樣，都指自覺。到晚年的著作中他將二者作了區分⑳。

在梁漱溟討論「獨知」時，可以看出他對獨知的界定是排斥理智的，只有自覺而沒有理智的作用。但在〈意識與生命〉中討論意識一概念時，他開始顯得含混不清。他說意識的最基本的涵義是自覺，但又說再往下就要說到 reason（推理），並且明確說 reason 與意識最有關係。他說：推理、概念、意識、理智諸種作

---

⑲ 柏格森此文英文題目為"Life and Consciousness"。

⑳ 《人心與人生》，頁58。

用統統可當一個東西看。但他又說：意識和理智有區別的，意識是動的，理智是靜的。在〈意識與生命〉一講中，他也重複過討論獨知時的思想。可以說，這時梁漱溟在對意識的認識上有矛盾之處。從《東西文化及其哲學》一書開始，梁漱溟受羅素和麥獨孤的影響批評意識，崇尚無意識。在他的印象中，意識一直是和理智主義聯繫在一起的。所以當他在心學階段又重新提倡意識的時候，仍然不能排斥意識和理智活動的關係。到了晚年他才把自覺和意識劃分開。

梁漱溟接受意識這一概念明顯地和柏格森《心力》一書有關係；大約也和他批評郭任遠行爲心理學有關係，因爲郭任遠是排斥意識的。從梁漱溟在此講中給意識的內涵作了「醒覺」的定義看，他是受到了《心力》的影響的。在〈生命與意識〉一文中，柏格森談到了一切生物均有意識，這種意識主要表現爲選擇性的自由運動。但這種意識往往處於睡眠狀態。當生物再趨向於自由活動時，意識就可以「醒覺」㉑。當意識處於睡眠狀態時，生物的運動是機械的。梁漱溟對柏格森的這些思想基本上都接受下來了。在梁漱溟思想中，意識和機械這一對概念是這時出現的，並一直延續到晚年的著作中。

梁漱溟在講錄抄本上的題記中寫道：「通常說意識一詞均就人類行爲而說，此時推計一切有生命者莫不有其萌芽也。」可見，一切生物均有意識是梁漱溟當年對意識的認識的一個很重要的方面，這一認識表現在晚年著作中就是「一切含生莫不有心」。並且這一認識也和他對比較心理學的材料的理解有關係。但是他

㉑ 柏格森：《心力》，頁12。

當年的表述卻不像柏格森那樣具體和有條理。他只是說到一切有生命的植物動物都有意識，並沒有像柏格森那樣具體描述動植物意識活動的表現方式和特徵。然而他提示學生去注意柏格森對生物進化三條路向的學說。對柏格森這一思想，梁漱溟在仁學階段就給予了注意。但那時的興趣在於說明理智的產生對人禽之別論辯的意義，此時則承認人與動物的連續性。在對《心力》的理解以及對比較心理學的理解中，梁漱溟開始注意人與動物之間的連續性，但這種連續性和麥獨孤不同，不是側重在本能，而是側重在心靈方面。從這些基礎出發，梁漱溟說：動物和人類在意識上相比較只能說「差」而不能說沒有。他也認識到人的意識是宇宙大生命的最高點，這點在晚年的《人心與人生》一書中作了發揮。

機械一詞在梁漱溟談比較心理學時已經使用到了。但是把它和意識作爲一對概念則始見於〈意識與生命〉講演中。參考梁漱溟心學時期的各處論述，可以看出他談的機械既指生物神經中樞以外的器官構造，又指這些器官的活動特徵。在活動特徵上，機械的涵義和意識相反對，指那些「被動」的、無目的的活動。在機械性活動的地方沒有意識作用存在。這和柏格森的思想一樣。

機械的概念在梁漱溟此時的思想中發生了這樣的作用：他開始用這個概念來總括一切不自覺的活動，雖然在這時他還常稱頌「自然」。在仁學階段，梁漱溟曾盛讚人類行爲的不自覺、無意識，此時則有了根本的改變。他除了用機械性解釋人的生理活動以外，還把人的喜怒哀樂等感情表現也歸在機械的範疇之中。這在本質上是和他以前高唱的「隨感而應」相對立的。

柏格森說，在機械活動的地方並非沒有意識，只不過這種意識處於睡眠狀態[22]。梁漱溟用盲目來表述這個思想。在柏格森的表述中，睡眠和醒覺是一對詞；在梁漱溟的表述中，盲目和醒覺是一對詞。盲目和睡眠不完全對應。柏格森的睡眠指意識作用的停止，盲目則指生物活動受機械的支配而不自覺。並且，梁漱溟認爲，盲目的生命活動中並非沒有意識的作用，不過他受機械的支配罷了。這是和柏格森相異之處。梁漱溟認爲，在盲目的機械活動占優勢時，仍然有意識活動存在，它表現在科學發明方面。也正是意識的作用爲機械所支配，科學成了打架的工具。從這裏可以看出梁漱溟對意識活動中的理智成份是持貶損態度的。同時我們也可以看出他對意識的理解並不純粹。受盲目性支配的意識沒有醒覺的涵義。只有突破了機械的束縛，意識才醒覺了。這兩種意識作用被梁漱溟表述爲向外向內兩個方向的作用。只有向內的活動才是醒覺的。這樣，他對意識的理解才和「獨知」的特性一致起來。因此梁漱溟說：科學得不到生命的眞相，只能得到機械；只有回頭省察自己的生命本身才能得到生命的眞相。

梁漱溟把回頭省察自身生命的方法分爲兩種，這不過是對中國道家和儒家兩種修養方式作的一種解釋。這兩種方法就是生理的理會和心理的理會。生理的理會是指道家對生理活動能自覺作主，使生命脫去機械性。收視返聽和莊子說的「神全」都是指意識的向內使用。梁漱溟對心理理會的論述在內容上和對獨知的論述大抵相同。這樣，梁漱溟就把柏格森的意識和儒家心性學說結合了起來。意識既有柏格森所說的自由選擇的涵義，又有儒家本心昭靈明覺的涵義。這兩種涵義都可以用「自覺」來表述。在論述中，梁漱溟對這兩種涵義都談到了。他說自覺就是宋明儒學講的

---

[22] 柏格森：《心力》，頁12。

愼獨工夫。獨就是「裏面開得很大的自覺」。獨就是「旁人進不來的地方」，所以才叫「獨知之地」。儒家的心理理會就是讓獨知之地越來越有力量，越來越明。梁漱溟認爲這種自覺就是「誠」和「明」。這些都是在談自覺乃本心的昭明靈覺，是對傳統心性學說的闡釋。自覺還有另一面，即「自如自主」。梁漱溟說，一切學問只有兩步，一是明白，二是有辦法。自主自如和有辦法同義。在梁漱溟的論述中可以看出它有兩個方面，一是對自己有辦法，二是對自己以外的人和世界有辦法。但他的論述側重於前一個方面，因爲它才屬於儒家的心理理會範疇。梁漱溟的論述很簡略，但是我們從他論述層次的推演上可以看出他有這樣的意思：人的意識作用不僅表現在對自己行爲的了了常知，還表現在對自己活動的有意識的自覺把握上。這兩層意思是梁漱溟擺脫仁學階段關於人心自然流行說之後的新收穫。尤其第二層意思是和心學又有所區別和發展的。這一發展在他晚年的著作中更明顯，並且導致了對朱王兩家學說的綜合。陽明學的不假安排是以本心明覺爲前提的，梁漱溟的仁學缺少明覺這個前提。但梁漱溟在認識到本心明覺之時，又同時接受了自由選擇這個思想並認識到意識與機械、生命與機械之間的關係，由此他的心學就又比陽明學前進了一步。

生命與機械

「生命」是梁漱溟從柏格森處借來的概念。在仁學階段他就屢次提到宇宙大生命。但是比起直覺來，生命概念在他的仁學體系中不佔什麼重要的地位。心學階段的梁漱溟對生命概念有了新的體認。這種新的認識一直持續到晚年的著作。

梁漱溟對「生命」的理解一直沒有離開他的唯識學背景。關於這方面的理解，我已在仁學部份作了比較分析。這種理解在心學以後就表述爲「自動」、「活動」。仁學階段的「生命」的涵義側重在生命運動的自然流行。這個涵義在心學階段仍然保持著，但這時生命概念的涵義已側重在這種活動的創造性上。梁漱溟並未具體說明這一涵義如何從柏格森那裏借用來，然而我們可以從柏格森哲學那裏看到這一涵義的依據。張東蓀《創化論》譯本中說：「凡爲本體者，必創新不息之轉化也，自進於新，自蛻於舊，不居故常，初無定著。」㉓柏格森的生命概念的主要內涵有三點：生命是自我的綿延，作爲自我綿延的生命是變動無常的，生命是一個創化過程。梁漱溟對這三點都有不同程度的承受。關於生命的創造性活動是他在心學階段提出來的。這不能僅僅歸源於《心力》一書的影響。梁漱溟還把這種創造表述爲「向上」。向上創造表現爲「向上翻高」和「向寬廣裏開拓」兩個方面。

梁漱溟理解的生命創化過程中有兩種相反的趨勢：向上和向下。這兩方面是相反相成的關係。生命本性是向上創造，但是在創造過程中它要把每一步創造的成就機械化。這些機械化的表現有四方面，即生物機體構造、本能、習慣、人類社會的組織制度。對於這些機械化的表現梁漱溟有兩種評價。這兩種評價來自於柏格森的思想：首先這些機械表現是生命創造性的成果，而且由它們表現出來的進化系列正說明了生命是不斷向前創造發展的；這些機械性事物的本身則呈現了凝固的狀態，和生命活潑變

㉓ 張東蓀譯本，頁288。

動的本性是相反的，因此它又阻礙著生命創化的進步。柏格森說：我們的自由在確立自己的運動中創造出日益強大的習慣勢力；如果自由不用不懈的努力更新自己，就會被這些勢力所窒息。梁漱溟在對生命和機械的論述中對這兩種關係都有準確的理解，他確認整個生命創造過程的進取精神和個體生命上表現出的守成趨向。正是由於這種確認，他才在講演中反覆強調生命的意義在於向上創造，在於衝破機械性的蒙蔽錮塞。

柏格森對生命和機械關係的論述基於他生命概念的內涵。柏格森認爲，生命創化過程不是赤裸裸的精神過程，也根本不存在一個孤立的生命本體。宇宙中存在的只有和物質結合在一起的生命衝動，而物質的出現則是生命衝動停頓造成的。梁漱溟充其量只理解了上面最後一點，因此他對柏氏生命概念的理解和接受是不完整的。柏格森認爲生命衝動派生萬物的形式可以歸結爲兩種：一種是順應生命衝動的自然趨向，在此趨向上產生了一切有生命的存在；一種是自然趨向的逆轉，於是產生了一切無生命的存在。在這兩條道路上都有生力與物質的矛盾抗爭，不過抗爭的程度與結果不同而已。因此，柏格森是從生命衝動亦即人的主觀精神活動出發論證萬物存在之根據的。他認爲萬物的一切屬性都是人的主觀意識活動賦予的。他也因此最徹底地建立了他的主觀唯心主義哲學。從這種哲學的精神和內容上說，它倒是眞正吻合王陽明的命題：心外無物、心外無理。從哲學的建構上說，梁漱溟缺少的正是這一部分。對柏格森的這些內容，梁漱溟並非沒有給予注意。我們在他仁學階段的論述中就已經看到了，在心學階段他也屢次談到。當然，有些表述和柏格森不一樣。如他不把物質之產生表述爲生命衝動的中斷，而是表述爲「向外看」。但是，這些論述主要是爲了建構倫理學服務的。梁漱溟在唯識學研究之後從未著力於建構一種嚴格意義上的本體論哲學或建構一個完整的主觀唯心主義哲學。王陽明「心外無物、心外無理」的傳統在他這裏中斷了。唯識學的「一切唯心、萬法唯識」的學說在此亦中斷了。這不但和梁漱溟本人的知識能力有關，也和中國文明的發展水平有關。柏格森的哲學是在西方近代幾百年的科學及哲學發展史上建立起的一個哲學體系，是繼康德之後對此前科學和哲學的又一次總結。在中國則不具備這樣一片豐沃的土地。從梁漱溟哲學我們也可以看出中國現代哲學的匱乏。

梁漱溟接受生命和機械概念的目的在於要解釋人類生命的眞諦和現實活動。這種解釋和心理學的解釋互爲表裏。生命的涵義在於向上創造。這種創造性在人類那裏得到了最充分的體現，從而成爲人類生命的本質。梁漱溟認爲，機械的作用在於爲生命的創造進化提供方便。但是，機械的凝滯作用又固定了物種的不變。在生物發展史上，生命若支配了機械就可以由一物種進化到另一物種，受機械控制的物種則淹留而固定。在生物進化史上，只有人類一直保持著生命向上奮發的創造力。所以能如此，就在於他不完全靠機體和本能。因此，能否體現創造精神就在於生命和機械誰佔支配地位。

如何看待機械在人類生命中的地位和作用呢？梁漱溟從兩個層次上作了解釋。一是從生命創化的歷史出發作解釋，一是從人類現實生命活動過程出發作解釋。這些解釋在基本精神上和他對比較心理學和「獨知心理學」的研究一致。這些解釋在晚年的著作中演化爲身心關係學說。梁漱溟似乎對人類和其他生物的機械性持有不同的看法。在他看來，幾乎所有的物種都靠身體的器官結構生活，而人類則反之。其實按照梁漱溟的思路，這種對機體依靠的日益減弱自低級脊椎動物就開始了。這樣解釋才和他在比較心理學中的論述主旨一致。在〈意識與生命〉講錄中他只是在一處說到過，未及深談。這個問題到了晚年在討論理智和本能問題時作了補充。在心學階段，梁漱溟只是強調人類的產生和活動方式對機體的依靠比動物要少得多。他認爲機體的發展是在反面成就了人類。這種成就是爲人類的智力活動讓開了空間。這種由負面玉成人類的機體，梁漱溟用孟子的話稱之爲「形色天性」。「在這樣的機體形色才現出人類的天性」。從這裏我們可以看到梁漱溟理解比較心理學的哲學基礎。人的「天性」是生命創化史上的必然結果。但是，在人類個體生命的現實活動中是否一定能表現出這種天性呢？梁漱溟說這只是有可能而非必然。於是他接過了「踐形盡性」的主張。他以爲：唯聖人能踐形，平常人不會用。所以如此，就在於機械性在人的現實生活中還有消極的作用。梁漱溟把機械性的表現分爲四類，主要是根據對人類現實生活的認識提出的，但是他在討論這些方面的消極作用時只是籠統地談，並未具體分析。他自己也承認機體和本能的作用不大能分得開。在這些消極作用中最主要的就是鬭爭和性欲。

由生命和機械的理解，梁漱溟討論了人性的善惡問題。生命和機械是人類生命的兩個方向、兩種趨勢。這兩種趨勢就是善惡的根據。梁漱溟的人性論是一元論。他認爲，既然人類是生命創造性的最高體現，那麼人的本性應以此來界定。因此，人性是善的。他用以下幾個詞來表明人的本性：生命、向上、覺、明辨。可以看出，他是把生命本性和人心的特性聯繫在一起的。並且在談人的本性時，梁漱溟側重於談人心的明覺而非生命的本性。梁漱溟強調，只有明覺才是人的本性。即使人在糊塗時明覺也是他的本性。梁漱溟談到了兩種善惡。一種是人本性的善惡，一種是人們行爲的善惡。在人性論範疇中，他只承認善是有根據的，惡沒有根據。他認爲惡是人駕馭不住工具而被機械支配。梁漱溟對惡的認識是根據對機械的評價作用的。他認爲機械的東西是工具，它是有用，本身並無好壞。因此，他只承認人的行爲有惡，而本性則無惡可言。

就梁漱溟人性論的基本精神而言，他此時的討論和仁學階段是一致的，都是從人類行爲的自由性出發去討論人性和人類行爲的道德性。不同的是梁漱溟此時把基礎建立在生命本性的向上創造和人心本性的自覺之上。仁學階段和心學階段雖都把人類的道德建立在自由意志之上。但是，仁學階段著重於行爲方式的反理智特徵，崇尚直覺；心學階段則著重於人心的自覺性。仁學階段直覺與理智的對立在心學階段演化爲生命與機械的對立。在結構和內容上，生命的討論使仁學階段對主宰之心的討論發生了變化，由強調人心活動的不自覺變成自覺，由無意識變成有意識；對工具之心的討論由理智、本能等方面分而論之變成由機械概念總括這些方面，在評價上也有所不同。仁學階段在討論人的道德性時雖然承認人的自由選擇，但是這種自由選擇奠基於人的感受性。在心學階段，梁漱溟強調這種自由選擇奠基於人心的「了了自覺」。正是這種自覺才使人的行爲有道德責任可言。在仁學階段，人是靠感覺這種道德感受性超脫本能的束縛；在心學階段，人是靠自覺來達到這種超脫。道德的基礎應是人的自由意志。仁學階段的梁漱溟倡言主宰之心當然也是在尋求意志自由。但他的主宰之心只是情感的自然流行，和一般所說的意志自由是有區別的。在心學階段，梁漱溟將主宰之心解釋爲自覺意識而歸結爲情感，情感只是自由意志的結果。這時的主宰之心才是自由意志。心學階段的自覺式的自由當然是人心的本質，但是這種人心的本質明顯地表現爲道德心。這種自由之心是否涵容了理智呢？在某些地方，人心是包括理智的。但梁漱溟的興趣不在這裏。並且，根據他對科學主義的偏見和柏格森的影響，理智是和機械聯繫在一起的。

在梁漱溟對人類行爲作道德評價的討論中，生命和機械是善行和惡行的根源。這時，梁漱溟明確地表示：自由與善同一意思，機械與惡同一意思。由於強調來自生命的自由，梁漱溟貶斥一切發自機械的行爲。他認爲，即使有些機械性的習慣目的是培養善行也是不可取的。這一是由於它不是奠基於生命向上奮發的創造之上，二是由於鑄成習慣後會產生流弊。在仁學階段，他也有這種思想。那時他認爲，舊的習慣（如禮教）是用客觀的理而不是主觀的情作人類行爲的主宰，因此是不可取的。在心學階段，他則從生命（自由）與機械的對立關係去闡述。在工具和主宰的主輔關係上，他和仁學階段一致。但是此時他不是強調直覺（情感）和理智的區別，而是強調自由和機械的區別，強調生命本能的顯露和遮蔽，這實際上是強調仁學階段說的作爲體的活氣。

從梁漱溟對善惡的討論中，我們可以看到他和歷史上人性論的聯繫。這種聯繫在仁學階段也一直隱含著。比起孟子時的心性學說和經過佛學鍛鍊過的宋明心性學說，梁漱溟做了哪些新的探索呢？在仁學階段，梁漱溟一方面繼承了孟子的人禽之別學說，同時繼續做宋明心學發明本心的工作。學術界呂澂等人倡言中國佛學與印度哲學的區別是人性本淨與人性本覺的區別。性本覺是中國佛學的創造，這一創造深深地影響到了儒學的自我改造，尤其影響到了心學一派的發展。可以說仁學階段的梁漱溟受到了人性淨染的學說的影響。淨染學說在歷史上程朱一系的理論中表現得非常明顯，這主要應該是在其天命之性和氣質之性的劃分上。梁漱溟仁學階段的理論缺乏人性本覺這個內容。但是，從意識層上他是反對程朱的，將其歸入理智主義範疇。從仁學階段到心學階段，梁漱溟都強調本性自足、強調人在日常行爲中的直現本心。人性本覺的認識更強化了他的學說的這一方面。但是，梁漱溟是否根本沒有注意到人類負面人性或非道德行爲的存在和表現呢？我認爲還不是如此。在仁學階段，他就專門論述了人爲什麼會不仁這個問題。他在兩個方面注意到了這個問題：一是人心的自由選擇性使人有不走原來的路的可能；一是從動物進化史上遺留下來的本能的影響。在仁學階段，梁漱溟就給了氣質這個概念以地位，雖然他自己明確說他用這個概念和朱熹有區別，但我尚未看出二者的區別。我總覺得他之所以用這個概念一定是他在這方面有了確認。在心學階段，生命和機械一對概念的提出使他思想的這一個側面得到了強化並且直接導致他晚年思想體系的內部結構。尤其值得注意的是他晚年對王陽明心學作出了批評。我曾在去年的一篇文章〈評梁漱溟論大學和對朱王的批評〉中對此作了分析。但此文的重點是在論證梁漱溟的心學立場，而未注意到他對王陽明批評的更深刻的意義。傅偉勳先生的文章給了我啟發，使我從對梁漱溟心學立場的牽強論證中解脫出來。傅偉勳認爲，孟子一系的良知論者一直有一種嚴重的缺失，卽片面強調高層次人性而忽視了俗常生活中的低層次人性，由此導致對習心掩蔽良知的具體情況缺少注意。因此在重建中國傳統人性論的同時應注意心學和理學的結合㉔。這一思想對我處理和評價梁漱溟的思想很有啟發。

在我看來，梁漱溟這方面的思想從根本上說和他接受柏格森哲學有直接的關係。柏格森哲學究其實是徹底的主觀主義，但是他的思想中有一個重要的觀點：無赤裸裸存在的生命衝動，存在的只有和物質結合在一起的生命。梁漱溟心學階段的意識與機械、生命與機械的對立正是接受了這一內容。對機械的認識使梁漱溟注意到良知的自覺只是可能而非必然。並且，在心理學的研究中他承認科學主義心理學研究人的機械性的意義在於可以調節人類的行為。這些都說明他的理論結構中給了人類低層次人性以地位。

第四節 理智與理性

「理性」是梁漱溟心學階段提出的一個重要的範疇。這個範疇的提出及其內容的闡述都是和對理智的研究結合在一起的。

在此之前，梁漱溟的直覺主義立場是和理智主義相牴觸的。無論是《東西文化及其哲學》時的崇尚本能還是仁學階段的崇尚直覺，他都明確地反對理智。但是從仁學階段的材料中我們可以看到這樣一個端倪：理智對於人類擺脫動物式的本能有著重要意義。這一認識來自於柏格森。

在心學階段，無論是從梁漱溟的講演記錄中還是從他當年已

㉔ 傅偉勳：《儒家心性論的現代化課題》。

發表的著作中，我們都可以看到他一直都在繼續對理智進行思考。心學階段跨了二十餘年時間，其間的思想也有變化和發展。在對理智和理性的研究上，梁漱溟的講演筆記較接近於仁學階段，而《中國文化要義》則較接近於晚年的《人心與人生》。

人禽之別

人禽之別是仁學階段卽已討論到的問題。在前章「直覺主義」這個題目下我已作了一些評論。這個問題是梁漱溟從那時起直至晚年一直討論的的問題。在心學階段的講演記錄中有一章標題卽爲「人禽之別」。這是他對仁學階段這方面認識的發揮。

梁漱溟是從兩方面入手談人禽之別的。首先他從生物進化的三條道路談人禽之別。這一認識使他拋棄了克魯泡特金及當時西方盛言的人禽相同說。這三條道路分別是植物、節足動物和脊椎動物。人是第三條道路上進化的結果。在第三條進化道路上的生物實際還有許多分支，人類則自爲一分支而區別於其他脊椎動物。因此，梁漱溟反對生物進化的階段說而主張方向說。

實際上，方向說並不足以使梁漱溟在理論上消滅他以往對互助說的崇信，雖然看上去他把這一點看得很重要。當他把注意力集中在這三條道路上的生活方式之不同時，他似乎忘記了方向說的單薄。這三種不同的生活方式的說法也是從柏格森那裏原封不動地搬來的。這就是：麻木 (torpor)、理智 (intelligence，梁漱溟譯爲智慧)、本能 (instinct)。柏格森在《創造進化論》中對此有專門的論述。在對這三種生活方式的論述中，梁漱溟更強調作爲理智生活代表的人類和其他一切生物的區別。這些區別主要有四點：一、人能直立，並使用手。二、人能製造工具。三、人的幼稚期尤長。四、人能使用符號。在《創造進化論》一書中，柏格森尤其對人類製造工具作了深入的討論。對此梁漱溟並未給予更多的注意。他只是由此領教到：一般生物是靠先天安排，而人類則靠後來創造。這是他從這四個特點中領悟到的普遍意義。梁漱溟很看重第四點特徵，認爲這一特徵可以涵蓋前三點而作爲人類理智生活的最突出之處。人類能使用符號表現在三個方面：想像、語言、文字。柏格森曾對人類使用符號作過討論，但是他把討論重心放在語言上，梁漱溟的討論卻把重點放在想像上。

梁漱溟說想像有兩種：一是個人主觀親驗之「再生」，卽所謂「記憶」。一是俗常所說的想像，卽對舊有經驗加以「新的配合」。此卽「虛構」、「創新」。他認爲，想像的意義就在於人能離開具體事實而另有一代表此事實的新象在心。這是人才有的能力。由此成就了人類的「學習」。而動物是不能離開事物去保存記憶和虛構「觀念」的。

梁漱溟雖然從討論「想像」入手，然而其討論和柏格森是一致的。柏格森說：「語言本質上是可以自由轉換的。這是人類的「知性符號」和動物的「本能符號」不同之處。由這一轉換特徵，語言可以由一事物伸展到對此事物的回憶，再由準確的記憶擴展到較模糊的影像，再由此影像擴展到代表它的觀念。」㉕柏格森也的確談到：語言對知性有一種解放的作用。但梁漱溟對這一解放作用有誇大之嫌。他十分強調作爲理智活動的想像具有一種創造作用。

〈人禽之別〉一章的討論偏重於對理智生活方式的探討，目

㉕ 《創造進化論》，王麗珍、余習廣中譯本，頁125。

的在於弄清理智使人類邁越動物的意義所在。在仁學階段，梁漱溟已認識到理智對於人類的意義是把被動物的本能封鎖束縛的生命的創造性解放出來。但那時他對人的理智特徵並未作甚多討論。仁學階段之前，梁漱溟主要是反理智。仁學階段，他既反理智亦反本能。在論證人類超生物的本質時，他十分強調反本能。這種反本能的根源在於人類的理智活動，雖然仁學階段和心學階段對理智理解的重點不同（前期重在自由選擇，後期重在創造的想像）。

在《中國文化要義》一書中，梁漱溟又一次談到他對理智的認識。他把理智的特徵歸結爲兩點：語言和幼稚期特長。在這部著作中，梁漱溟並未具體討論他在「人心與人生」筆記中對理智的那些認識，尤其是並未談想像的創造性，反而又重新拾起仁學階段的話題討論「無私感情」的產生。我在〈仁學〉一章中已介紹到梁漱溟把理智作爲「無所爲而爲」的感情產生的基礎。人禽之間無私和有私的區別則是梁漱溟自仁學直至晚年的一貫認識。由此也可以看出梁漱溟和柏格森對理智的評價是有區別的。

柏格森也承認理智的「解放作用」。他說，本能階段的「意識」僅僅注意到和自身有關的部分。知性階段的意識則可以衝破這個局限獲得自由。梁漱溟卽是從這一點引申出去，把人禽之別概括爲無私和有私。人類的無私就在於他不像動物那樣「盤旋於生活問題」。柏格森認爲理智使本能階段的直覺得到解放，當然也是使生命得到解放。但是理智只是給直覺提供了可能。柏格森在「知性的本質」一節中對知性的局限提出了批評。這本來是梁漱溟十分贊賞的。但是自心學階段以後他不再從直覺主義的角度上去作這種批評。在本能——理智——直覺這條思路上，他和柏格森一直是一致的。但是在心學以後他特別強調理智的解放作用，並且認爲在解放本能的過程中，理智給了人類生命以特殊的意義，卽它使人具有了「無私的感情」。這是柏格森哲學中所沒有的。梁漱溟吸收柏格森哲學的最終目的就在於此。他作了一個比喩：理智把本能鬆開，鬆開的空隙可以通風透氣，這風就是人的感情㉖。這種無私的感情就是人類所獨俱的「理性」。

理智與理性

從我目前掌握的材料看，「理性」的提出始見於〈意識與生命〉的講錄。但這時的討論很簡單，和他關於「生命與機械」的討論尙未聯成一體。晚年成書的《人心與人生》一書則只有一小段談到二者的關係，尙不如《中國文化要義》的討論要多些。

在〈意識與生命〉講錄中，梁漱溟把理性解釋爲「平靜有所通曉而超計較」。這個定義是爲了標明理性和本能、理智的區別。講錄整理者雲頌天在此定義後作注說：「不平靜便是本能，有計較便是理智。」梁漱溟提出理性是要指出人類在感情上區別動物之所在。在晚年自述思想演變時他也明確講到這一點㉗。在〈意識與生命〉講錄中他指出：理智是平靜的，而且是冷靜，因爲他把感情排斥了。理性作爲人情又區別於動物的「強烈衝動」，它是一種「平和很柔嫩的情」。可見他仍要將仁學階段中關於「仁」的討論保存下來。但是他此時對這種感情產生基礎並未作深究。按照討論的脈絡，這本應該是《人心與人生》講錄第四章〈人禽之別〉後面順理成章的內容，但是我們目前看到的材料中

㉖　《中國文化要義》，頁137。
㉗　《人心與人生》，頁83。

沒有這種討論。這個缺失到《中國文化要義》和《人心與人生》時才補上。

在〈意識與生命〉一文中，梁漱溟對理性與本能的區別、與理智的聯繫作了闡說。他認爲，作爲感情，理性與本能的區別就在於：本能的感情是「副帶在器官上」，是有所作爲的，理性則否。本能的感情是排斥理智的，理性則不妨礙理智。而且，「理性之中自有理智」，理性的發展可以促進理智的發展。

「理性」的提出和羅素《社會改造原理》(*Principles of Social Reconstruction*) 有關係。在這部著作中，羅素提出人的活動有三個來源：本能、思想、精神 (spirit)。本能是就人的動物本性而言。思想指的是人的求知生活。精神則指人的與個人無關的感情。羅素主張這三者應該達成一種和諧。本能給人以力量，思想給力量以指導，精神指導人不從個人出發使用力量[28]。在《東西文化及其哲學》一書中，梁漱溟把 spirit 譯爲「靈性」，指出它的內涵是「無私的感情」[29]。但是他當時不同意使用「靈性」，以爲有本能理智就够用了。他這時受克魯泡特金影響，主張本能、理智兩分法。在仁學階段，他提出了本能、理智、直覺三分法。在心學階段也是三分法，並用理性替換掉了直覺。作爲「無私感情」的理性的提出乃是從羅素的三分法來。關於這一思想的變化，他晚年在《人心與人生》一書中也談到過[30]。

理性既被提出，直覺就不在梁漱溟的思想體系中再有位置。對於直覺在自己思想體系中的地位及其演變，梁漱溟從未做過總

---

[28] 《社會改造原理》，張師竹中譯本，頁120-123。
[29] 見上書，頁183。
[30] 梁漱溟《人心與人生》，頁82。

結，只在《東西文化及其哲學》第三版序言和晚年回答艾愷訪問時簡單提及㉛。在〈意識與生命〉講錄中，他說：「直覺是一個用，其體是本能和超本能的理性人心。」這種認識顯然和對柏格森哲學的理解有關，即把動物的認知方式也界定爲「直覺」。在仁學階段，梁漱溟並未考慮到柏格森的這一思想，但他已談到了仁爲體、直覺爲用的思想。柏格森的這一思想使梁漱溟對本能和直覺的關係有了一個新的認識。他在講錄中也明確談到這一認識和柏格森的關係。但是經過這一認識之後，梁漱溟不再使用直覺一詞。在他仁學階段中的體用結構變成了後來的「理性爲體、理智爲用」。而這並不表明他否認了直覺的存在，也不表明他完全否認了以前的認識。只是直覺在他的思想體系中不再獨有一個地位。實際上，在〈意識與生命〉的講錄中，他仍然堅持認爲人對情理的認取是直覺的，它與理智的區別是猶豫與否，直覺是一種「天生的巧」，是先天具有的。由此可以看出，他說的理性作爲一種感情仍是先驗的，這種先驗性的標誌就是它乃是一種直覺。作爲直覺，理性與本能的區別就在於是否有機械性。

在理性提出之後，梁漱溟把理智和理性作爲一對概念。這一對概念實際上還是仁學階段「工具之心——主宰之心」結構的變形。他把這兩者作爲人心的兩個側面。這兩個側面也就是「知」和「情」。作爲知的理智，它仍然是一種生活手段，雖然它於開出理性有功。理智和理性的區別就在於它「不作主張」，作主張的是理性。理智是「計算之心」，理性是「求正確之心」㉜。梁漱溟此時對理智和理性的討論方式和仁學時頗相似，在此不述。

㉛ *The Last Confucian*, 頁 343。

㉜ 《中國文化要義》，頁127。

梁漱溟還是把這種討論和「生命與機械」的論題聯繫在一起。由此我們才可以看出這一討論的目的所在。作爲人心特徵的理智和理性是生命在創化過程中擺脫了機械束縛的產物。人類的生命的特徵就是「不靠機械，而生命自顯其用。」㉝但是梁漱溟提出了一個很重要的問題：生命能否恒顯其用？這是《東西文化及其哲學》中即已存在的一個問題的再現。那時他討論過直覺容易出偏的問題。仁學階段，直覺和本能有了區別，他似乎無須再顧慮出偏問題。但他那時提出了仁爲直覺之體的思想，指出這個體即是「生命流行」。心學階段，他由「生命和機械」的討論對此問題進一步開掘，提出理性即是生命本體的彰顯；然而同時又提出這種彰顯只是可能而非必然。可見當梁漱溟把人心由用提昇到體的認識之後仍然未能解決他以前擔心的問題。梁漱溟對「獨知」、「生命」、「理性」的認識的確對人類的特殊本性作了本體論的證明，但是使這種人性在現實社會中實現尚待一段功夫。因此，早年直覺是否出偏的問題就變成人心是否能呈現的問題。這一問題在〈意識與生命〉講錄中也有討論，表述爲生命本體的顯露和遮蔽。在《中國文化要義》一書中則表述爲生命的興奮和懈惰。他認爲這是生命本能能否顯用的原因所在。由於生命擺脫了機械的束縛，於是就有興奮和懈惰。如果一息懈，則人心的活動就失去了生命的靈活。由於人心不再有動物式機械反應的準確性，於是就出現了錯誤㉞。當人心懈怠之時，它就爲人的「官體」支配，而官體是屬於本能、機械的遺跡，受了它的支配，人心就不能呈現。這裏是重覆〈意識與生命〉中關於惡的討論。

㉝ 同上書，頁130。

㉞ 《中國文化要義》，頁131。

梁漱溟此時並未能解決人心呈顯的問題。但是他爲以後的討論留下了伏筆。這主要有兩點。一是他認爲人心必須通過官體顯用。二是人心要超過官體作用。後一點是本乎孟子的思想而來的:「先立乎其大者，則小者不能奪。」[35]對這兩個論題的開掘是在晚年完成的。要完成這一任務就要對人類心靈與身體之關係作一考察，而在心學階段梁漱溟則主要從生命進化過程中看身心之關係的，對人類本身尚乏這種功夫。

---

[35] 《中國文化要義》，頁134。

第五章　中國文化要義

在五四時期，梁漱溟的文化研究還僅僅局限在對幾大文化系統人生態度的研究上。在二十年代以後，他的文化研究漸漸涉及到中西文化的其他方面，主要集中在對中西社會結構及其文化之功能的比較研究上。梁漱溟的這些研究旨在強調中國社會歷史發展的特殊性。馬林諾斯基(Malinowski)曾把文化分爲四大方面:物質設備、精神方面的文化、語言、社會組織。依據馬林諾斯基的觀點，梁漱溟的研究是不全面的。梁漱溟後期的文化研究基本側重於研究社會組織和精神方面的文化，然而，他卻試圖從這個角度入手，揭示出中國社會的歷史發展迥異乎西方的根源所在。在《東西文化及其哲學》一書中，梁漱溟把中國、印度、西方三個文化系統的差別歸納爲人生態度的區別。這種歸納是建立在哲學的考察基礎上的。並且要指出的是，梁漱溟此時對東西文化的說明主觀的推演多於客觀的考察。在後期，梁漱溟則較多地從對社會發展史的客觀考察來探討中西文化。在早期，他的研究雖從比較研究入手，但最終歸結爲人類文化三期發展這樣一個結論，並從這個結論出發來評價中國文化在世界文化史上的意義。在後期，他基本上堅持了比較研究的立場。1944年，梁漱溟在四川發表了一本小册子，題爲〈社會演進上中西殊途〉。這個題目可以概括他從二十年代後期至1949年的理論研究。他此時主要是立足於對中國的社會歷史及現狀作客觀的考察，在中西文化的比較中探討中國文化發展的特殊道路，指出中國文化的長處和短處，從而預測中國文化發展的方向及其必須解決的難題。

第一節　中西社會結構之比較

自二十年代後期始，梁漱溟開始從中西社會構造的不同去探討中西方人生態度的不同。在此時，從理論上說，他是通過這種分析去進一步論證《東西文化及其哲學》中提出的觀點；從實踐上說，他要通過這些分析來論證中國不能「全盤承受」西方近代民主政治，也不能效法西方共產黨所領導的階級革命。他對於中國社會構造的系統分析直到《中國文化要義》一書才最後形成。在《中國民族自救運動之最後覺悟》一書的論述較多地受到了《東西文化及其哲學》一書思想的影響，也反映出他當時的看法尚不成熟。他後來常常用「倫理本位、職業分途」來概括中國社會構造。這個表述是在《鄉村建設理論》一書中提出的。在《中國民族自救運動之最後覺悟》一書中他只提到中國的生活是「倫理複式的人生」。因此，我分析梁漱溟對中國社會構造的論述，主要利用《中國文化要義》中的材料，而以《中國民族自救運動之最後覺悟》和《鄉村建設理論》二書為參較。

倫理本位

梁漱溟把世界歷史上出現的不同社會構造概括為四種類型：家庭本位、倫理本位、個人本位、社會本位。家庭本位存在於宗法社會中。西洋近代社會是個人本位的社會。蘇聯、納粹德國則為社會本位的社會。而中國幾千年以來的社會是一種倫理本位的社會。

用梁漱溟本人的話說，倫理本位的社會就是「就家庭關係推廣發揮，以倫理組織社會。」他說：

> 人一生下來，便有與他相關係之人（父母、兄弟等），人生將始終在與人相關係中而生活（不能離社會），如此則知，人生實存於各種關係之上。此種種關係，即是種種倫理。倫者，倫偶；正指人們彼此之相與。相與之間，關係遂生。家人父子，是其天然基本關係；故倫理首重家庭❶。

從這段論述看，梁漱溟是從人的社會關係入手來考察社會組織結構的。但從這些論述也可以看出，他似乎又把一切人與人之間的社會關係看成了倫理關係。因為他將西洋近代社會和蘇聯定義為個人本位或社會本位的社會，也是從社會關係入手進行判斷的。而前面那段論述則似乎將一切關係均稱為倫理關係了。梁漱溟還進一步說，是關係，皆是倫理，倫理始於家庭，而不止於家庭。這些話會給人以自相矛盾的感覺。實際上，梁漱溟的「倫理」是特指中國的社會關係，而非涵蓋了一切人類社會中的關係。但是，不能不指出他在論述上的不嚴密。

梁漱溟還說：「倫理關係，即是情誼關係，亦即是其相互間

---

❶　《中國文化要義》，頁79。上海學林出版社本。

的一種義務關係。倫理之『理』，蓋即於此情與義上見之。」❷這種情誼關係最初產生於家庭關係中。情是由血緣關係而產生的骨肉之情。在每個人身上，這種感情又變成一種義務、一種責任。如爲父當慈，爲子當孝。中國人把這種家庭間的倫理關係推廣到其他社會關係上去。「舉整個社會各種關係而一概家庭化之，務使其情益親，其義益重。由是乃使居此社會中者，每一個人對於其四面八方的倫理關係，各負有其相當義務；同時，其四面八方與他有倫理關係之人，亦各對他負有義務。全社會之人，不期而輾轉互相聯鎖起來，無形中成爲一種組織。」❸

梁漱溟認爲，中國的倫理本位的社會所以能形成和中國人重家庭生活有直接關係。但他不認爲中國是家庭本位的社會。他認爲，家庭本位的社會是宗法社會，而宗法社會排他性最強。在中國，宗法社會早已結束。對這一點，梁漱溟沒有多作論證。他認爲此問題已由章太炎《社會通詮商兌》解決，勿庸多論。

以上是梁漱溟對「何爲倫理本位社會」下的定義。他還就這種社會特性的表現作了論述。

首先，它表現在經濟領域中。梁漱溟指出了中國在財產支配上的三種現象：共財、通財、施財。「共財」指的是夫婦、父子之間財產不分。父母在堂，兄弟亦不分家。祖父在堂，則三代不分財。「通財」指的是親朋鄰居之間互通有無。「施財」則指一種無償的救濟。

梁漱溟說，這種倫理社會中的經濟生活好像有一種「共產」的趨向。「其財產不獨非個人有，非社會有，抑且亦非一家庭所

---

❷ 同前書，頁80。

❸ 同上。

有。而是看作凡在其倫理關係中者，都可有份的了。」❹

在政治上也可以看出這種倫理本位的特徵。在中國，君臣之間，官員之間也是一種家庭化的倫理關係。國君稱爲「大宗子」，地方官稱爲父母。「孝者所以事君，弟者所以事長，慈者所以使眾；而爲政則在乎如保赤子。」❺在政治理想上，中國人不講福利和進步，而是講天下太平。「天下太平之內容，就是人人在倫理關係上都各自作到好處（所謂父父子子），大家相安相保，養生送死而無憾。」❻

職業分途

梁漱溟認爲，中國社會的另一個特異之處就是階級劃分不明。他認爲，西方社會中那種階級對立在中國不存在。中國是「職業分途」的社會。

在《中國文化要義》一書中，梁漱溟首先對「什麼是階級」以及階級這一現象在人類歷史上的意義作了討論。

梁漱溟說：「階級之爲階級，要當於經濟政治之對立爭衡的形勢求之。至於貴賤等級，貧富差度，不過與此有關係而已，其自身不足爲眞的階級。」❼他分別從經濟和政治兩方面考察了階級的產生。

在經濟方面，梁漱溟分析了中世紀的地主階級和農奴的經濟關係以及近代西方資本階級和勞工的經濟關係。他說：

---

❹　同前書，頁82。
❺　同前書，頁83。
❻　同上。
❼　同前書，頁144。

> 假若一社會中，土地掌握在一部分人手裏，而由另一部分人任耕作之勞；生產所得，前者所享每多於後者。那麼，便形成一種剝削關係。中古封建地主階級對農民，卽如此。又近代工業生產離不開工礦場所的機器設備。假若一社會中，此項設備掌握在一部分人手裏，而由另一部分人任操作之勞；生產所得，前者所享每多於後者。那麼便又形成一種剝削關係。近代之產業資本階級對勞工，卽如此。總起來說，在一社會中生產工具與生產工作分家，佔有工具之一部分人不工作，擔任工作之一部分不能自有其工具，便構成對立之階級❽。

從上面這段話可以看出，梁漱溟是從生產資料的占有形式、產品的分配形式來考察階級的產生的。這些論述和列寧關於階級的論述是一致的。

梁漱溟還考察了階級產生的政治原因。他認爲，階級性的經濟關係還要憑藉一種「制度秩序」才能存在。經濟上之剝削階級就是政治上之統治階級。以統治維持其經濟上之地位，以剝削增強其政治上之力量，彼此扣合，二者相兼，從而階級對立之勢更著。

還有一些其他因素也助成了階級的存在：一、迷信成見；二、習俗制度；三、世襲制度。這三方面的影響在中世紀尤其顯著。

梁漱溟認爲，階級不是理性的產物。但它卻是人類走向理性過程中必經的階段。階級的劃分促進了經濟的進步，經濟的進步造成了人類文化的發展。並且階級關係也是在不斷變化的。這種

---

❽ 同前書，頁143。

變化經過奴隸制、農奴制、勞工制，直至階級徹底消滅。階級造成了人間的不平等，階級的發展到消滅又導致了人類恢復到平等。這最後的平等則取決於經濟的平等。這就是社會主義之實現。人類歷史先形成社會階級，然後一步一步次第解放它。每一步之階級解放，亦就是人類理性之進一步發展。階級雖不從理性來，而理性卻要從階級來。因此，孟子的「勞心」「勞力」說是符合當時歷史進步的原則，而許行的主張則是不合實際的空想，是開歷史的倒車。

從上面這些論述看，梁漱溟頗受歷史唯物主義學說的影響。

按照上面這種階級定義，梁漱溟認為中國自秦漢以來不存在階級對立。他主要從土地分配角度作了考察。梁漱溟提出了中國經濟上的兩個現象作為明證：一、土地自由買賣；二、土地壟斷集中不顯著。他認為，第一點為世所公認，不必論證。第二點爭論較多，所以他作了一些論證。他分別考察了北方的自耕農情況和南方的佃農情況。

梁漱溟舉了鄒平、定縣在本世紀上半葉的土地分配情況，認為二縣都有百分之九十以上的農民佔有土地。他對李景漢《定縣社會概況調查》一書中的土地調查作了如下概括：

1. 百分之九十以上人家有土地。
2. 無地者（包含不以耕種為業者）佔百分之十以內。
3. 有地一百畝以上者佔百分之二；三百畝以上者佔千分之一二。
4. 有地而不自種者佔百分之一二。

梁漱溟還列舉了定縣三個鄉區土地佔有的詳細情況。他上面指的「有土地」是有土地佔有權的自耕農。造成自耕農存在的原因是土地買賣自由。梁漱溟認爲，在這種土地佔有情況下，就不會存在一個「一部分人有地而不事耕作，一部分耕作而不能自有土地的階級社會。」

梁漱溟指出中國自耕農的大量存在，的確抓住了中國封建時代土地所有制中的一個重要現象。但他僅以本世紀的現狀爲例，則嫌證據不足。梁漱溟對中國土地所有制的分析在許多方面都與當今歷史學家胡如雷的見解相近或相同❾。胡如雷指出，中國封建社會中存在相當數量的自耕農這一現象在世界史上是很少見的。胡氏將中國的土地所有制與階級狀況的關係與西方中世紀作了考察和比較。而梁漱溟則缺乏這種系統的考察和比較。但我們應當承認作爲非歷史學家的梁漱溟在這方面的一些見解還是頗具慧眼的。

梁漱溟還指出了一個現象：遺產均分。他舉清朝法律的規定:「嫡庶之身，不問妻妾婢所生，以子數均分之;私生子及養子各與其半。」這種均分土地使得「縱有大地產，保持正不易。」胡如雷也指出:中國封建社會實行的是「分戶析產的家族財產關係」，「因此就根本不可能形成穩定的土地佔有狀況，產生硬化了的私有地產。」❿

以上，梁漱溟指出了土地佔有者居多數，又兼因土地買賣和財產均分造成了土地所有權的變動不居。梁漱溟也解釋了南方土地集中和佃農居多的現象。他認爲，這種狀況由兩種原因造成，一是工商勢力，一是政治勢力。工商業的存在使發財者可借買賣

❾ 請見胡如雷所著《中國封建社會形態研究》一書，以下引胡氏此書稱胡著。

❿ 見胡著，頁45。

集中土地，造成佃農的增加。但是中國的工商業始終沒有發達起來，不能在新的基礎上造成勞資階級的劃分。同時遺產均分又削弱了這種土地集中的程度。因此，土地集中的主要原因還是來自政治上的原因。然而，這種政治上造成的土地集中在歷史上也是一種「逆轉」形勢，維持不了多長時間。

土地買賣和歷代開國時期自耕農的大量存在是中國封建時期階級劃分不明以及階級身分變動不居的重要原因。梁漱溟看到了這兩點，並把它作爲分析中國社會組織結構的一個入手處，是有其理論意義的。但是他的分析不系統不透澈。限於筆者水平和本書討論的主題，在此不論。

在談到何爲階級時，梁漱溟認爲經濟上的劃分也必然和政治上的階級劃分同時存在。他從政治上考察了中國的階級狀況。他的結論是：在中國，統治者和被統治者時常易位，沒有形成在政治上對立的兩個階級。他認爲，在中國周朝時代尚存在貴族階級，但以後則廢除了。以後分封的貴族都如《續文獻通考》上說的那樣：「分封而不錫土，列爵而不臨民，食祿而不治事。」在戰國以後，當政臨民的都是官吏，官吏只是一種暫時的「代理者」。他既非世襲，亦非終身。他不是爲自己實行統治，就難以與被統治者形成對立。並且梁漱溟進一步指出，做官的機會，原是開放給人人的。這種做官的機會造成了統治者和被統治者的易位。而在這之中的一個關鍵的原因是讀書人可以應考任官。

梁漱溟指的貴族地位的變化和官吏的產生是符合中國歷史的實際情況的。中國官僚制度萌芽於春秋時期。官僚制度的產生是中國政治制度發展過程中的一個重要變化。它的產生和發展結束了貴族壟斷官職的歷史，促進了舊的階級關係的變化。新生的官吏羣的成分一部分是由軍功而得職位的軍人，一部分則是已發生了變化的士階層。士階層成分的變化及其社會作用是中國官吏制度形成發展的一個重要因素⓫。

梁漱溟對官吏的身分和作用還作了一些分析。他認爲，官吏和以前的貴族不同，他們與君主並沒有「同利害共命運」的關係。首先他們來自民間，又隨時可能罷官歸田或告老還鄉。其次，他們多是來自士階層，他們通過宗親朋友鄉里等各種關係和社會上農工商三個階層保持著聯繫。他們在生活上相依共處，自然使他們與那些人在心理觀念和實際利害上相近甚至相同。他們之間不一定會形成對立。第三，官吏雖然要忠君，但必須「愛民如子」、「直言極諫」才能保證社會安定。這樣就會使他們替老百姓設想，從大局出發，不阿順其君。由這三點可見官吏並未和君主合爲一固定的統治階級，而君主實際成了「孤家寡人」。

梁漱溟談到的這三點有兩點是值得討論的。但是，他指出的官吏身分的非階級性多少還是反映了中國歷史上的事實。世卿世祿制被削弱後，中國的政治統治多靠士來施行。而原來作爲貴族階級中最低一個階層的士逐漸發生了變化。梁漱溟說：「本來是階級之『卿、大夫、士』，戰國以後階級性消失，變成後世之讀書人和官吏，而職業化了。」⓬不但士如此，梁漱溟進一步認爲農、工、商都是一種職業，而非階級。他認爲士、農、工、商四民之間沒有嚴格的分界和對立，它們之間是可以流動的。

其實，梁漱溟也承認階級對立是人類社會歷史上必然出現的普遍現象。中國也不能例外。所以他也承認在中國「形成階級之

⓫ 以上參見張晉藩等人著《中國法制史》。

⓬ 《中國文化要義》，頁158。

趨勢，二千年間不絕於歷史。」⓭但他同時強調中國社會的特殊性，而「職業分途」正是爲了標明這種特殊性，並非爲了掩沒中國歷史上存在的貧富、貴賤的差別。

從論證上看，梁漱溟只是從負面論證中國階級的不固定、不集中，而未從正面充分論證「職業分途」的特徵。並且，他也只說了士與農民兩階層間的流動。

倫理本位和職業分途交相爲用

梁漱溟在《鄉村建設理論》一書中談到，倫理本位和職業分途之間有互相影響，這種互相影響更加強了各自的趨勢。

職業分途對倫理本位的影響主要表現在兩方面：一、土地和資本的無壟斷現象給小規模的生產提供了方便，而無大規模經營的必要。以家庭爲基本單位的生產方式天然地造成了家庭成員相依爲命的現狀。「其倫理關係，安得不從而益加鞏固密切！」⓮而在西方中世紀，農奴無土地、無自由、也沒有以家庭爲單位生產的現象。近代工業生產更破壞了家庭的組織，固無從論其倫理關係。二、職業分途使社會貧富貴賤遷流不居，於是就有了求家門興盛的觀念，父子兄弟互相勉勵。「使人信篤於倫理而益勤於業」。

從倫理本位對職業分途的影響看，由倫理關係造成的分財、通財以及救濟體恤現象遏制了經濟上集中的趨勢。因此，在西方是「由自由競爭，趨於生產本位，演爲資本社會的階級對立；在中國則是由倫理相保，趨於消費本位，終不演成階級。」⓯經濟

⓭　同前書，頁160。
⓮　《鄉村建設理論》，頁30。
⓯　同上。

上壟斷不成，政治上也不會形成壟斷趨勢。這樣，倫理本位從經濟和政治兩方面穩固了職業分途的社會結構。

中西社會結構的比較

中國的社會組織結構爲什麼表現出這些特點，從而迥異乎西方？梁漱溟認爲，這是由於家庭生活、家庭關係在中國社會佔有重要地位，並且一直缺乏一種「集團生活」。西方人也有家庭，但是他們集團生活太嚴重太緊張，家庭關係於是被掩蓋了。在集團生活中，社會上就產生了團體與個人的關係。團體與個人之間彼此制約，在緊張的集團生活中，團體要直接統制干涉到個人；在個人有自覺時候，要爭求其自由和在團體中的地位⑯。在中國，沒有集團生活，而是從家庭關係出發，以倫理組織社會，個人與團體的這種制約關係就顯現不出來，也無從有西方那種集團干涉和個人自覺的事情。梁漱溟列了一個比照圖以反映集團、個人、家庭之間關係的不同：

團體	團體
家庭	**家庭**
個人	個人

什麼是「集團生活」？梁漱溟概括了三點，具備這三點就可以稱爲集團生活：

一、要有一種組織，而不僅是一種關係之存在。組織之特

---

⑯ 《中國文化要義》，頁78。

徵，在有範圍（不能無邊際）與主腦（需有中樞機關）。

二、其範圍超於家族，且亦不依家族爲其組織之出發點。——多半依於地域，或職業，或宗教信仰，或其他。

三、在其範圍內，每個人都感受一些拘束，更且時時有著切身利害關係⑰。

從這三點及梁漱溟後面的分析看，他實際上是說要有一種組織才够得上「集團生活」。他著重從宗教、國家、職業這三個角度評斷了中國人的缺乏集團生活。

首先，中國人百分之九十以上都不在宗教組織中。大多數中國人是崇拜仙佛偶像的，這固然說明宗教信仰之存在。但中國人的宗教活動不是有組織地進行的。他們對各路神靈一律崇拜，不分彼此。「區別都沒有，尙何組織可言」。

其次，梁漱溟認爲中國不是一個國家，他在《中國文化要義》一書起首曾把它列爲中國文化的特徵之一⑱。我們在後面還會談到他的這一思想。梁漱溟推測中國的地方自治不能很發達，從而使中國的社會秩序的維持多靠社會本身而不靠國家機器。但是他指出，中國的地方自治有兩個特點：一點是中國有鄉自治而沒有市自治，恰與西洋地方自治肇始於都市者相反；一點是地方自治體欠明確欠堅實，與官治有時相混⑲。

梁漱溟引述了梁啟超的一些論述。梁啟超認爲中國的地方自

⑰ 同前書，頁69。
⑱ 同前書，頁20。
⑲ 同前書，頁70。

治並不弱於西方社會。但是中國人不能組成國家就在於中國人發達在「族制之自治」，而西方人發達在「市制之自治」。在中國的鄉村中，立法行政機構秩然具備，而中國的大都市則凌亂不堪。這說明中國人只適於作「族民」，而不適於作「市民」。

梁漱溟指出，中國的地方自治和官治混淆不清。二者的組織、權限及區劃也變更無常，民國幾十年間地方行政區劃即變更多次。而在西方，雖有政治制度的變化，但地方行政區劃幾百年間很少變更。足見西方之地方自治堅實。

說到職業團體，梁漱溟認為，中國人沒有獨立於家庭基礎以外的職業團體。中國的農民只有「青苗會」一類的組織，這些組織天然地依鄉黨鄰里關係而成。中國的工人商人也沒有全國性的組織。許多職業組織往往和地方團體相重合。可見中國人宗族意識、鄉黨意識強於行業意識。

為什麼中國人缺乏集團生活從而在社會結構上大異於西方社會？梁漱溟認為，宗教問題是一個關鍵所在。他指出：「宗教問題實為中西文化的分水嶺。」他說，中國古代社會與希臘羅馬時的情況相差無多。此後雙方則日益背道而馳。其原因就在於中國以非宗教的周孔教化為中心，而西方則以基督教文化作中心。中國因此對宗法社會的改變不大，進入了倫理本位的社會，而西方則借基督教步入大集團生活，家庭的地位日益減輕。

梁漱溟對古希臘羅馬社會的介紹借助了當時李立伯翻譯的法國人古朗士 (Fustel De Coulanges) 所著的《希臘羅馬古代社會研究》一書。他的「中國古代與希臘羅馬古代社會相差無多」的結論即是由此書得到的啟發。

梁漱溟認為，古代社會為宗法社會。宗法社會就是「崇拜祖先、以家族體系組成的社會。」這種社會的組成要依靠宗教。這種宗教是「家各有神，不能相通」，是互相排斥的。社會組織的擴大與宗教信仰對象的發展相聯繫。這是一種多神教。地域之間的聯繫亦以宗教信仰的相同作爲基礎。羅馬人的宗教是雜糅的，所以能與其他城邦有聯繫，能兼容對方的宗教信仰。因此，羅馬人終於能實現大一統的政治局面。但這種統一也造成了以往家神邦神的宗教精神失墜。有了大一統的政治局面，卻無一個與此相應的偉大宗教。於是宗教荒虛，人們精神無主，羅馬亦不能不衰。在此之際，基督教從東方傳來，成爲西方文明的「續命湯」，它也在以後的歷史中成就了西方近代文明。

對於宗法社會時代人類的生活是否爲集團式生活這一點梁漱溟說得含混不清。他一方面說宗法社會以家庭爲核心，卻又說古希臘羅馬社會「一般地通是集團生活」⑳。然而他同時又有「團體與家庭二者不相容」的論點㉑。因此，關於中國戰國以前以及西方中世紀以前的社會組織情況，梁漱溟還是沒有作出一個自成系統的說明。

梁漱溟認爲，說古希臘羅馬社會是一種集團生活，根據在於：它雖以家作核心，而以（1）附屬人數眾多，（2）階層分別，（3）家長威權，（4）產業共有㉒。但是，梁漱溟同時指出，由於當時人們的「精神低淺，意識狹隘」，不可能成爲大集團。「大集團不再以一家一姓作核心，必待基督教伊斯蘭教等宗教出來，而後得以構成。」在宗法社會被破壞之後的集團生活應

---

⑳ 同前書，頁50。
㉑ 同前書，頁73。
㉒ 同前書，頁51。

該是一種超家庭的生活。這時的集團也必須是超家族的組織。由此看來，梁漱溟前面說到的衡量是否合乎集團生活的三個條件是指宗法社會以後說的。

梁漱溟指出，基督教與舊的宗教有性質上的不同。

一、神絕對唯一。神是超現實世界的主宰，此時的宗教意義與形式也變了。

二、兼愛同仁，以上命爲父，人人皆如兄弟之相親。不再像宗法時代那種「各守秘閟」了。

三、超脫世俗。古代政教相混，至此則彼此分開，國家政府也得以獨立。「基督教是第一個不以法律屬於自己的宗教」㉓。

那麼，何以基督教能造就西方人的集團式生活呢？梁漱溟把它歸之於基督教所引起的「血的鬪爭」。梁漱溟指出，基督教之興起對於當時社會有極大的革命性。這表現在兩點上：一、它推翻了各家各邦的家神邦神，反對一切偶像崇拜，不惜與任何異教爲敵。二、它打破家族小羣和階級制度，人人如兄弟一般來合組超家族的團體，即教會。這兩點造成了基督教內部結合堅實、對外激烈排斥的現象。而這個過程是伴以血腥殘殺的。

梁漱溟認爲，由於當時的文化不能不以宗教爲中心，所以政教很快又合二爲一。世俗政治要憑借宗教，宗教本身也日益政治化。教會的上層人士也都成了封建階級的一部分。這種政教合一

㉓ 同上。

使集團生活進一步表現出統制性，也使得集團間鬪爭日益頻繁激烈。統制過強後來引起了近代的反動思潮；激烈的鬪爭雖使千餘年戰爭屢屢不斷，卻鍛鍊了西方人集團生活的習慣。梁漱溟指出，中國的權力之爭由於不憑藉宗教力量，因此也不是集團式的鬪爭。

西方人不但在宗教的衝突中鍛鍊了集團生活的能力，在和平時期的社會生活中也養成了這種集團生活的習慣。而後者對於成就西方人法治精神、組織能力和一般公德則作用非淺。梁漱溟概括介紹了西方中世紀的社會生活。

梁漱溟認爲，歐洲中世紀社會並非是一個大一統的政治局面，而是呈現爲政治經濟上各據一方的一些集團。馮友蘭認爲，未經產業革命的東西方均爲生產家庭化，一個家庭卽一個經濟單位。梁漱溟批評馮友蘭是以中國的情況臆測西方。梁漱溟介紹了西方的大地產和莊園制度。這些介紹是根據當時中外歷史學著作出的。限於篇幅，在此不復詳述。

梁漱溟未及詳述基督教自身的團體組織建置情況。他只是指出了中世紀教會與近代教會的區別之處。

一、中世紀無論何人均屬於教會。

二、中世紀教會享有教稅，非教徒均須納稅。

三、中世紀教會實無異於國家，旣有法律，又有法庭。

四、中世紀教會有國家之組織，教皇爲最高立法者，亦爲最高司法者。

中國文化之造端

梁漱溟此時所云之「中國文化」主要就自西漢以後二千年之

歷史而言。從以上已可看出，宗教問題是梁漱溟辨明中西文化差異的入手處。基督教的興起造就了西方文化中的集團生活和階級對立。在中國，階級之確立及消逝與宗教問題似乎並無緊密之關聯，至少在梁漱溟的論述中可看出這點。

梁漱溟對於中國上古宗教的情況並無甚深研究與見解，論述亦甚簡略。他對於中國宗教概況的歸納只是著眼於異乎西方之處，即在於它並無嚴密的宗教組織，並未有過基於宗教信仰的血戰。於此，自然亦無有關宗教生活的階級產生問題。因而在中國，宗教本身的變化與階級狀況的變化是彼此單列的。在西方歷史上，階級似乎成了不能或免的必然；在中國，它的存在尤其消逝只有因緣和合上的意義。於是，在梁漱溟的論述中，宗教的變化和階級的變化是中國二千年文化的兩個根源，其時在秦漢之際，而其功則全在周孔一班儒生。

梁漱溟實際上把中國宗教在上古的發展作了如此描述：它本不甚強盛，於是有周孔之禮樂製作，由此有宗教之衰歇。這之中關鍵一點即儒家將古宗教轉化爲禮。梁漱溟在這方面的認識受到了馮友蘭《中國哲學史》的啟發，兩者之參較，此不復述㉔。梁漱溟對於原本旨在「事神致福」㉕的宗教性禮的設置並未深究，而偏於儒家對禮的重新詮釋。這一詮釋的非宗教性就在於：儒家所行之禮在於「斟酌於人情之所宜」，是活動的，而宗教所行之禮乃是履行外在的呆定、絕對的標準。

梁漱溟此時對儒家禮樂研究的材料並不比《東西文化及其哲學》更多，但他此時實有鑒於對西方宗教之認識而對周孔禮之製

㉔ 見《中國文化要義》頁111，馮友蘭《中國哲學史》第十四章。

㉕ 《說文》云：「禮、履也，所以事神致福也」。

作有了新的體認，從而比當年對於「孔子之非宗教」之議有了新的進步。當年只認孔子之禮並無宗教之「偏激」出世，而築基於「愼終追遠」之情感。此時他認爲周孔之禮的意義就在於啟發人的理性，導其於自覺自律，而宗教則重在信仰而寄寓恪守教訓。理性的自覺是道德而非宗教。

古宗教除了信仰之外還有社會功能。梁漱溟並無深研中國古宗教之功，在他眼中中西古宗教的這些功能都是相同的。因此當儒家將古時之禮改爲儒家之禮之後，新禮仍然要承負古宗教的任務：組織社會、涵容禮俗法制。這表現在禮的功能上就是：安排倫理名分以組織社會，設爲禮樂揖讓以涵養理性㉖。

梁漱溟並未給予禮樂以過高的評價。他偏重於禮樂陶冶人性的功能。這大約是比照宗教而言的。他認爲，宗教本爲一方法手段，而道德本身並非方法。道德之養成要有「依傍」，此即禮。這個依傍的過程即用具體的禮樂直接作用於身體，作用於血氣，人的心理情欲隨之頓然變化於不覺，而理性乃油然現前。因此，在梁漱溟並未否認禮樂之製作乃本於人心之本性，他卻主要着眼於禮樂在現實運作中的功用。他對這種功用的述說可以用宋明人「變化氣質」來概括。由於這種功能，禮樂就有宗教之用而無宗教之弊。

梁漱溟承認中國在西周時有階級存在，但比較鬆散。這種階級社會即宗法社會。這個社會最有代表性的是貴族階級。但是當士人從貴族中演化出來之後，貴族階級則日益趨於融解㉗。當階級區分消融之後，代替它來維持社會的就是：「倫理名分」。

㉖　《中國文化要義》，頁108。
㉗　見《中國文化要義》第九章〈中國封建之解體〉一節。

梁漱溟把「倫理名分」在中國歷史上的發展視爲前後區別的。這之中變化的關鍵就是儒家對名分的重新解釋。這種新解釋使儒家在階級封畛消逝之後建立了一個新的秩序。他認爲倫理名分本爲封建宗法之產物。它是封建社會呆定關係的維繫者。孔子「正名」的作用就在於以這種舊秩序爲藍本而加入新意義。如《春秋》以世卿非禮、孟子之「誅紂非弑」之類正是在動搖了這種舊的封建秩序。同時，儒家以孝弟爲本而將社會關係建立在倫常情誼之上。於是倫理名分代替了封建成了新的社會秩序。

由倫理名分組織社會，中國人和西方人就有了區別。在西方，所重在團體與個人之間的關係；在中國則重在此一人與彼一人之間的關係，而以家庭爲本。中國人和西方人在完成自己人格的同時成就了一種社會組織和秩序，但是二者所依憑的一是法律一是禮俗。這二者之區別在於法律本於定制，禮俗則起於同風。倫理名分的新涵義就在於它沒有了以往那些呆定的外在制約而一本民間道德習慣、價值判斷和是非取捨。

梁漱溟十分重視倫理名分的意義。他認爲，正由於有了它才造就了中國文化的骨幹——中國的社會組織。可以看出，梁漱溟此時對中國文化的分析和五四時期有所不同。五四時期他僅僅從人生態度論述中西印之分歧，後期則從社會組織入手立論。這種區別乃基於他對文化概念的理解有了變化。五四時期，梁漱溟將文化定義爲「生活的樣法」，而實指生活態度。此時他的文化則指「吾人生活所依靠之一切」[28]，作爲骨幹的則是社會組織。因此可以說《中國文化要義》是梁漱溟對中西文化區別作出的重新解

---

[28] 《中國文化要義》，頁1。

釋。這種重新解釋起源於二十年代末的「覺悟」期，即有感於人生態度移植的失敗，進而尋求這種人生態度所由產生或薰陶的基礎。在這一尋求過程中，梁漱溟認爲社會組織是中西文化差異的關節點，在表現形式上就是「宗教問題是中西文化的分水嶺」。梁漱溟正是從這一討論入手，落實到周禮的制定，從而追溯到中國文化的造端。

牟宗三有〈中國文化的特質〉長文，也是對照中西文化之差異作論述的。該作條分縷析、言簡意賅、系統嚴密，洵爲傑作。他的許多看法與梁漱溟都有相同之處。參較閱讀，更可見本世紀新儒家著意所在。牟宗三同意梁漱溟「倫理本位、職業分途」的概括。然而牟宗三卻認爲讀《中國文化要義》不如讀《東西文化及其哲學》。他批評《鄉村建設理論》從橫剖面的分析現實中歸納中國文化特徵，失於縱貫性而落於從果說因㉙。他認爲這是梁漱溟在方法論上的缺陷，從而不能眞正瞭解中國文化。

牟先生的批評確有所見。作爲一個社會改革者的梁漱溟和作爲學院教授的牟宗三在實踐經驗上有著差異，學理的修養上也有優劣之分。從梁漱溟的個人經歷中即可以看出他的這種論述方式自有原由，但這種「橫剖面」的考察也的確在一定程度上彌補了學理上的不足。梁漱溟的「從果說因」使他的考察將中國歷史自周孔制禮而斷爲兩截，雖立言「中國文化成於西漢」亦可以說是爲中國現實的文化尋出源頭，卻對於西周及以前的中國文化猶失於曖昧不明。梁漱溟對孔子以前的典章制度的確研究乏力，所以其追本溯源實尙缺一段工夫。但是，他從社會組織入手，考察了

㉙ 見牟宗三〈我所認識的梁漱溟先生〉。刊於《中國的脊樑》，香港百姓文化事業出版公司出版。

春秋之際中國歷史的演變。從這個角度上說，牟宗三先生的縱貫性研究則偏於邏輯的推演，對於現實歷史變遷之於中國文化的關係則忽略不計。從內容上說，牟宗三和梁漱溟均於周孔制禮言中國文化之造端。梁漱溟並未以此文化形態語於西周以前之歷史，其曖昧不明固無庸諱言。牟宗三以周孔之禮中掘發出「道德主體性」，雖未遽然以此主體性賦予西周以上，然而其斷言此前即有道德政治之存在則尚缺一段工夫。以此總結出「綜合盡理之精神」而涵蓋全部中國文化史，則其框架尚存可擊之懈㉚。梁漱溟雖承認西周以前的社會結構與西方亦有差別，然在大端上則視爲相同。他只把周孔制禮之後的中國文化區別於西方。

在對倫理名分的論述中，梁漱溟尚缺一環。他主要是從孝弟親情去論證社會組織所由立，而忽視了「尊尊」的內容，對《禮記》這方面的內容他未予以注意。但是《中國文化要義》仍然可以被視爲新儒家社會政治學說的一個代表作。在重解儒家政治文化方面，他實際上啟發了牟宗三的構思。

第二節　中國政治的特殊性

中國不像國家

在《中國文化要義》一書的開始部分，梁漱溟曾對中國文化的特徵概括了十幾條，其中一條就是中國不屬普通國家類型。在該書第九章中，他對中國和西方一般類型的國家之間的區別作了

㉚ 此僅就〈中國文化的特質〉一文而言。

分析。這些分析和他對中國社會結構的論述是緊密相聯的。我在此不再就該聯繫多作介紹。

首先，我們就梁漱溟關於國家的概念作一些分析。

梁漱溟認爲，「國家構成於階級統治」㉛。國家是一種武力統治，它的存在有兩方面的作用：防禦外來侵略、鎮抑內裏鬨亂。它保證一個社會的安定和秩序。但是這種武力只是一種工具，必有一個主體來操縱它。此主體恒爲一階級。在邏輯上，武力應屬於國家，國家就是它的主體，但是在現實社會中「此主體例以國家展其名，而實則爲一階級——統治兼剝削的那一階級」。梁漱溟對國家的看法和列寧關於國家的定義是相近似的。進一步說，梁漱溟關於階級、國家等概念的理解基本上是沿襲西方理論家的說法的。在關於國家的說明中，他也引述了奥本海末(Franze Oppenheimer)《國家論》一書中的觀點。

既然國家構成於階級統治，而梁漱溟對中國文化的基礎認識又是「倫理本位、職業分途」，則中國不像國家是自然而然的結論。他的這些看法和他對中國封建社會的認識有關係。他認爲中國的封建社會自秦漢時代就結束了。這樣他就要回答兩個問題：一、秦漢以後的社會爲什麼不是封建社會？二、中國的封建社會是怎樣解體的？

梁漱溟認爲，「封建是以土地所有者加於其耕作者之一種超經濟地強制性削剝」㉜與此相聯的還有自然經濟形態、身份隸屬關係、政治上大小分佈的單位以及宗教迷信等等。所謂解脫封建即是解除這些東西。在當時，許多學者都認爲中國自東周至鴉片

㉛ 《中國文化要義》，頁169。

㉜ 同前書，頁174。

戰爭以前是封建社會，根據是中國農村存在強制性剝削。梁漱溟卻認爲，這種觀點雖並非全無道理，卻是證據不足。他再次以鄒平和定縣民國時期的土地情況爲例說明中國不存在超經濟性剝削。既然東周以後的中國不屬封建，則問題的關鍵便在中國的封建社會是如何解體的。在此問題上，梁漱溟一直著力指出中國社會發展變化的特殊性。他認爲中國封建社會的解體和西方不同。西方封建之解體是由於它的經濟進步。中國封建社會之解體雖有一定經濟條件作基礎，但主要還是由於文化和政治上的原因。西方那種由經濟進步推動文化和政治的歷史過程是社會發展的通常的一條路；但中國卻有自己的特殊性，是文化和政治轉過來影響了經濟。這種文化和政治上的作用指的就是貴族階級的解體和士人的出現。

梁漱溟認爲，中國封建社會的階級結構本來就很鬆散，隔閡不深。他這個觀點固然援引了梁啟超的成說，但對於這種現象的解釋卻是他自己作出的。他說，這是由於中國理性早啟而宗教不足；宗教不足，則集團不足。梁漱溟還引了一些學者（杜畏之、李季）的說法，認爲中國大約沒有奴隸社會這樣一個階段，從而使中國人未受到奴隸社會階段殘酷鬪爭的創傷。宗教不足也造成武力作用不強。貴族階級失去武力所餘下的就只是知識和理性了。這就是士。中國的士是階級融解的產物，也促進了封建的解體。梁漱溟說：「中國封建之解體，要不外乎階級之解消，而彷彿將以理性相安代替武力統治。」㉝這種消解力量和理性力量卽來自士人。梁漱溟對士階級在中國西周時期的情況了解得不够清

㉝ 同前書，頁180。

楚。他說：「士人非他，卽有可在位之資而不必在其位者是也。其有可以在位之資與貴族同，其不必定在位與貴族異。」㉞由此看，他說的「士」是春秋戰國時代的新的「士」階層而非作爲舊貴族一部分的士。那些有在位之資而無權位的士自然要反對世卿世祿制，與貴族爲敵。這樣，舊的階級結構被破壞，土地和人民也就從封建之下解脫出來。

西方封建解體來自舊階級之外的力量，而中國則爲舊階級內部的分化。西方是以新階級代之而起，而中國的新興士人乃是分散的個人，舊階級結構也鬆散。舊階級分解後，沒有形成新的階級，形成的是職業分途的社會。失去了階級，國家的基礎也就不存在了。因此，中國不像一個國家。首先，它缺乏國家應有的功能，在政治上表現爲消極無爲。其次，它缺乏國際對抗性。它疏於國防，缺乏國情統計、民不習兵。第三、中國人傳統觀念中缺乏國家觀念，而只有「天下」觀念。梁漱溟說：中國是國家消融在社會裏面，社會與國家相渾融。國家是有對抗性的，而社會則沒有，天下觀念就於此產生㉟。

但是，梁漱溟仍然把西方社會的發展過程作爲人類社會的通則。他認爲，在這二千年間人類社會還不到階級消滅而不要國家的地步。內憂外患都要求有一個國家，要有武力，然而中國又不能回到階級對立的地步上去。於是中國就陷於矛盾之中，一面呈現一種無兵的文化，一面又不斷用政治手段去壟斷土地，使歷史向封建倒退。但倒退又不可能實現。中國就是這樣介於似國家非國家、有政治無政治之間，演爲一種變態畸形的社會。

㉞ 同前書，頁181。
㉟ 同前書，頁168。

權力一元化和士人的作用

由於中國社會組織結構使中國不像一個國家，所以中國的政治和西方相比就有其特殊性。梁漱溟把這種特殊性的表現概括爲三點：一、政治倫理化。二、政治的無爲化。三、權力一元化。

梁漱溟認爲：在中國從來沒有西方那種「三權分立」的政治。按照它的邏輯也永遠不會有。因爲三權分立是建立在階級分化的基礎上的。階級分化就形成勢力間的對抗。中國自封建貴族階級解體後日益走向職業分途，社會結構是渙散的，形不成任何一種對抗勢力。作爲統治工具的武力的主體不是某一個階級，而是一人一姓的君主。因此權力必然統於一尊。梁漱溟的「一元」是指支配政治權力的主體是單方面的，而不是多方面的。

權力一元化就不會產生西方政治中那種「箝制與均衡」。這種權力也就失去了限制它的力量。隨之而來就產生了權力使用中的偏失問題。沒有外在限制，這種糾正偏失的力量必然要來自執權者本身。梁漱溟指出，中國的權力一元化的政治中還設置了一個「自警反省機構」。他認爲這種自警機制是其他任何中世紀社會中都沒有的。他認爲，這種自警機制雖然在古代也許就存在，以後儒家更曾大加渲染鼓吹，嚮往使之制度化，但它成爲可能和必要，還要在封建解體之後。因爲，封建解體之後，權力日趨集中統一，這種自警反省日益成爲迫切的需要。其次，這種自警是君主爲了保持權力的安全。第三，封建解體後，以前的大小君主此時通化爲官吏，監察吏治成爲必要。

孫中山曾提出「五權憲法」的政治設想，即行政、立法、司法、考試、監察五權分立的政府組織制度。這種主張是糅合中西政治體制的設想。梁漱溟也認為孫中山的「五權」中的監察考試二制度是從中國舊有政治制度中承襲下來的。而兩種制度合起來正是中國政治中自警反省功能的體現，二者是緊密相聯的。監察是自警反省的過程。自警反省是要收集外界意見，尤其是被統治者的意見。梁漱溟指出，監察制度的眞正意義並非在糾正個人的偏失，而應看作「謀上下意見之流通」。而考試制度正是使上下溝通的一條渠道，「言路實因仕途之辟而得其基礎」。監察和考試制度相因而生，相成而有功，使得「一切在位者既皆以合法程序來自民間，一切政府措施又能反映乎民意。」㊱梁漱溟實際上把這兩種制度視為權力一元化的政治能够實現良性運作的保證。他認為，在這種制度下，作為權力一元化的皇帝不過象徵全國政治統一，「雖權力一元化又何害」。在此，他並未把它歸結為一種專制主義的政治。他完全從運作的機制上來考察這種制度。因此，他雖然認為這種結構能使中國政治實現良性運作，但只是可能而非必然。這種權力一元化把社會政治的清明和污濁繫乎一個人的道德之上，而道德「始終是有希望而又沒有把握的事」。由此，中國的政治二千年來一直在打圈子。

梁漱溟從未對權力一元化作出過批評。在《鄉村建設理論》時他並未提出這個問題。但從他極力主張中國的現代化仍然應一本「尊賢尚師」的原則設政來看，他並不反對權力一元化，反而在潛意識加重它的趨勢。其原因一是反對中國實行「箝制與均衡」之政治格局，二是寄希望於士人的居間警醒調節作用。在鄉村建設時期，他主要致力於發揮知識分子的教化作用。在實踐上，

㊱　同前書，頁187。

他號召知識分子下鄉和農民打成一片，啟發農民自覺主動參與政治。他希望由此避免民族自救源於西化壓力的被動局面。在理論上，他則開始研討中國歷史上士人在維持社會秩序方面的功能。

在中國傳統思想中「聖王」是中國政治的理想。但是梁漱溟並不喜歡這樣討論問題。他實際上認爲在春秋以後中國歷史中治統和道統是分離的。正因爲有「道統」的獨立存在，士人的社會功能才能成立。在中國的政治現實運作過程中，士主要是一個居間調節的角色，而其先秦時那種「王者師」的本色和地位並不存在。這種居間調節就是向兩方面作啟發理性的作用：勸誡君王簡政恤民、教訓百姓安分守己敬長忠君。這種居間調節的政治作用卽是保證現有政治或社會秩序的穩定。對於這一點的論述說明梁漱溟對中國古代政治運作的機制確有所見。三十多年後，在中國大陸傳統文化的大討論中，這個問題又被提了出來。其中金觀濤的看法在實質上與梁漱溟大致相同。他說：一個社會要達到穩定必須有幾個條件，其首要的一條卽要有一個「強大的執行聯繫功能的階層」[37]。他也認爲這個階層主要就是通過考試遴選出的儒生。不同的是，金觀濤企圖用控制論、系統論的方法來解釋中國古代政治結構。

政治的倫理化

政治的倫理化應該是梁漱溟分析中國政治的歸結處，然而他卻未列專節而散論於各章之中。中國政治的倫理化可以用《大學》上的這句話來概括：「自天子以至於庶人一是皆以修身爲

---

[37] 金觀濤：《在歷史的表象背後》，頁17。

本」。這種政治特徵自然是由諸多因素共同成就的，然而諸因素之間亦應有一個邏輯的關係。這個邏輯系列的起始在梁漱溟的思想中應是在於宗教之差異。中國宗教本不強盛，經儒家又改造爲禮俗而以道德爲內涵；宗教不盛則階級壁壘不嚴，遂無法律。由此社會秩序的維繫即奠基在禮樂的教化上。這種教化就是啟發人的理性，使社會活動靠自我修養而不靠外在的強制。組織鬆散的社會給每個人開出了發達的機會，只要靠自力即可置身上流。在這個社會上，每個人只要具備「孝弟勤儉」就够了。在階級劃分不明的倫理社會中，人們之間的關係是由倫理聯繫起來的。雖無外界課給的強制性責任，卻有一種無形壓力導人於道德之修養以維繫這種關係。在這種社會中，社會地位及職業昇沉不定、流轉相通，唯一取決於個人的勤儉與否。作爲統治者的君主由於並不通過貴族階級掌握政權而靠科舉取仕的官僚進行統治，他本人實爲一「孤家寡人」而臨於天下萬眾。他只有在諫官的監督下克己恤民才能保住權位㊳。

梁漱溟認爲，中國古代的法律只是刑律，它只是禮俗的補充而已，並且其本旨是「備而不用」㊴。因爲中國傳統思想是「貴德賤刑」。階級的缺乏不可能產生西方人那種法律。西方社會中訴諸法律解決的民事糾紛在中國則以禮俗習慣加以疏解。在中國的散漫社會中，其矛盾衝突在力量上本就遠弱於西方集團、階級間的矛盾而表現爲個人之間的矛盾。個人之間的矛盾其外界調解力量自然增大，非西方第三者調解力所能比。集團性的衝突中，當事者爲眾多人，其心理有「極大機械性」，不易反省；而散漫

㊳ 參見《鄉村建設理論》，35頁。

㊴ 《中國文化要義》，頁206。

的個人心理易趨於平和而自省。這些條件適於禮俗施其作用。

治亂相循、不見革命

「治亂相循而無革命」是梁漱溟對二千年中國政治史的一個概括。這種概括自然和馬克思主義者和共產黨人對中國歷史的看法斷然不同。後者是一本歷史唯物主義的觀點來作分析判斷。其實，梁漱溟也深受此觀點影響。不同的是他有一個前提：唯物史觀不可能解釋中國歷史，它只適於西方歷史。這一點在《東西文化及其哲學》中已確乎無疑了。從我們前面的介紹和分析中也可以看出梁漱溟的這一思想。

〈共產黨宣言〉已指出，全部人類文明史即階級鬪爭史。而梁漱溟的「治亂相循」說正是築基於中國無階級且無國家這一結論之上。倫理本位、職業分途正是中國歷史治亂的緣由。這種社會結構只能產生倫理化的政治，靠禮俗維持社會秩序。這種維持主要靠人的道德自律和「社會輿情」的制裁。當這種自律和制裁失效甚至消失的時候，就出現「亂世」。這種失效表現在三方面：君主、民眾、士人。其地位各異，其作用亦不同。梁漱溟把中國人劃分爲這三部份是從倫理化政治運作方式作出的。在君主一面，這種失效即表現爲昏淫暴虐、苛斂橫徵。在民眾方面則苦於生計窘迫已無法再一本道德自律的人生態度。士人則貪慕於爵祿而忘記自己的責任，對君主不能進諫甚至助紂爲虐，於社會民眾亦不能領導教化。有此三者則中國社會必蹈入混亂之途，人民死於戰亂或起而造反，朝代亦或爲之更迭。在這種亂世之中，又有創業之主出來收拾殘局，那些隱居的士人也出山輔佐新君重整秩序。此時，戰亂使人口大減，生計問題不再破壞民眾的「向裏用力」。經過休養生息，太平盛世便又來臨。這種治亂的交替構成了一部中國古代社會史，並且其間亂世多於治世。所以如此，就在於倫理化的政治對於人的自律難有把握。

梁漱溟對中國歷史的描述固然可備一說，但在其系統中卻是自相矛盾的。說中國社會秩序基於禮俗不靠強制自爾維持，這固然有些道理。然而，梁漱溟既然已將它稱爲「中國文明一大異彩」，卻又不得不承認它只是有可能而沒有把握。在梁漱溟卻不以爲自相矛盾。他自以爲對這兩個相逆的現象都有一套解釋。他之所以沿用古語以治亂概括中國歷史，這就在於他否認中國會有階級革命的發生。在馬克思主義者看來，這是不能接受的。其實梁漱溟何嘗不以馬克思主義的歷史觀比較中西之異。兩者只是在同異上有分歧，而其理論根柢初未嘗有異。檢看《中國文化要義》就可以顯而易見地看出梁漱溟也認爲階級鬪爭和經濟因素才是社會歷史發展的動力。正是由這點出發，他才評斷中國歷史上並無革命發生過。

中國古代的「革命」指的是「革其王命」㊵。梁漱溟並不採取這種解釋。他認爲，「革命指社會改造，以一新構造代舊構造，以一新秩序代一舊秩序。」㊶如資本主義社會代替封建社會，社會主義社會代替資本主義社會。他不同意把推翻政府稱爲革命。由此可見他不同意中國古代的「革命」的涵義。他說中國歷史上並無革命發生是指中國的社會構造雖然在亂世臨來時暫時失效，但不久入治世時又復顯其用，只是斷斷續續而無本質變革。

㊵ 見《周易》孔穎達疏。

㊶ 《中國文化要義》，頁227。

梁漱溟認為：中國之所以只有亂而無革命，在於它缺乏階級。「革命是為了一階級的共同要求向著另一階級而鬪爭的。」[42]階級是集團生活的產物。中國在亂世中亦往往有集團，但它和西方的集團不同。西方的集團以領袖為末，團體為本，由集團中推出領袖，由集團出發來作鬪爭。中國的集團則是為了一時的鬪爭而結成的，且以領袖為本，團體為末，因此中國的「革命」是「私人革命而非團體革命」。梁漱溟更從亂世中社會成員與這種「革命」之關係作了分析。當亂世時，中國往往有人率宗族戚黨入山避亂，如東漢末之田疇、明末之孫奇逢。這種現象在西方斷不會有。西方的階級革命來臨時，人們均以其所屬之階級捲入革命中而不能自免；中國的消極散漫的社會結構則不能有此壁壘森嚴的革命與反革命的陣營。西方的階級之間有矛盾分歧，而中國則無此矛盾。禮俗為世人「自喻共喻自信共信」故不能有內在矛盾，從而能沿襲數千年而不變。它更維持了社會構造而不變，當然無革命發生。

在馬克思主義的理論中，階級關係乃經濟關係的反映，而經濟關係乃是最根本的關係。梁漱溟實際上也接受了這種觀點，因此他說，僅從階級的原因去分析中國無革命之發生尚未說到根本處，根本處在「經濟之停滯不進，產業革命之不見。」[43]中國的人生態度偏於「修己安人」，這是梁漱溟早在《東西文化及其哲學》時已確認不疑的。這種人生態度一直阻礙著中國生產力的發展。於是，梁漱溟又把這種經濟狀況歸因於人生態度或文明類型。然而，按照《中國文化要義》對中西歷史演變的勾勒，西洋

[42] 同前書，頁229。
[43] 同前書，頁243。

人中古及以前的宗教人生態度亦是阻礙生產力發展的。對於西洋二百年來的變化之因，梁漱溟不甚清晰，雖然在論述的主旨上他和馬克思・韋伯 (Max Weber) 同樣是在談人生態度對經濟生活之影響。

梁漱溟此時對中國經濟問題的討論偏重於中國第二種人生態度的長久不變。中國人未及人生第一問題之解決便走入第二期文化，而此人生態度或「理性」缺乏「客觀事實」作保證便不免反覆。治亂相循卽此反覆之表現。但中國人爲什麼不能從這種人生態度的圈子裏走出來呢？梁漱溟說，中國人最關注的問題固然不是「養」而是「安」，但是這個「安」的問題有「踐形盡性」之學問作根柢，而後者卽在現代世界亦未嘗窺見。中國人的貢獻就在這裏。由這種人生態度所成的職業分途社會將勞心勞力分爲兩下，在當時的中國社會是「唯一合理」的安設。最聰明的勞心者本不去注意科學發明而重在尋人事之理，勞力者用心本少，聰明亦不高。這兩部份人共同把生產之事和理智科學排斥在中國文明之外。

第三節　文化早熟的中國

「文化早熟」是梁漱溟早在《東西文化及其哲學》中本著進化論的邏輯對中國文化作的評斷。那時，他尚未及就這種文化早熟的各方面作一分析。這個觀點他一直未加改變。在二十年代末期以後，他除了堅持世界文化的進化觀之外，又持一種類似文化模型論的觀點，從橫的方面去比較中西之差異。在他後期的文化研究中「階梯觀」和「流派觀」是參雜而用的。但是由於他引入了鮑阿斯（Boas）一派的立場，使他得以區別中西文化之差異。在《中國文化要義》一書中，雖然他用了「文化早熟」這個含有進化前提的詞句並且在論述中仍然把它作爲分析中西差異原因的最後落歸，然而在分析中西文化特徵上還是比早年做了進一步的開掘。在全書的最後，梁漱溟分析了中國文化的缺失。

民主政治的缺乏

梁漱溟理解的民主主要有五個內容：承認旁人、平等、講理、多數表決、尊重個人自由[44]。所以中國人的生活本來是有民主精神的。從孔子所云的恕道可以見第一點，從中國缺乏階級可見第二點。而第三點則爲中國人之所長，因爲中國人最愛講理。中國缺乏第四點和第五點，卽缺乏民有、民享、民治中的民治和「個人本位權利觀念」。這種缺乏的緣由就在於中國缺乏集團生活、政治和法律。因爲政治和法律都是集團生活中的事物。梁漱溟對民主的討論是對照著西方歷史而論述的。

梁漱溟把西方自由觀念的產生歸結爲兩個原因：宗教禁欲主義的被打破，對集團干涉過甚的反抗。反抗禁欲是爲要求現世幸福，要衝破禁欲主義卽同時要衝破集團之干涉。自由於是確立。自由的主體爲個人，對立面爲國家、政府、王權。個人的自由要實現必經過組織新興階級在鬪爭中求得。梁漱溟實際從兩個線索上去追尋自由的產生：人生態度、階級鬪爭。中國人無人權自由觀念的原因也在這兩方面，但在論述上梁漱溟還是把人生態度放在第一位。

---

[44] 同前書，頁251。

從社會結構上說，在倫理本位職業分途的社會中，中國人如一盤散沙，國家亦消融於社會。於是形不成階級對抗，人與人之間亦形不成對立。

梁漱溟並未過多從社會結構上去論述中國爲何缺少人權自由，更多的是從人生態度和禮俗方面去論述的。他認爲，首先中國人本無禁欲之宗教人生觀，而肯定現世人生，這自然無西方宗教戕害人性過甚之歷史。然而他們是要鄭重地生活。個人欲望和現世幸福都是不被提倡的。這種人生向上的態度使自由不可能被提出來。其次，在倫理情誼中，人們是互以對方爲重。每個人是爲了對方存在而忘記了自己。在這種關係中盛行的是義務觀念而非權利觀念。因爲在這種人生態度和倫理關係的支配下，個人幾乎沒有地位而被淹沒在倫理之中。再次，從教化上說，在倫理社會中，把社會秩序的條理通過教化這個中介寄託在個人的「私德」之上，由此「中國人的自由大半斷送於其中」。梁漱溟舉了通姦做例子。在西方，通姦屬於個人自由範圍。然而在中國人看來，此則涉及「人之大倫」且有傷風化，而教化則爲親長的責任，所以一定要加以干涉。教化無效則訴諸刑罰。上面這三點都是由中國的人生態度引發出來的，卻是梁漱溟也不得不承認後兩點有著消極的意義。他指出：中國文化最大的偏失就在「個人永不被發現這一點上」，中國人作爲一個個人簡直沒有站在自己立場上說話的機會，「多少感情被壓抑、被抹殺。」㊺

梁漱溟上面這段分析是很有意義的。他指出了中國的倫理本位和教化爲本的文化中人權自由是怎樣被淹沒不見的。而這種文

㊺ 同前書，頁259。

化在梁漱溟《中國文化要義》出版之後的幾十年中在中國仍然一脈單傳，它的弊病甚至比以往表現得更爲嚴重。在反右派鬬爭和文化革命當中，這種文化特徵卻藉著階級鬬爭之勢戕害了多少人的生命，造成了極大的社會動盪。「教化」所及，人們的發言權、隱私權乃至於世代相傳的「羞惡之心、恭敬之心、辭讓之心」統統蕩然無存了！當文革十年之後重新來討論中國文化及西方文化的價値時，我們的確應從歷史的傳統和現實社會的表現中切實地分析中國的社會結構、典章制度、禮儀風俗、政治運作、黨派活動等方面，離析出障礙人權自由確立的各種因素。由此才可言中國傳統文化之改造。在這種硏究中，梁漱溟上面這些討論是有借鑒意義的。

梁漱溟對自由之與中國人的論述有一個最大的缺陷：沒有說明中國人何以「未嘗不自由而終於未確立自由」。相比之下，倒是不以社會結構作爲立論基礎的牟宗三在這方面作了一些揭發。牟宗三也承認中國自井田制之崩壞階級即瓦解，但是他只把這視爲中國文化發展中客觀的「緣」。他指出，階級瓦解後的士與民未自覺地訂定其權利義務，君主亦未確定其權限。因此作爲自由民的自由只是形式上的自由、不自覺的自由、放任狀態的自由、潛伏狀態的自由。這是因爲在舊的階級結構中解放出來的君、士、民，均未有一個政治法律的限制與安排。如果有這個安排，中國的社會就會進入民主政治，而無此安排則轉向君主專制。在理論解釋上，牟宗三的架構也並不嚴密，但是他這部份的論述似乎可以補梁漱溟的不足。因爲這個分析本是可以從梁漱溟的言論方法中導出的。梁漱溟完全可以從貴族瓦解過程中找到中國人「未嘗不自由」的根源。他把西方人權自由看作對集團干涉的一個反動，表述爲「先叫人失去自由，再叫人確立其自由。」[46]梁漱溟在論述人權自由之缺乏時沒有把他的方法貫徹到底。他只從倫理本位社會形成之後的運作過程去談中國缺乏集團生活、缺乏反對王權干涉的條件，而未能去分析春秋時代階級瓦解的過程。牟宗三則在這方面作了討論。他指出，春秋時舊階級的瓦解並非由於階級鬪爭，瓦解後的中國人也不以階級爲組織。梁漱溟若從此入手那便會看到中國人在倫理本位社會秩序組織完備之前卽是自由的了，這種自由卽來自於舊階級的瓦解而新階級之不成。這種自由在產生上原本就和西方不同，它是舊階級瓦解的副產品，而不是新生階級有目的的製造物。然而此後的社會結構則未能使它彰顯出來。此卽「先叫人得自由，而終未能確立自由」。

和牟宗三相比，梁漱溟只談到歷史的後半部。在這後半部份，梁漱溟和牟宗三也不同。牟宗三說，儒生們未想到對從舊階級格局中解放出來的君、士、民如何作安排。說:「未作出政治法律的安排」固然如是，說未作安排則非。牟宗三在此是自相矛盾的。因爲他馬上就承認「修德」也是一種安排[47]。梁漱溟對這種安排則討論得很多，但是在討論人權自由問題時卻失於簡略，僅以「散漫」二字作了交待。他無形中用「中國缺乏階級」消釋了對自由的討論。

梁漱溟認爲西方的民治之產生有兩個動力。首先，它來源於基督教中上帝面前人人平等的觀念。其次，它產生於近代政教分離。前者爲正面作用，後者自反面助成。在西方，有原罪觀念，由此人無等差，進而議決當然取之於多數。而倫理關係中則習見

[46] 同前書，頁256。
[47] 《中國文化的特質》。

長幼尊卑、親疏遠近。人生向上與尚賢尊師相聯繫，倡言少數服從多數「直是匪夷所思」。這樣，中國既無平等觀念又實行政教合一。西方宗教的禁欲主義反逼出近代現世幸福主義，於是導致了政教分離。這也是由於人生態度之變遷的影響。而中國人生態度自周孔奠基以後未曾改變，至宋代以後日甚一日。由此民治一直未見成立。梁漱溟以上主要是從兩個文明原初形勢及中途變遷兩方面去比較的，其說確有所見。這僅僅是從「理念」方面去做尋源功夫。此外他仍然一本全書立論從社會結構上去討論。他認爲最終能說明西方民主政治的還是社會「客觀形勢」而非理念。這種客觀形勢就是階級鬪爭。西方的民治是在長期階級鬪爭中一步一步發展而來的。在中國則先受阻於理念不同，又由階級之缺乏。但梁漱溟也指出，即使在周孔制之前的中國古代貴族政治時代階級對立也不甚明顯，所以中國沒有羅馬元老院那樣的「合議機關」。

然而，梁漱溟也反對說中國絕對沒有民治。他認爲東漢末田疇和梁啟超所述其家鄉的例子即反映了民主精神。說它是民主，言「其內部秩序不恃武力而恃理性」。但此乃因特殊機會偶一表現，不可能持久，也無普遍意義。

梁漱溟對中國缺乏民主的討論主要是從社會結構入手的。他總的論點是因缺乏階級生活故而缺乏政治法律。他在論述中國政治時也將中國政治歸納爲治道。這一點和牟宗三相同。不同的是：牟宗三認爲缺乏民主是一個或然的結果，而梁漱溟則視爲必然。從《中國文化要義》全書看，梁漱溟的確點出了中國缺乏政治或「政道」的客觀形勢：無階級、國家融於社會。在具體論述中，他主要是以西方形勢爲參照物。但是他未能具體論述列舉中國的情況。比如：何以「聖人與我同類」的觀念中引發不出平等觀念而必引發出尊師尚賢之觀念？如果權力一元化僅僅因爲王權無對立的反抗或限制何以又要有一個「自警系統」？我認爲這裏有一個重要的問題：何以中國民眾只是一個道德的存在而非政治的存在？牟宗三明確提出過這個問題，梁漱溟只是隱然涉及這個問題。從梁漱溟的鄉建理論和實踐看，梁漱溟社會改造的入手處即是要使中國人成爲一個政治上的存在。但他所能依憑的手段還是教化。儒家的教化何以以往未產生此結果而今又如何能成就此功？ 梁漱溟在《中國文化要義》中尚未就此問題作一自覺的討論。中國古代只有治道而無政道之原因固然很多。梁漱溟只談了人生理想和有無階級之差別，而其開新局之道又依憑以往未能開出政道的教化，雖其主旨在克除西人之弊，而政道之功能否實現則既無系統理論又無實驗之成功作證明，故其說實難取信於人。梁漱溟未想到在階級崩解後中國人還有其他的路可走，牟宗三認爲可能有其他路可走。而在本世紀，梁漱溟的鄉村建設想勉強可以說是牟宗三說的另一種安排。在基本精神上他們是一致的，即均主張從儒家學說中開出新的政治格局。要使中國政治走向現代化， 中國人從道德的存在轉變爲政治的存在 固然有 許多因素助成，梁牟之理想固然可作一說；然而這就需要對儒家學說作一番重新解釋和構建。梁漱溟《中國文化要義》的本旨不在於此，但是也應該在解析儒家學說上作細緻的工夫。在這方面，梁漱溟的工作還不够深入。 懷特海曾經談到： 在近代科學興起時， 它繼承了亞里士多德派哲學學說中「最薄弱的許多觀念」， 而這種選擇使得十七世紀的物理和化學知識能用一種完整的方式表達出來㊽。至於究竟選擇了哪些，我自然無研究。但是如果懷特海的描述是歷史事實的話，這應該是一種文化轉型的範例。林毓生先生1987年10月底在香山舉行的紀念梁漱溟從教七十周年的討論會上也提出嘗試從儒家學說的私德中開出公德來。人文方面的重建畢竟比物質科學要困難，卻並非絕不可能。這種重建首先應對儒學各方面作一番分析，而不應以它在現實歷史過程中的主要作用出發來作評價。梁漱溟正是有失於此。從這一點上說，牟宗三批評他「從果說因」是有道理的。但是牟宗三〈中國文化的特質〉亦有失於此，雖然他在理論表述上並非「從果說因」。

科學、理智的缺乏

梁漱溟這部份的討論比其他部份要單薄得多。主要是由於他對歷史的考察很少，所以不能一本前面緊扣社會結構的分析去追根討源。當然這也反映出他前面一直使用的方法到這個問題時已顯得力不從心。

梁漱溟在主觀上仍想把宗教的差異和科學的優劣聯繫起來。然而他在這方面的討論微乎其微。他只是轉引張東蓀《知識與文化》一書中的概述，而本人卻幾乎沒有一點貢獻。然而，他卻斷然下了結語：「唯西洋有其宗教，斯有其科學。」㊾其實他本人並未去看張東蓀所引的斯賓格勒及懷特海的論說，因此他並不知西方的宗教如何引發或刺激了科學的勃興。

懷特海在《科學與近代世界》中說道：在現代科學理論還沒有發展以前人們就相信科學可能成立的信念是不知不覺地從中世紀神學中導引出來的。他主要從歷史環境方面指出了這種引發作

㊽ 懷特海：《科學與近代世界》，1959年北京商務印書館本，頁17。
㊾ 《中國文化要義》，頁288。

用，尤其是本篤（Benedictus）和大格列高利（Gregorius I）的工作。他認爲這兩個人使歐洲重建起來的科學思想比古代更卓越。本篤會員的實際精神使科學與技術結合起來。因此，羅馬文化成了希臘以外另一個科學的源泉，它的作用就是使現代科學和實際世界保持密切的聯繫。懷特海也談到了羅馬法典對後世歐洲文明發展之影響，卻止乎語焉不詳。但是我們可以看出，懷特海談的宗教的促進作用和梁漱溟要說明的作用不同。懷特海談到的歷史並不證明「唯」有宗教才有歐洲科學之興起。梁漱溟的這一說法也不能用以解釋古希臘的文明。他在自己的論述中也不自覺地表現了這一點。

梁漱溟說西方的科學是從哲學發展而來的。中國古代並無獨立的哲學，它的哲學只是道德實踐的副產品。以此言之於古希臘固然符合歷史事實，然而梁漱溟卻由此推斷到整個西方哲學史和科學史，並且說這種「不涉應用」的爲知而知正是西方科學發達之基礎，而中國則學術不分遂無科學之昌明。這種看法自《東西文化及其哲學》時卽形成了。如果他閱讀了懷特海的著作，他是否會重新對中國學術不分的歷史原因和作用以及科學哲學之間的關係作出重新的估價呢？

對於中西方在科學、理智方面的差別，梁漱溟最主要的解釋實際是哲學方面的。他此時對科學理智的看法受到了柏格森的影響。他說：

> 冷靜地向外看，生命由緊張而鬆弛，空間遂展開於吾人之前，物體遂展開於吾人之前。就在這一瞬間，是物之始，亦是知之始[50]。

[50] 同前書，頁280。

生命運動在弛散時所用的工具是理智，所成就的知識是科學。中西的差別就在於西方人是將心思向外用，而中國人則反觀自身。反觀自身所認識的對象是「生命」，這時理智是不得施其作用的。梁漱溟自《中國民族自救運動之最後覺悟》開始對中西文化之區別作這種概括。由這種哲學解釋，梁漱溟既說明了中西文明的差異，又給了兩者在人類文明史上的地位。當梁漱溟把柏格森哲學和他的身心關係說結合起來時，就將西方的科學歸因於西方人發乎身體的功利主義產物，而中國缺乏理智缺乏科學正因其超越了有限的身體故不能於此功利之事大有作為。至於這種差異作為中國文化早熟的一個表徵則是由於人類初始多由身體出發而創設文化，唯中國於此階級未臻至善卻提前進入反觀生命的理性階段於是科學遂不得昌明。

梁漱溟上面這一推論固然可以自成一說，但他在方法上已然和全書前面的論述分離，尤其重要的是他這一套解釋並不適用於中西歷史事實。在希臘時代，科學的確是作為哲學的衍生物，偏重理論。像弗蘭克 (Philipp Frank) 說的：「那時，哲學和科學是一個鏈條的兩端。」[51] 在這個時代，科學和技術是分離的，而科學和技術的結合正是近代科學長足進步的一個重要原因。

第四節　進化論與相對主義

首先我們要討論梁漱溟的方法。我已在前面指出梁漱溟早期的文化觀明顯地表現出進化論的色彩。這不僅反映在他受克魯泡

---

[51] 弗蘭克:《科學的哲學：科學和哲學之間的紐帶》(*Philosophy of Science: The Link Between Science and Philosophy*)，許良英譯，上海人民出版社出版。

特金或柏格森的影響上，而且主要表現在他構造的人類文化三期發展的假說上。他主張對西方文化(人生態度)採取移植的結論正是這種進化思想的邏輯結果。移植實際上是一種傳播。在西方，「傳播」是羅維 (Robert Lowie) 等人戰勝直系演進論的武器；然而在中國，它卻是進化思想的產兒。中國其時並無人類學之研究，故有此大異乎西學中派別分野的怪事。進化論自嚴復介紹到中國之後，它在歷史中的影響主要是以通古今之辨的態度審視中西之差異。梁漱溟文化觀進化論色彩的原因即存在於這種已薰習中土幾十年的思想氛圍中。至於梁漱溟本人並無進化論的修養，亦無文化學的修養。但是我們還是可以看出他構造的三期說與摩爾根 (Lewis Morgan) 和馬克思一類人關於社會發展階段的假說在思想特徵上是一致的。到了「覺悟」時期，梁漱溟開始對自己早年的「移植」說作出反省。但這時直至鄉村建設結束時，我們都看不出他在這方面有新的學理上的研修。「覺悟」時期，梁漱溟已明確地提出中國的社會歷史迥異乎西歐，在走向現代文化的道路選擇上亦應另闢蹊徑。這一結論的基礎主要來自於對中國四十餘年民族自救的反省。在當時發表的《勉仁齋讀書錄》中，他批評時人受進化論的影響，「強流派之分，作階梯之觀。」[52]這是針對直系演進論在中國的影響的。但他這時並不知什麼直系演進論。他只是反對人們用西方社會的歷史發展作標準去評判其他文化。此時他的唯一根據即文化是人類創造力的產物。他認爲，人和動物之差異在於他能創新，他不靠先天遺傳而靠「後天製作」生活。這是人類不同文化彼此差別的根本原因。這一思想是

---

[52] 見《中國民族自救運動之最後覺悟》。

從《東西文化及其哲學》發揮而來的。那時他認為：文化是天才的創造，只有緣而無因。這顯然是佛家思想的表現。「覺悟」時期的「創新」說則本於柏格森的生命創化論。這時梁漱溟雖然無學理上的甚深研討，卻開始將他早期為進化論掩蓋的「流派觀」發揮出來。受到進化論深刻影響的梁漱溟從這時開始倡導一種反進化論思想。到《中國文化要義》一書寫作時，他大量閱讀了這時已譯介到中國的文化人類學和社會學著作，這一點在該書的開始部份得到集中的反映。在這些著作和思想中，他最感興趣的是對進化論作出激烈批評的批評學派（critical school）的學說。梁漱溟明確批評了直系演進論乃是受進化論之影響，指出它的缺點就在於使用了主觀演繹的方法而非客觀歸納的方法。他針對這類進化觀提出了幾點相反看法：應重視不同文化系統之間的「小異」；歷史並非總是進步的，也有盤旋不進；文化發展並無「一定不易之規律」；進化之過程似大樹上枝幹橫生，並非一條線分幾階段。作為這些意見的基礎的仍然是他「覺悟」時期談到的「創新」。

促使梁漱溟對直系演進論提出明確批評的是他對批評學派的傾向性。所以說成是傾向，在於他並未對此派學說有系統的理解。梁漱溟此時對西方文化人類學發展大勢的瞭解借助於林惠祥於 1934 年出版的《文化人類學》一書。他的確看到了批評學派的特徵在於記錄對象的客觀材料而反對建立普泛的規律。這是梁漱溟最感興趣的地方。他明確表示自己的工作要採取這種「就事論事」的態度[53]。我認為，梁漱溟對批評學派的這種積極認同

---

[53]《中國文化要義》，頁38。

反映了他對進化論文化觀的極端反感。他的《中國文化要義》一書從批評馮友蘭的觀點入手更反映出他的這種情緒。他當時的興奮中心就在於要說明「中國文化個性殊強」。他實際上是把直系演進論看成了他理論上最強大的敵人。該書中對當時西方文化學、人類學諸說多有討論引述，其目的則全在於此。批評學派從世界學術背景上給了梁漱溟以勇氣，各家學說則給了他確立自己客觀研究法的證據。從馮友蘭的論點出發，梁漱溟把批評的具體對象指向了馬克思主義的歷史唯物論，反對把經濟因素作爲人類文化或社會發展的唯一決定者。他引錄了黃文山、霍布浩斯（L. Hobhouse）、鮑亞士（F. Boas）、巴蘭努夫斯基（Tugan Bananousk）、奧格本（W. Ogburn）等中外學者的論述爲自己張目，力圖說明不同文化系統中諸因素之間的關係也是不同的，反對物質因素的一元歷史觀並斥之爲機械論。他認爲，正是這種不同的關係才使不同文化呈現出自己的個性。梁漱溟的論述明顯地和批評學派有相似之處，即主張文化相對主義。

梁漱溟並無徹底摒棄進化觀。其實這是必然的，這是他全部哲學和文化觀的前提。沒有這個前提，他的全部理論及其在現實歷史中的奮鬪精神將蕩然無存。同樣，他從林惠祥的《文化人類學》一書中也看到「新演進論」的出現及其「殊途同歸說」。他很贊成這一派的主張。他本人也認爲，人類文化在初始時各處特徵相近。以後各顯其特殊性，遂演出幾條「幹路」。至世界大交通之後，文化的融合貫通必將引人類文化演成一種「世界文化」。這是他的推測，其表述也有些矛盾。他實際是要把進化論和相對主義糅合在一起來解釋文化現象。從他全書所用的方法看，他也是兼用了這兩種方法的。

梁漱溟文化相對主義的主要內容就是強調文化系統諸因素之間可以有不同的組合關係，從而同一種文化因素在不同的文化系統中可以發生不同的作用。他全書的主旨就在於說明中國文化是建立在倫理本位和職業分途這兩個基礎上的。作為社會組織形式，它們並不表現為階級，也不取決於生產力的發展。在中國，是周孔所制的禮樂起著支配作用。「倫理本位，職業分途」是梁漱溟對中國社會歷史及現狀的窮本探源的結論，在當時中國社會史論戰之後也成為獨樹一幟的見解。這一見解和當時中國共產黨人的見解是針鋒相對的。但我認為梁漱溟的見解的確有他的獨創之處。當 1978 年以後大陸重新討論「亞細亞生產方式」時，人們仍未能達到梁漱溟的這種認識。見仁見智固然是一原因，更重要的還是由於大陸幾十年來一直在把階級分析視為不可逾越的戒條。這種從原則出發對中國歷史的武斷分析大大影響了人們另闢蹊徑去尋求中國社會歷史的特殊性。這種哲學式解釋也限制了人們用其他社會科學方法去作客觀研究。人們可以反省幾十年來的中國現實：缺乏階級封畛帶來的消極散漫仍然是中國人社會活動的一個特徵，也是中國人始終未訓練成民主生活習慣的一大障礙。在幾十年近乎瘋狂的階級鬬爭中，人們並不是按照列寧的定義去認識階級，也未曾結成什麼階級，而在這種階級鬬爭中給中國人帶來災難的眾多形式中尤為顯著的就是通過人倫關係殃及千百萬人的「株連九族」。倫常關係在十年改革開放的經濟生活和政治生活中仍然成為結繫人們關係的紐帶。從上層政界人物以及下層官場中的裙帶關係到中國平民經濟組織和鄉間生產單位，這種倫常關係滲透到了社會生活的各個角落，也制約著中國政局的變化、公民擇業、企業招聘，等等。中國人幾十年來除去對地主和資本家作鬪爭時使用了列寧的階級定義，他們更多地是在用思想意識、政治見解的異同作爲劃分階級的標準，而這種作法更加重了中國人散漫的趨勢而難以聚成階級。中國學術界至今尚未對中國自秦漢井田崩解以來直至目前社會結構與西方相異之處作出系統的研討，「文革」結束後對以往「階級鬪爭」政策的批判也是出於政治的需要而非奠基於學術研討之上。自「反右派」鬪爭以來，階級鬪爭在中國主要表現在意識形態範疇中從而背離了中國共產黨人一直自我標榜的馬克思列寧主義的原型。階級鬪爭在中國的失敗並不能簡單地歸結爲引進馬克思主義和共產主義。由此，我們更可以看出梁漱溟對中國社會歷史的分析在今天的意義。梁漱溟的這些見解並未成爲他獨家佔有的專利。其他中國學者尤其港臺學者多有論者。我認爲，今日中國學術界當然不能仍停留在梁漱溟的水平上，更亟需借助史學、社會學、文化學諸方法進行重新的研究，同時這種研究應保持學術上的純粹性而不直接針對現實政策以免持論上的偏頗和功利性。缺乏科學性和干涉現實政治的傾向在近十年來大陸的文化研究中是很明顯的一個缺陷。大陸十年來文化研究的一個最大的缺點就是它仍未擺脫形而上學。討論者大多以一種哲學觀去對待西學中借來的一些觀點，他們企圖將這些觀點作爲普遍規律推蓋到中國歷史與現實上面。他們未曾學習從現實歷史中歸納出規律乃至重新構造一種方法。他們在本質上仍然和幾十年前引進直系演進論方法的中國人有著共同的特徵：是主觀的演繹而非客觀的歸納。

梁漱溟的研究並非可稱得上嚴格的客觀歸納而的確是他自己說的「就事論事」。其論述固然不失於客觀，卻未能歸納爲一個系統，和牟宗三〈中國文化的特質〉相比顯然可見。這種缺乏系統使他在討論中經常陷於一種循環論證。我並不認爲這種循環論證是不自覺的。梁漱溟對於中國文化系統中諸因素間的關係本就不視爲呆定的，並且他尤其反對呆定地去看待這些關係。他實際是要把這些因素間的作用視爲雙向的。

梁漱溟在客觀研究同時仍然兼用了一種哲學觀來解釋中國文化。這種哲學觀是他在心學中構建的，體現了進化論精神。這種進化觀體現在對中國文化的研究中就集中表現爲他的「早熟說」。有了這種「心學」，梁漱溟對他早年就三方文化排的順序作了一次重新解釋，即由唯識學的解釋轉變爲生命創化論的解釋。他把人類文化的發展歸入整個生物進化過程中。這個進化過程卽生命不斷克服物質體現本性的過程。人類文化歷史卽由身的文化向心的文化的進化過程。這樣就有了一個「身先而心後」[54]的順序。以這個順序作前提或標準，中國文化「早熟」的結論才成立。梁漱溟後期文化觀的進化論色彩更爲明顯。因爲他後期進一步吸納了柏格森哲學，而這一哲學正是進化論產生後在哲學界的一個重要代表。柏格森哲學的引入使梁漱溟的文化觀有了一個形而上的依據，其文化順序也有了邏輯關係。到了晚年《人心與人生》一書的結束語中，他把這個進化過程和邏輯順序表述得更加明確。梁漱溟此時在文化思考上主張一種「殊途同歸」論。他此前出版的一本小册子也明標題目爲〈社會演進上中西殊途〉。但是，人們閱讀《中國文化要義》全書後就會感到他並未徹底貫徹這一原則。究其實，他是把周孔制禮這一中國文化形成的關鍵放在進

---

[54] 同前書，頁276。

化順序中來評價，從而使他的立論在宏觀上制約於主觀演繹而非客觀歸納。在學理上，他只是對批評派開始的西學人類學中反進化論的傾向感到興趣而並未眞正瞭解這些學派的理論並接受他們的方法。如果他用「選擇」或「發明」的概念來解釋周孔制禮就可以較徹底地體現他要求的客觀精神並同樣可以保全他的「創新」說。他的「創新」說在擺脫了唯識學的因緣合和說之後依歸於生命創化論，由此便落入進化論的窠臼。本尼廸克特（Ruth Benedict）在探尋不同文化模式（cultrual pattern）的原因時曾談到差異的造成在於選擇[55]。我認爲，這種選擇不僅在原始文化形成時存在，也存在於以後文化的改造過程中。這種選擇往往以「發明」的形式表現出來。梁漱溟在談到周孔制禮的創新意義之後旋即把它放在生命創化的邏輯順序中進行評價。這一評價影響到他從發明、選擇的角度上去做研究。尤其當這種文化模式在創化序列中定位之後就更使梁漱溟很難對此系統進行「發明」性的改造。特別要指出的是：既然周孔制禮僅僅是一種「創新」的選擇，那麼當時是否還有其他選擇可能？如果把它僅僅視爲一種選擇，那麼就不能用進化的順序來解釋它和西方文化的關係。

梁漱溟對中國文化的兩種解釋方法在「覺悟」時已然蘊含了。他當時不僅「覺悟」到中國移植西學是不會成功的，同時認爲中國移植西學乃是降格以求，是下喬木而入幽谷。在此時，移植西學不成功更主要的原因是由於中國文化高於西方文化。《中國民族自救運動之最後覺悟》一書中表達的主要是這一方面的思想。到了《鄉村建設理論》，梁漱溟在構想「新禮俗」時的前提

---

[55] 本尼廸克特：《文化模式》，王煒等譯。

也是肯定中國舊有文化系統的優越性才把它作爲基本框架的。我認爲，梁漱溟之所以拋棄了早期「全盤承受而根本改過」西方文化的主張，最根本的原因還在於他出自進化角度的思考而不是文化相對主義。他和其他新儒家「開出對列之局」的口號並不一致。他是要使中國文化不但在中國開出新生命，還要作爲領導世界文化的模式。《中國文化要義》一書對中國傳統文化的缺失討論得比以前要多，也更加具體明確，但是他並未以此否定中國文化在未來世界文化史上的意義。進化論的哲學解釋導引出來的中國文化的本體意義使梁漱溟在文化研究上不能自圓其說。何以最能代表人性的文化模式卻在現實運作中成了壓制個性最強的桎梏？梁漱溟並未將原因歸結爲僵硬的教條（這是他與早期的區別）。如果僅僅從選擇和發明的意義上評價中西文化之差異，梁漱溟本應該在中國社會結構及其功能上作出進一步的開掘。林惠祥的書中並未對功能派的文化人類學作專門介紹。但梁漱溟的研究和功能派是有相近之處的。他倡導的「社會構造」和功能主義的另一位奠基人拉德克利夫——布朗（Radcliffe—Brown）相類似[56]。「倫理本位職業分途交相爲用」的討論實際是在考察各種文化因素的功能。但是，進化的哲學觀弱化乃至淹沒了這種討論。

梁漱溟在討論中實際上有限度地承認了歷史唯物論的解釋對西方社會的適用性。這當然也可以看作是對直系演進論某種程度上的容忍。但是我認爲：梁漱溟整個文化觀中還是主張對中西文化可以有兩個理論系統作解釋。這自然也表現了在理論選擇上的

---

[56] 參見《中國文化要義》，頁44和《人的創世紀》（《走向未來叢書》本）頁14。

自覺性。然而當他把自己關於人類文明進化的框架推蓋到全部人類文化史上的時候，這種選擇意義已黯然失色了。

第六章 人心與人生

本章討論的是梁漱溟晚年的哲學思想，所用材料主要是《人心與人生》，參較〈東方學術概觀〉、《大學禮記伍嚴兩家解說》等著作。

1949年以後的大陸是個封閉的社會，梁漱溟無法瞭解西方社會政治及學術的變化。從其著作所引用材料即可以看到他的些許瞭解均由官方的報紙所得，那是經過「過濾」的材料。他對世界歷史發展作的判斷仍然是：人類御物固非無術，而其社會生活失於合理則是由於未能認識自己。因此，雖然他並無唐君毅、牟宗三等偏居海外諸巨子對本土文化那種「花果飄零」之感受，但是作爲新儒家的先驅，他仍然認爲儒家文化對於世界發展的意義，「人之所以爲人」仍然是他致力揭示的。《人心與人生》等著作的內容雖然和二、三十年代的討論有著直接的聯繫，但是也可以看作梁漱溟晚年對世界文化發展的反省。

在大陸社會主義政治制度和意識形態的環境中，梁漱溟的思想受到了極大的影響。他自覺地接受唯物主義歷史觀用以說明自己的一貫見解。這不僅反映在他直接引用毛澤東著作中「主動性」、「靈活性」、「計畫性」這些不嚴格的概念界定心的內涵，更表現在他用恩格斯的學說補充他以往關於人禽之別的討論。他把社會主義、共產主義看作人性實現的理想境界。但是，梁漱溟還是本著「獨立思考」的一貫精神進行他的哲學建構。在對人性的認識上，他不取官方欽定的「階級性」之說，而所主張的正是大陸幾十年一直給予激烈批判的「抽象人性論」。尤其在人性遭到空前戕賊的「文革」中，這是非常難能可貴的。

梁漱溟晚年的哲學研究是心學階段的繼續。從客觀上看，這兩部分均可視爲心學階段而區別於以前的唯識學和仁學兩階段。但是在內容上，晚年的研究比心學階段增加了新的內容，我把它們放在「身心關係論」和「修養論」中討論。身心關係的討論雖然由心學階段的有關內容發展而來，但是在晚年的思想體系中成爲一個獨立的部分， 並且由此導出了以前 所沒有的 修養論的內容。心學階段對行爲主義心理學的那種反科學主義的討論晚年不再爲梁漱溟保留，同時，獨知的討論中與詹姆斯、柏格森的心理學相類似的內容也被剔除掉了。由此也更可以看出心學階段材料的整理出版和研究對於瞭解梁漱溟思想發展的重要性。

第一節　人　心

人心的討論可以分爲三部分： 人心的性質 、人心產生的基礎、人類生命的特殊性。後兩部分是早年思想的發揮並利用了心學階段的許多材料。於此不再作述評。關於人類生命特殊性的討論，梁漱溟談得甚爲簡略。其中關於「仁」的涵義的論述與仁學階段有很大區分 。但是我尚無能力對此作出批評 。請讀者閱讀《人心與人生》「人類生命之特殊」一節。對人心性質的討論又可分爲兩部分。梁漱溟此時對人心的界定有：主動性、靈活性、計畫性、自覺能動性。他認爲前三者是自覺能動性的「內涵分析」❶。這部分討論有些（自覺）是沿續心學階段又有改變。

人心三屬性

主動性　主動性是活動的自動性、能動性。自動是梁漱溟早年即談到的。在「仁學」以前，「自然」是梁漱溟思想的一個特徵。在他對泰州學派和柏格森的討論中都強調「自然」。到了心學階段，自動只是生命的屬性。雖然梁漱溟也承認人心與生命是有本質聯繫的，但是他在談心的屬性時集中討論獨知（自覺）而不談自動。所以，我認爲梁漱溟晚年是把早年討論生命特性的認識直接納入了心的範疇當中。從其具體論述看，他也是從生命活動入手討論主動性的。正是從這一點出發，他得出結論說：「心與生命同義」❷。

梁漱溟說：要認識人心的主動性，最好先從生命自發地（非有意地）有所創新來體認，然後才從人的自覺主動精神認取。生命的自發創新是心學階段對生命的認識。現在他從生物的新陳代謝現象入手談。新陳代謝說明生命在主動地活動。生命在這種活動中有一個「主體」❸，主動即發自這個主體。由於有了這個主體，生命或生物的活動才是主動的，才區別於自然界風、水活動的被動性。這個主體就是「自己」。生命的動是自己在動，是action，而非 reaction❹。由此，他對低等生物的刺激感應性也

---

❶　《人心與人生》，頁16。
❷　同前書，頁18。
❸　同上。
❹　同前書，頁23。注④。

以生命之自動解釋。

這時，梁漱溟把生命的向上創造表述爲主動性。向上創造卽刻刻創新，一個當下接續一個當下向前活動。每一個當下都有主動性在。這種生命活動就表現爲「生動活潑」。

生命的自發創新表現在人心上是自覺主動。這種自覺主動是什麼？梁漱溟說：是人的意志。主動是人們意志清明中的剛強志氣。剛強志氣是人類面對艱難卻不屈不撓的「堅毅」精神。他說的人心主動性實際是人的意志自由。意志自由問題是梁漱溟自以復興儒家文化爲己任開始就致力闡述的問題。我們還記得他在《東西文化及其哲學》一書末尾談到面對西方文化的挑戰中國人的態度應是「剛」。當時他就說，剛就是「意志高強」、「情感充實」。那時的表述尚不明確而且沿襲古人成說。晚年的人心「主動性」爲這種剛的態度作了發揮，當然仍失於含混。意志自由實際討論的是人是否能够獨立地確定自己的行爲、按自己的意志去行動的問題。這個問題在中國自孔子提出「爲仁由己」時卽開始討論了。以後如孟子的「氣之帥」、荀子的「自取、自行、自止」，直至王陽明的直指本心都是討論這個問題。梁漱溟早年面對西方近代文化的挑戰也要回答在科學昌明的現代社會中人的行爲是取決於科學知識之制約抑或個人意志情感。剛的態度之提出表明梁漱溟對科學知識適用範圍的限制而將主動權交給人的主觀意志。他對人心內涵的半個多世紀的探尋都表明他一直在尋求替人的意志自由確立一個形而上學和科學的基礎。在晚年，他所以把主動性作爲人心的第一個內涵就是出於這種意向。

在論述的內容和結構上，梁漱溟和以前有了很大區別，尤其是與仁學階段。仁學階段的建構工作剛從文化觀的討論中脫化出來，雖在學理上有了柏格森哲學的討論，仍未免「率爾操觚」。心學階段實乃一準備階段，本身亦無建構系統之意向。經過這一鍛鍊，《人心與人生》的討論一開始卽將人類的主體性和宇宙本性聯繫在一起。

靈活性　靈活性是生命不受制於物而恒制勝乎物的表現❺。他用了一些直觀性的語言對靈活性作了描述：出奇制勝、閃避襲擊、不循常規而施巧。生命不受制於物並制勝乎物實指生命的主動性。靈活性是主動性的表現。

從梁漱溟的論述看，他對柏格森的學說並未作徹底接受。依柏格森，一切生命形式的活動均爲本體之表現。但梁漱溟還是把活動分爲靈活不靈活兩種。這和他本人對生物反應之主動性的論述也有不一致之處。他說的不靈活就是指沒有神經組織的生物那種機械性直接反應；而靈活則指建立在神經傳導基礎上的間接反應。

從梁漱溟晚年最後成形的理論結構看，靈活性主要是爲了說明人心和動物之心的延續性，它包容了心學階段對於比較心理學的研究和有關生命與機械的那些討論。比較心理學的討論得到進一步鞏固和充實；生命與機械之關係的討論則有所簡化，有些內容轉移到了身心關係論當中去。

比較心理學內容的充實過程中加入了生理學關於神經中樞發生發展的知識。他採用的是1949年以後出版的中國學者的著作和蘇聯醫學院的教材。這些材料的第一個意義是使梁漱溟得出結論：大腦是人心的物質基礎。當然，在他的身心關係論中他才對

❺　同前書，頁25。

腦和人心的關係做出最後的裁斷。

在對靈活性的論述中有一點值得注意的是：梁漱溟從生理學的知識中又找到了一些關於人心活動方式的證明。他從神經系統的發達過程中得出結論說：動物愈進於高等則頭腦的作用愈重在控制（調節）而非發動。他用巴甫洛夫關於「主動性內抑制」的研究作證說明人心的靈活性是以主動性內抑制爲前提的。「控制重於發動」是對心學階段思想的發揮。控制正說明了人心活動的自覺性，發動則不能將人心與禽獸之心區別開。主動性內抑制的引證也在於要說明人和動物行爲方式的區別。仁學階段的「隨感而應」則是將目光集中在發動上。

對靈活性的討論重申了心學階段關於生命與機械的一些思想。一是認爲靈活性靠身體器官的機械化成就。二是於此義之上重申「踐形」之說。在主張踐形盡性時，他進一步強調了人心和人身的關係。他一方面認爲身體的積極意義不容忽視，反對宗教對身體的鄙視；一方面認爲在人身上表現出人心只是一種可能而非必然。關於生命與機械的關係在此時表述得很簡略。但有一點是以前所無：機體的繁複發展使靈活性愈臻於善，而此發展也使不靈活的可能日益增多。這是一種俱分進化式的概括，說明他對於低層次人性給予了更多的注意。在心學階段，梁漱溟這一思想是以生命與機械之關係表現出來的。晚年他談的是靈活性和機械的關係。生命克服機械是必然的，人心克服機械只是一種可能。這樣，人心將以生命作本體論的根據，而其能夠體現生命則要靠變化氣質。由此，梁漱溟實際上是將陽明時代的本體與功夫又作了再次的區分。在人心內涵的三個層面當中，靈活性雖然是主動性的實現，但主動性又是靈活性的根據。

計畫性　在梁漱溟對人心內涵的三個界定中，只有「計畫性」才是指人心的特徵的，而前兩者都分別是談人心與宇宙本體和動物之心的聯繫。對於人心計畫性的討論很長，也正是由此發揮出去，梁漱溟才得以確立人心的本質特徵。但是僅就「計畫性」這個界定而言，梁漱溟還只是用它來指稱人的理智。從形式上說，這種界定方式或者是未能擇取或創造一個更能直指本心的表述，或者是他的確要從人心的理智作用掘發人心的超生物本性。但是無論如何，梁漱溟的這一界定是不充分的。這也是他同時又用「自覺能動性」來界說人心的原因之一。

梁漱溟說，指人心的基本特徵爲「計畫性」，這和用「意識」、「理智」來界定大略相等，並且後兩辭更簡單扼要❻。這種計畫性就是人在經驗的基礎上構成知識的能力。

梁漱溟把以上這三個界定作爲對人心的內涵分析，而人心則可以用「自覺能動性」來標識❼。在這三個界定中，梁漱溟十分重視「主動性」。他認爲可以用主動性簡括人心之特徵，而主動性又可以涵括靈活性和計畫性。雖然梁漱溟的三個界定尚有待他對「自覺」的論述作補充，但是他對三個界定之間關係的指明可以看出他是要從生命本性處入手來確立人心的本質特徵。他對於這三個界定的展開推闡也明顯地表現了這一點。

自　覺

從思想歷程上說，自覺是從心學階段關於「獨知」的討論發展而來的。讀者對照前文的介紹自不難看出。需要特別指出的

❻　同前書，頁39。
❼　同前書，頁16。

是：梁漱溟晚年把對自覺（亦卽獨知）的討論和對理智的討論聯結了起來。這使得他更集中地體現了他晚年的意向：人心之特徵有兩方面。在仁學和心學階段，理智對於人心本質尤其道德本性之產生或存在只具有「機緣」的作用。晚年的討論則使「理性」作爲對經驗現象的超經驗把握更有堅實的基礎，從而也進一步確證了人心的實在性。

計畫性及構造知識系統是有意識的活動。梁漱溟認爲這些活動均是自覺的活動。在心學階段，他曾討論過人類由經驗構造知識的問題。到了此時，他指出人的知識非僅僅是一向外的活動，它之所以能保留經驗全賴自覺之功。知識的形成應歸本於對經驗的記憶。梁漱溟說：「記憶全繫於此心自覺之深微處。」❽這種記憶實際是唯識學中「自證分」的作用。梁漱溟引證了《成唯識論》上的話：「相見所依自體名事，卽自證分。此若無者，應不自憶心，心所有法。」這種自覺時刻發揮作用，所以人們才可能保留經驗。有了自覺，人類的記憶和動物的記憶有了區分。動物的記憶是寄托在習慣之上的。人類也有此種記憶，但作爲「人類的記憶」卻不以此爲特徵。梁漱溟在1949年以後對心理學和生理學有了更多的瞭解和吸收。對動物記憶的解釋卽可見出他全憑對這些新材料的理解而擺脫了柏格森的成說。但是有一個疑問：梁漱溟爲什麼未能吸取心理學的材料來說明人類記憶的生理機制？在對人類記憶的解釋中，也可見出梁漱溟並未顧及到他的解釋是否和時下心理學的解釋要保持一致。指出梁漱溟知識上的紕漏或方外談在此是不必要的。重要的是梁漱溟本人的解釋。梁漱溟的

---

❽ 同前書，頁63。

解釋主要是爲了說明記憶之得以成功在於有一個「自證分」在發生作用。這作用是時刻存在的。雖然他也承認「漫不經心」會有損於記憶的保存，因此要講求「臨事以敬」[9]，但他的主旨仍在於論證自覺不顯時仍不能斷其爲無。實際上，從「臨事以敬」和「不顯亦未嘗失」的區別於是就有了自覺和意識的區別。

意識一辭在心學時尚未作限定。晚年梁漱溟將它與自覺作了區分。柏格森的意識一詞英譯爲 consciousness，梁漱溟別標自覺一辭而擇取 awareness 以釋之。在平常使用時，梁漱溟並不作此區分，二詞往往意義相通或相同，但他認爲從根本上說二者有「寬嚴」之別，亦有內外之別。自覺是指人心「蘊於內的一面」而言，意識則指人心「對外活動一面而言」。

要確立自覺爲人心的本質，梁漱溟需要解決兩個問題。首先要爲它找到本體論的證明，其次要使人能在經驗層次去把握它的存在。有了這兩方面的說明，人們才能對此心體達到自證自知，也才能確證它的眞實存在。梁漱溟在心學階段已爲此作了一些準備工作，晚年則疏爲條理而益愈明確。我前面介紹到的他關於理智的新討論可以說是他對人心活動之經驗層次的再度說明。同時梁漱溟也把以前對理性的討論放在了對自覺的討論中，並且可以看出這一討論主要是對人心經驗活動的論述。理性在《中國文化要義》中已被梁漱溟概括爲「求正確之心」，即是非之心。在《人心與人生》一書中，他又對此是非之心作了進一步討論。他說，在人類構造知識的過程中一直伴隨著一種「求眞惡僞」的態度，這種求眞惡僞使人能排除利害的顧慮而保證知識的正確性。

---

[9] 同前書，頁64。

這種求眞惡僞就是自覺心。有了這種是非之心，人就能「不容自昧自欺」。

梁漱溟談到的理智活動中這種自覺心的確是經驗的事實。但他同時也把它看作是一種超經驗的存在。理智活動從動物求生存活動延伸而來，它本身仍爲一種生活手段，有其功利性。因此，對於人的理智生活必須有一個超經驗的把握才能指出人類迥異物類之所在。梁漱溟晚年進一步分析人類理智活動的經驗事實固然爲進一步證明人心之實在性，卻仍然需要一種超經驗的把握。以前理性的討論實際上也要達到超經驗的把握，卻不免有「兩橛」之嫌。

從前面已然可見梁漱溟此時想借助唯識學作這種超經驗的把握。他把「自證分」、「證自證分」均稱爲自覺存在的表徵。這種自證分就是指人心對自我活動的一種認知，其實就是他以前說的「獨知」。「它極其單純，通常除內心微微有覺而外，無其他作用。」⑩梁漱溟借助唯識學比以前的獨知說更進了一步。獨知說的討論可以相當於心理學上的「內部注意」，它是一種自我意識。我認爲，梁漱溟所以提出自證分、證自證分大約是他遇到了這樣一個問題：這種自我意識仍有待於人的意識活動，當人無意識時，這種獨知有可能不存在。然而梁漱溟晚年的任務是要說明此自覺之作用只有昏暗和昭明之區分而無存在不存在之區分。唯識學四分說的借用卽爲言此自覺作用無時不有。自證分、證自證分的引入使梁漱溟把自覺和意識徹底區分開來，並也進一步說明了自覺的實在性。這種引入尚未達到密合無間的地步。梁漱溟早

⑩ 同前書，頁56。

年認爲良知與自證分不同⑪，此時仍持舊觀。從其說明中看他是要把自證分作爲自覺的「根柢」⑫。

心學階段討論獨知，即揭明了此心之內涵，也說明了此心可以自證自知。引入自證分之後，仍需要讓它可以自證自知才能使人相信它的實在性。梁漱溟說，自證分之實在可信有如科學上結論之可由實驗得知。這種「實驗」即由佛教瑜伽修得。他認爲，當修行人入於「深靜」時，人類生命中許多「隱奧精微的事實」即可歷歷呈現，唯識之四分即在此事實之列⑬。

梁漱溟晚年的討論實際是把理智和理性涵括在「自覺」之內。這樣，梁漱溟也就揭示了人類主體性的兩個側面，一方面它是認知的主體，另一方面它是道德主體。於是，梁漱溟自仁學階段討論的工具之心和主宰之心都被安設在主體性的範疇內。對自覺的討論使梁漱溟早年開始具有的反理智主義傾向至此消溶殆盡。但是我們仍然可以看出，梁漱溟的側重點一直放在對道德主體的揭示上。他對理智的討論一直是要從中找到人類道德本性的根據。道德性才是人類生命迥異乎一切生物的所在。理智生活方式的意義就在於它使人類擺脫了生物圍繞生活問題的自私性，從而開出了無私的感情。計畫性的深靜自覺就是無私感情的生長點和寄居之地。由此，人心的兩個側面便有了體用之分：理性爲體、理智爲用。

---

⑪　《梁漱溟全集》卷1，頁289注釋。
⑫　《人心與人生》，頁70注⑮。
⑬　同前書，頁64。

第二節 身心關係論

身與心

從廣泛的意義上說，梁漱溟對身心問題的討論自仁學階段即已開始了，此即「氣質」概念的引入。但是，縱觀梁漱溟一生哲學思想之發展卻可看出他對於此問題的討論是經過現代學術鍛鍊的，並不能歸結爲對程朱一派學說的發揮。他直至晚年才倡言身心關係也說明這方面的思想是有鑒於心理學、生理學的知識以及陸王一派的偏失。

梁漱溟晚年身心關係的探究涵融了早年對比較心理學以及柏格森生命創化論的思考。讀者在我那部分的述評中自會看到。本章「靈活性」的討論和身心關係論也有聯繫。我認爲，梁漱溟身心關係論的成形是以心學階段的討論和1949年以後對生理學的研究爲基礎的。在《人心與人生》開篇談認識人心的方法時，他主張要從人類生命的全部活動能力去討論人心。他說的「全部」一是依大腦而進行的活動，二是指往往不受大腦統率的「植物性神經系統」部份。對這部份屬於生理學、病理學的內容，梁漱溟聲言要借以說明人心。他認爲生理學的這些內容和心理學有重要關聯⑭。這表現了和心學階段大不相同的主張。心學階段，梁漱溟反感科學主義的心理學忽略了「人心」，雖然承認它可以說明人的機械部分，然而當時主旨在於明人之所以爲人。我認爲，梁漱

⑭ 同前書，頁13。

溟對人類心理研究的雙向性在晚年更趨明顯，而其所付工夫更多的是在身心關係之說明上。他認爲只有兼明身心才能認淸人心是一個「完整的活體」。

我在心學階段的討論中曾將梁漱溟的思想和西方人本主義心理學作了一個大概的比較。美國人沙弗(J. B. Shaffer)曾指出人本主義心理學的特點之一是堅持人的整體性和不可分割⓯。這是因爲人本主義心理學受到了完形心理學的影響。梁漱溟心學階段的討論也體現出這一精神，即其所謂「攬全窺旨」。但是那時他尙未對人的機械一面即科學主義心理學的對象作更多的體察。他當時主要致力於意識經驗的說明。他晚年對身心關係的討論並不違背人本主義基本特徵，但是他對於整體性的強調的確又在彌補主觀主義心理學的偏失。梁漱溟的哲學是借助心理學以明倫理學，但是要看到他此時和西方人本主義心理學在強調整體性方面的側重則恰恰相反。在中國倫理學借助西方學術對西方文化作出回應並完善自身的過程中，這是一個值得注意的內容。當然，梁漱溟本人大約並不甚瞭解完形心理學⓰，並且梁漱溟晚年的「整體」論包括的內容比以往科學主義心理學的對象要寬泛一些。

就梁漱溟本人的思想發展脈路而言，整體論的觀點是從心學階段對比較心理學的研究而來的，即其當時所謂的「統一性」。當時說的統一性爲說明心的作用及發展，整體性則爲說明統一不離分工。有此兩方面，人（或人心）才能對外界整體性地有所施爲。當時偏於研究統一性爲明人心異於動物之心的所在。晚年對身的重視雖意在突出人心的整體性，在具體分析上卻不得不將身

⓯　林方：《人的潛能和價值》編序。

⓰　在《人心與人生》講錄中只偶然提及。

心作爲一對相反相成的聯結來說明各自的性質。因此，整體性恰恰由對此矛盾的強化得到了促進。

身心之分首先表現爲身和大腦之分，此乃由於分工與集權之存在。這是心學階段比較心理學的內容。身之爲身、心之爲心卽表現在這種「兩極分化的性向不同上。」⑰這個區分在梁漱溟晚年身心關係論中並非最後的區分，但他對人身消極作用的論述則主要是依此區分進行的。因此，梁漱溟的「身」主要是指「大腦以下的器官、肢體、機能、本能以及後天習慣。」⑱

身心關係是相反相成的。這是對以往心理學和生命創化論的討究之總結。首先，身之發展促進了心之發展。這一點在靈活性部分中已見。在身心關係的討論中，梁漱溟又進一步將腦劃歸爲身的範疇。這樣，身對心的積極意義就由兩層來說明：機體的分工促進了神經系統的發達，神經系統的發達又促進了人心的產生。在人腦成全人心的意義上，梁漱溟主要借用了巴甫洛夫關於「主動性內抑制」而大異於一般生理學關於意識之生理機制的知識。梁漱溟關於人腦和人心之論述的重要性在於言其分界。腦之發達固然玉成了人心，然而腦本身仍爲一物而屬「客觀」，在大腦活動基礎上產生的精神則屬於主觀世界。這種主觀世界是基於「意識自覺」而與物質的大腦相區別⑲。但是，梁漱溟對身心關係的討論從根本上說是依生命創化的邏輯而立的。這大約是梁漱溟在自己的邏輯上也解決不了這樣一個問題：何以動物有腦卻僅爲其身服務從而無所謂心⑳！這一問題使他超越生物機體的演化

---

⑰　《人心與人生》，頁110。
⑱　同前書，頁112。
⑲　同前書，頁107。
⑳　同上。

過程去尋求人類主觀精神世界的源頭。這個源頭就是作爲宇宙本原的「生命」。這樣，梁漱溟就從現實起作用的人心歸本到宇宙本體。心在本質上是與身對立的，它是無形體的，和生命同義，是無限的。腦和身體則是有形的、有限的存在。身對於心而言只是爲後者「資借以顯其用」㉑。

引入了生命的哲學意義之後，身對於心的作用有兩面性：心必然要通過人身才有發展和彰顯；但這種彰顯只是可能而非必然，人身在本質上和人心的差異使它會遮蔽人心。這後一點即爲梁漱溟晚年身心關係論對於儒學發展最有意義的部分。由這兩方面，梁漱溟重申了孟子「踐形盡性」的主張。在討論靈活性時梁漱溟已指出靈活是不可能「前定」的。人身的發展爲人心提供了條件。但是在人身上表現出來的往往難言乎人心。梁漱溟認爲由於心身有距離，其間便伏有「險關危機」。這種論述是本著身心一體性原則而言的，但他指出這危機之一便是身離心便有可能產生「盲動」㉒。盲動就是行動離卻心的自覺或遮蔽了心體的彰顯。

當我們在梁漱溟的晚年著作中完整地看到他關於身心關係的論述以後就會發現他的思想開始表現出和歷史上程朱一派學說的某些相似。梁漱溟對身心（生命）關係的理解很像程朱一派「理氣」說的結構。梁漱溟本人也的確有對理氣說的借鑒。他曾引述程伊川的話：「論性不論氣，不備，論氣不論性，不明。」㉓梁漱溟是由心學而得入儒家之門的。但是，他的思想曾受到柏格森

㉑ 同前書，頁135。
㉒ 同前書，頁120。
㉓ 同前書，頁159注⑥。

哲學的深刻影響。心學與柏格森學說同爲主觀唯心主義哲學。對生命創化論的不斷吸收以及對心理學、生理學的體察使梁漱溟的哲學在宇宙論的意義上並未堅持徹底的主觀唯心主義哲學。「心與生命同義」與柏格森哲學只有外形上的相同，究其實，此心對於生命本體乃一從屬關係、派生關係。由此，梁漱溟把生命作爲人心的先天根據，此卽類同於程朱之「理」㉔。在柏格森認爲，物質是生命衝動的中斷，是此心之外視。梁漱溟早年亦曾循此說法以明物質與理智和人心外向之對應關係。但是從梁漱溟晚年思想看，他隱然有將心物作二元把握的傾向，雖然這種把握並非他全部哲學的前提亦未曾以此構建哲學體系。我不想斷言梁漱溟的思想受程朱影響。雖然他早在1923年卽已引入了「氣質」概念。梁漱溟對程朱學說某些成份的認同是他基於自己思想脈絡而最終作的一種選擇。這在後面對氣質的討論中還可以看到。

性　情

我把梁漱溟關於人生部分的一些討論歸入到身心關係論中，原因是我認爲這些討論實際是在分析身對心的意義。在《人心與人生》一書中有兩章討論到人的性情、氣質、習慣、社會的禮俗和制度。我認爲這些仍然是討論身心關係而有別於其他討論。梁漱溟把自己的理論分爲兩部分：人心和人生。人心討論心理學，人生討論倫理學。這兩章仍是討論人心。我這樣劃分也是符合梁漱溟完整性原則的。梁漱溟的這些討論比起前面尙嫌薄弱，這表現他沒有更多地分析他當時所掌握的那些生理學材料，由此對一

㉔ 這一點在1986年曾受到我的導師之一朱伯崑先生的批評，但我至今仍堅持此見解。

些概念的釐定尚不清晰。

性情是什麼？梁漱溟說，情指人的情感意志（包括行動在內），性指情感意志「所恒有的傾向或趨勢」。梁漱溟的性情與程朱一派對此概念的界定並不相同。性情在梁漱溟並不作爲區分先天後天的標誌。在性情的內涵中並無先天宇宙本體，均指後天而言。梁漱溟的性情指三部分而言：一、人的自覺能動性。這是人的基本性格，無分時代地域而同具。二、人的體質、心智方面的差異性，也包括不同時代和地域人們性情的差異。這是人類的第二性格。三、後天的陶鑄感染㉕。梁漱溟認爲人類的基本性格是不可能改變的，它只有隱顯之區別。可以改變的是第二性格。梁漱溟雖然言性情不以先天後天立論，但我認爲他對人類兩種性格的區分仍有此痕跡。也應該看到，這種對人性的兩分法和程朱一派有區別。在理學，天命（天地）之性與氣質之性均爲先天意義上的劃分。此蓋本乎其宇宙論而成。梁漱溟明言其云人性乃指後天，他指的是宇宙生命變化流行之體而非淸靜無爲不生不滅之體㉖。梁漱溟之言後天，一是爲指出人心之產生以身之演進爲基礎，二是爲指出身之內容對心之影響。這種後天之意義在於說明人心之活變性（modifiability）和可塑性（plasticity）㉗，從而可能對後天的學習陶鑄過程作一番具體的考察。

氣　質

氣質的討論是由性情的討論延伸而有的。梁漱溟把氣質歸屬

㉕ 《人心與人生》，頁150。

㉖ 同上。

㉗ 同前書，頁11-15。

在性情之內，實際上又是要把性情的一部分劃出來以氣質來解釋它們。性情和氣質的區分在梁漱溟本人表述爲：性情爲一時之表露，而氣質則偏於「牢固少變」㉘。這種穩定性和「生來禀賦」有著密切的聯繫。

梁漱溟的氣質概念在外延上主要指兩個方面。它的基本成份是人的本能。此外還包括人的體質，如形體、面貌、體內器官組織、血液、內分泌。後者並非氣質而是對氣質有影響。在他的理論體系中，本能對於說明人心及其和身體之關係有著重要的意義。氣質所以牢固而少變主要指本能而言。他認爲本能是人與動物相同的部分。人的本能在人的活動中雖然只起次要作用、和動物的本能不能等而視之，但是就其作爲本能而言仍然有著相當的機械性和「慣性」。這種意義上的本能在人類心理活動上起的作用也不能小看。本能在人的活動中表現爲來自身體的衝動。這些衝動包括人的發怒、鬪爭、男女情欲。

梁漱溟對體質和氣質之關係的論說較接近於俗常心理學氣質說的內容，即接近於心理學自古希臘醫學家希波克拉底 (Hippocrates) 確立的經典意義。梁漱溟概括的內容比希波克拉底要寬泛些。但他也未能吸收巴甫洛夫關於高級神經活動四種類型的學說，因此他並未具體地分列各種氣質類型及其與生理機制的聯繫。他只是籠統地強調體質和氣質之間的關係，甚至認爲僅僅靜態地考察人的體質即可推斷該人的氣質特徵。應該說，這可能吸收了當時的心理學知識。

體質和本能有不同。本能偏於概說人類與動物的聯繫，主要

㉘ 同前書，頁153。

指人類在氣質上的共同性。體質則著眼於人的個體差異。人的體質有不同， 於是表現出的氣質就有不同。 這就形成了人的「個性」。梁漱溟並不用俗常心理學上「個性心理特徵」的內容來表述這種不同， 而是借用了他在該書中常常談到的 美籍 法國醫生 Alexis Carrel 的著作 *Man, the Unknown* 一書中的材料㉙。由此可見，他借用了一些生理學的材料。

梁漱溟對氣質的分析屬於對身的分析，目的是要指出身對心的遮蔽，避免「氣質用事」。由此，他接受了「變化氣質」的傳統說法。他的出發點即是認定氣質由於其「凝固而有偏」，必然會影響到人心靈活的彰顯。

有必要將梁漱溟的氣質說和宋儒作一比較。梁漱溟在談到自己的氣質概念與宋儒「約略相當」時曾引證朱熹的話：「氣質之性只是此性墮在氣質之中，故隨氣質而自爲一性。」㉚朱熹是主張理同氣異的。在這一點上，梁漱溟與他相同。梁漱溟的身心關係正是從這一點出發的。作爲生命本體之透露的人心是人人同具的本性。但人心必資借人身以表現。各人身體的不同則使這種表現有差異。朱熹曾說，「稟氣之清者爲聖爲賢」㉛。梁漱溟也說到天才人物「氣質清明」㉜。這種相同自然是細枝末節，不足看重，但於此卻可見他是有鑒於前人成說。梁漱溟和朱熹在氣質說上只是相近似。「隨氣質自爲一性」在梁漱溟的理解是指人的個性。此個性中應該無「生命本性」的成份。這也是他和朱熹區別

㉙ 同前書，頁155，頁159注⑦。
㉚ 同前書，頁159注⑥。
㉛ 《朱子語類》卷4。
㉜ 《人心與人生》，頁155。

之處。梁漱溟的氣質是指和人心本性有本質區別的身的一面，而不是身和心相互作用後產生的結果。在梁漱溟的理解中也不妨看作有「此性墮在氣質之中」，但氣質本身無朱熹所謂「理之偏全」的問題。在朱熹，理必借氣方能成物。在梁漱溟看來，雖人心必借身體方能發生作用，但是身體方面的氣質這部分是無所謂彰顯心用的功用的，它只有負面的作用。朱熹弟子陳埴說：

> 性者人心所具之天理，以其稟賦之不齊，故先儒分別出來，謂有義理之性，有血氣之性。仁義禮智者，義理之性也；知覺運動者，氣質之性也。有義理之性而無氣質之性，則義理必無附著；有氣質之性而無義理之性，則無異於枯槁之物。故有義理以行於血氣中，有血氣以受義理之體，合理與氣而性全㉝。

梁漱溟談的氣質並無作為理之「附著」處、受義理之體的意義。他的氣質概念要比宋儒在涵義上窄得多。

習慣

習慣在仁學階段即已為梁漱溟注意到，並且開始把它和氣質作了先天和後天的區分。晚年的論述有許多不同。習慣和氣質均為後天。早年對習慣的評價主要出於直覺主義的考察，認為氣質、習慣均為「已成局面」而有違於直覺之當下一動㉞。這時梁

㉝ 原刊《宋元學案》卷65，轉引自張岱年《中國倫理思想研究》，頁103。

㉞ 見《孔子人生哲學大要》。

漱溟對習慣只有一個外觀的考察，並未究其來源。《人心與人生》一書對習慣的論說甚爲簡略，但是已然可見其大異於早年認識。

首先，梁漱溟吸收了心理學意義上的習慣說。這主要是引入了學習的意義。人的「活變性」與「可塑性」使後天的學習在人性形成過程中起著重要的作用。人的超動物本能式的生活使先天的安排十分微弱而多待後天創造。生命本體在人類活動的表現和在生物發展史上相類似。這一點雖未爲梁漱溟所明言，卻是他的論述中隱然有此前提存在。這種相似性就在於人類也要把創造所得加以「落實鞏固」，由此才能保證人心的創造活動繼續向前進行。習慣之鑄成和習得固然爲了創造繼續；創造之繼續也以習慣爲基礎，在舊有習慣中加入新成份。習慣的產生在於學習陶鑄，其存在之根據則是在人類生活中極有用處以助成人類之創造。但是，習慣是來自身體的。它有非常強大的慣性。這種慣性又常常使人的行爲受習慣的驅使而落於不自覺。

禮俗制度

禮俗制度的討論是要評價它在人類心理及社會活動中的積極作用和消極作用。從廣義上說它也應屬於身心關係的討論。

梁漱溟認爲，禮俗制度之形成原因可以追溯到人的基本生活需要，即物質資料的需要。物質資料由社會生產力供給，社會生產力推動一切文物制度的發展。這種發乎人身的力量是禮俗制度的「原始動力」㉟。然而說到禮俗制度的成立及發生效用則可以

㉟　《人心與人生》，頁164。

歸結爲三種力量: 理智(利)之力、理性(理)之力、強霸(力)之力。強霸之力指的是人們在強制之下服從某種禮俗制度。梁漱溟認爲最理想的禮俗制度應該只出於理智和理性，但這種理想只可能在共產主義時代才能實現。在此前的歷史中，這兩種力量顯然不足以說明禮之成因。強霸之力的外延很寬泛，有階級之壓迫、法律等等，即使是形成後的禮俗本身對違背此風俗的人也有甚強的壓力。

梁漱溟提出三種力量實際是將理性、理智和強霸之力作爲正反兩方面的因素以說明禮俗之成因並評價其作用。他說：暴力（強霸之力）是出於身體本能的力量。它「掩覆著理性、理智而行動」[36]，是人類的愚蠢的方面。強霸之力是人類心智開發歷程中必然要存在的。在歷史上的創制過程中，三種力量綜合起作用。由此，他提出了評價歷代禮俗制度的標準: 是否有利於社會由小向大、由低向高發展，個人與羣體之間的關係如何。如果三種力量的合同力量有利於社會發展並不斷改善個人與羣體間關係，由此形成的禮俗制度就是好的。

依梁漱溟晚年的持論，他本應對禮俗制度的消極作用作更多的討究，但他只作了一個宏觀的把握。他認爲禮俗制度的弊病在其「惰性」。一般說來，一種禮俗制度的存在過程可分爲早、中、晚三個時期。早期利多弊少，中期利弊相當，晚期弊多利少。利弊之消長全在其惰性顯現的多少。惰性就在於禮俗原本是一種預定好的安排。這種安排和人心的自由活動有相反的性質。在創制之初，其惰性不顯而於人心活動有利。隨著人心漸次開

---

[36] 同前書，頁176。

發，其作爲一種規定的惰性愈顯，遂轉爲不利。

第三節　修養論

梁漱溟關於修養功夫的討論集中在他的兩篇文章當中：〈禮記大學篇伍嚴兩家解說合印敍〉、〈禮記大學篇伍氏學說綜述〉。在〈東方學術概觀〉、〈儒佛異同論〉等文中也有涉及，卻很零散。梁漱溟一生未把解說《大學》作爲講學和理論構建的重要論題。在《人心與人生》中，《大學》的討論也不佔有地位，而是把道德和宗教作爲修養的手段。〈儒佛異同論〉實際也是討論作爲修養手段的道德和宗教。

《大學》解

梁漱溟討論《大學》全受他的襟兄伍庸伯和朋友嚴立三[37]的影響。他晚年將伍、嚴二人關於《大學》的講錄和研著整理爲《禮記大學篇伍嚴兩家解說》出版，同時寫下了前面提到的那兩篇文章。梁漱溟對《大學》篇文句的解釋以及對修養功夫的闡說深深受到伍庸伯的影響，有些甚至是援伍氏成說以爲己見。但是，我認爲梁漱溟的論述和他的整個思想是一致的。我們完全可以把這些討論作爲他本人的思想評價。

---

[37] 伍庸伯（1886-1952），名觀淇。廣東番禺人。先後畢業於廣東將弁學堂和保定軍官學校。民國初年曾在南京臨時政府參謀部任職。1919 年結識梁漱溟。其經歷見梁漱溟所作〈伍庸伯先生傳略〉。
嚴立三（1892-1944），名重。湖北麻城人。1918年畢業於保定軍官學校第八期，曾在黃埔軍校任職。

身心關係論是梁漱溟修養論的基礎，也是他區別於歷史上心學一派大儒的根源。身心關係論雖多論人心對人身的借助以求顯現，而其重要意義在於揭示人心難於顯現的原因。身體的存在使人易流於不仁。易於不仁、難於識仁是梁漱溟解釋《大學》的出發點。人之流於不仁是由於其行動往往發乎身體而未識其本心，因此欲免於不仁則必須從自識本心入手。但是，梁漱溟指出，自識本心殊非易事。由此，他認爲陽明和大程子之說不具有廣泛的適應性。王陽明的悟道乃於「百死千難」中得之，而一般人並非都有這種經歷。大程子的〈識仁篇〉簡明切當，但是其境界「非淺學可幾」。他認爲功夫的關鍵處在於如何有助於識心（仁）。這個問題是前賢均未能解決的。伍庸伯、嚴立三的解釋恰恰在這方面給一般學子指示了一條「切近平妥」的路，從而足以補宋儒、明儒之所未及。出於這一考慮，梁漱溟遵從伍庸伯的解釋，把「近道」作爲《大學》全書的重心所在。《大學》的主旨是要講「明明德」而非「明德」。明德是道，明明德是近道。明德講的是道，是本體；明明德講的是功夫。《大學》一書是講如何做功夫的書，自然是重在講近道。梁漱溟說：

> 我們未嘗不可設想：功夫不離本體，卽本體以爲功夫，無須乎近道而自然合道。明德、明明德在這裏便都是道，沒有分別。這是最爲高卓，或亦是理合如此，世上可能有其人，有其事的。但這豈能期之於普通一般人？這還要講求什麼學問功夫？說到學問功夫，便是爲了一般人明德有失其明的；在一般人要明其明德，是須要學問功夫的。明德和明明德，在這裏就不無分別：明德是道；明明德亦卽是

道，卻必兼括近道在內㊳。

由上所述我們可以看出，梁漱溟把近道作爲《大學》一書主旨所在，其意有二：一是《大學》一書本身是講功夫的，不是講人心本體或功夫最終境界的；一是《大學》一書針對的對象是一般學子而非那些資質甚高的人。也正是在「近道」這一特徵上梁漱溟對《大學》的理解區別於朱熹、王陽明而別闢一途。梁漱溟對朱熹和王陽明都提出了批評。他認爲朱熹教人做功夫「缺少頭腦，不能歸一。」朱熹所做的《大學補傳》說明他「實不爲近道，寧說它是迂遠於道的」；而王陽明則忽視了「近道」這一層次，「直教人們一步踏在道上，只談性之，不談反之。」梁漱溟對朱、王的批評也是從接引一般學子這個角度出發的：朱熹教人做功夫缺少一個根本的原則，固然如是；尤其王陽明的做功夫只能適用於資質高卓之人，對一般學人則不適用。從梁漱溟以「近道」解《大學》，我們可以明顯地看出他是要把本體和功夫分爲兩事，卻又不落於朱熹之失。陽明的一步踏在道上，固然卓絕。這在陽明本人亦爲不難。然而陽明對學子亦多有接引之方，「不得不時時從粗淺處指點，以資接引初學。」但是梁漱溟認爲陽明的接引方法產生了流弊。這就是「易啟學者冒認良知、輕於自信。」㊴梁漱溟對陽明的批評是對於陸象山以後「易簡功夫」的批評。在修養目的上，梁漱溟和陽明並無差異，即「自識本心葆任勿失」。但是梁漱溟著力所在「識前」與「失後」。身心關係論使他對識心不易和易於失心兩方面均有切實的考察，從而進一步對《大

㊳ 《禮記大學篇伍嚴兩家解說》，頁133。

㊴ 同前書，頁21。

學》修養工夫的次序也有了異於朱、王的理解。於是就作出這樣的解釋:「明德爲本，新民爲止，知止爲始，能得爲終，本始所先，末終所後。」梁漱溟認爲: 天下、國、家、身爲一大物，其間有本末、終始、先後的次序和關係。在這之中，身爲本，其餘爲末。他還認爲，只有把〈格致〉章作這樣的理解才體現了「近道」。他說:

> 如何便得近道呢? 精神莫逐逐於外，而返回到身上來，不離當下，便自近道。故曰「反之」，亦曰「身之」也[40]。

由此看來，梁漱溟是把格致問題作爲一種修養之學來理解，和我們現在許多人從認識論角度的理解不同。梁漱溟對朱子的批評實際也是批評他把格致作了認識論的理解。他說:

> 走朱子一路者，卽物窮理，雖是一種很好的精神，人類所以成就得科學卽在此。然而廣求知識，務外而遺內，從儒家的人生來看，恰不是路[41]。

梁漱溟曾把人類的學術分爲四類: 科學技術、哲學、文學藝術、修養。科學指的是「各專門化系統化的知識及其相應技術」。修養則「特指反躬在自己身心生活上日進於自覺而自主，整個生命有所變化而提高的那種學術。」[42]儒家卽爲一種反躬修己之學，

---

[40] 同前書，頁134。
[41] 同前書，頁149。
[42] 見〈東方學術概觀〉。

而朱子的「格物窮理」在梁漱溟看來則離開了儒家的宗旨。梁漱溟也承認致知之知是知識而不是王陽明說的良知，但這種知識不是朱子所說的那種廣泛的知識，而僅僅是認識「社會人事間的本末先後關係」認識到應當以修身爲本，使精神務於內心而不隨逐於外物。因此梁漱溟對「致知」的解釋還是和朱子有本質區別的，不是認識論而是修養論。

在梁漱溟來看，朱、王是走了兩個極端。朱子迂遠於道，而王陽明則教人一步踏在道上。朱子沒有理清頭緒，不得要領；王陽明則得孟子「先立乎其大」之旨。但是王陽明忽略了《大學》書中其他文字的意義。「既以致良知一個功夫解說全篇《大學》，明、親、格物一切總於其中，遂容易將其他的（尤其是〈誠意〉章內的）文義忽略了。」㊸ 這樣就使世上走王學一路的人或是「冒認良知」、「意氣自專」。卽或不是如此，又苦於不得入處，「時時在向內探索中，對外面照顧不及。」㊹因此，朱子是遺乎外，王陽明則是偏於「歛內」。在解書上，王陽明爲了把「致良知」塡充進去，對文字作了一些牽強附會的解釋。如把致知之知解爲良知，把物解爲「事」（「物者事也」）。王陽明曾說：「意之所發必有其事，意所在之事謂之物。」梁漱溟認爲這是把誠意的意義混入了致知中。這種解釋太曲折，不如伍庸伯「一字一義，簡單明瞭，且前後一致無轉換。」這樣解釋就失去了《大學》原書的先後次序。

從以上介紹中可以看出，梁漱溟對朱子的批評是從修養論的立場出發的，對王陽明的有保留的肯定也是從修養論出發的。然

㊸ 《禮記大學篇伍嚴兩家解說》，頁148。

㊹ 同前書，頁150。

而梁漱溟並未在書中說明這個問題。我認爲在分析梁漱溟對朱、王的批評或看法時應指出梁漱溟的這一立場。但是在對於〈格致〉章的解釋上梁漱溟區別於朱、王的根本所在是他不把格致看作是功夫的所在，而只是視之爲功夫的前提。這種前提就是通過格物致知理清事物的本末關係，認識到身爲諸事之本，由此達到收斂身心，不使精神外騖，爲進一步認識自己的明德性體做好準備。因此梁漱溟和朱、王不同，不把格致作爲《大學》功夫的重點所在。這種評價使他避免了朱子的迂遠於道，又避免了王陽明的易簡直截，爲一般學子指出一條可行的入門之徑。這種入門之徑就是近道。因此梁漱溟說：只有解通了〈格致〉章，「近道」才得以落實。

綜上所述，與其說梁漱溟批評了朱、王，不如說他對兩個人的修養論均有借鑒。梁漱溟說，格物致知在伍庸伯的解釋是從歷史經驗中認識到社會人事間的本來先後關係。因此，致知之「知」是知識而非良知。他明確說，這一涵義「於陽明爲遠，於朱子爲近。」㊺梁漱溟全部思想的心學特徵固不必多所指點，這裏重要的是透出的承認朱子的信息。除了「敬」之外，承認自識本心要有一個認知領域中的過程應該是梁漱溟試圖邁越往昔心學界限的一個表徵。梁漱溟未曾努力刻劃這一思想。但是沿此邏輯，他應該把自己關於身心關係的論述放在這一思想之下。由於他偏重於論述自己和朱子的區別、批評朱子的知識「太泛」，從而對他承認的那部分知識的內容並未在〈格致〉章中予以明白的揭示。他只指出，爲避免朱、王之極端，應將〈格致〉章的重心放在「修身爲本」上。修身爲本是爲了避免朱子之「務外」和陽明

㊺ 同前書，頁164。

之空疏。梁漱溟不廢棄知識，是要「從當初的知識步步引發出良知」㊻。他在〈格致〉章中未對此「知」作更多的說明，在於他認爲該章的主旨應歸結在「修身爲本」而不願再像朱、王那樣在「格物致知」上多作周旋。

梁漱溟認爲《大學》的功夫全在誠意愼獨上做，但他實際上還是把它分爲了誠意和愼獨兩個層次：誠意是功夫的目的，愼獨是達到這個目的的功夫本身。這個實際上存在的劃分進一步表明梁漱溟一直本著「近道」的精神來解《大學》。

格物致知是爲功夫作了一個準備。這種準備的表現就是收斂身心。「收斂身心」實際是梁漱溟從朱子那裏吸收來的。他認爲朱子沒有講淸如何去收斂身心，但這收斂身心還是很重要的。它就是「敬」。敬就是留心自己㊼。梁漱溟認爲「敬」就相當於誠意的「誠」。「大抵說敬，是就吾人生活不論有事無事時說的；而臨到言動行事上就說誠。」㊽梁漱溟認爲〈格致〉章講的是事物的本末關係，誠意講的是人的身心內外關係。在〈格致〉章他基本上是按照伍庸伯的看法來解釋。在誠意愼獨這部分他是用自己的思想作了解釋。

什麼是誠呢？梁漱溟借《中庸》上「誠意天之道」的話來解釋。從其論述來看，他認爲誠有二義：天然、眞實。事物之間的關係、人的身心之間的關係是天然的，有其本然的道理在。順乎這種天然的關係就是誠，違背這種關係就是不誠，就是僞。

梁漱溟對於意提出了自己的見解。他認爲意就是人的「意向」。外界事物的刺激由人的身通到人的心。人的心也通過身

㊻　同前書，頁146。
㊼　同前書，頁143。
㊽　同前書，頁159。

對外界作出反應。身心之間有一種聯通。「意即萌茁於其聯通上」㊾。身心之間時時有聯通，人也時時有意向活動。但身和心是有區別的。身是人的機體構造，是生活的工具，有其本能習慣；而心則是在這些機體構造之上的主宰，它的表現（用）就是「明覺」，即主觀能動性。身心各有特性就帶來了身心的分合問題。身心的活動都會表現爲意。於是人的意向就有可能同時發自身和心，這就產生了身心分離的問題。他說：身心分離就是意向不一，意向不一就是意不誠。並且說到底，「意向所以常不一者，正不外意之萌茁常偏從身來而心則無力也。」㊿因爲在身心關係上，心是主宰。然而萌自身體的意向若佔了支配地位就會使人的活動失去心的主宰，失去了主觀能動性。因此，「意向不一者，心失其爲心矣。」51心失其爲心，即人的「本心」被掩蔽了，失去了明覺，由此人的活動就流於逐求外物。逐於外物即是「自欺」，即是「意不誠」。反之，「誠意」、「毋自欺」就是保證心的主宰作用。梁漱溟的這些論述在本質上無異乎朱子說的「必使道心常爲一身之主，而人心每聽命焉。」不過，他是用現代生理學的一些知識對身心關係乃至道心和人心的關係作了一番新解釋。然而從做功夫來說，他還是順著古人的傳統說的。

如何去做誠意的功夫？梁漱溟說：「是必在愼其獨」。愼就是留心，獨即自己。愼獨就是留心自己。在對「獨」字的解釋上，梁漱溟贊成伍庸伯對朱子解釋的吸取，批評了王陽明的「良知」說。朱子解釋「愼獨」時說：「獨者人所不知而己所獨知之

㊾ 同前書，頁161。
㊿ 同前書，頁168。
51 同前書，頁166。

地也」。梁漱溟也認爲這樣解釋合於《中庸》上說的「君子之所不可及者，其爲人之所不見乎。」在此應當指出：梁漱溟在早年卽是從這個意義上來理解儒家愼獨學說的。因此他對伍庸伯的解釋一拍卽合，並且由此他也批評王陽明的解釋。他說，王陽明把愼和獨兩個字都用良知來解釋，這就使得一般學者難以入門；而朱子的解釋則「有助於人們平實的來用功」。梁漱溟早年極力主張把「獨知」作爲心理學研究的對象，並且站在王陽明心學的立場上來解釋「獨知」。但是在修養功夫上他並不贊成王陽明的方式，而主張「下學而上達」。這種「下學而上達」卽前面講的近道。這種修養方式不像王陽明那樣教人一步踏在道上，由此他對「愼獨」作出了「留心自己」的平實解釋。留心自己就是不鬆懈，時時保持自己的活動不偏向於受來自身（習慣、本能）的意向的支配，時時保持自覺能動性。因此梁漱溟說：「儒家之學只是一個愼獨」[52]。這種愼獨在梁漱溟理解就是反躬修己。

梁漱溟說：〈格致〉章講的是事物的本末先後關係，〈誠意〉章講的是人身心的內外隱顯問題。在前一對關係中，「身爲本末的樞紐」；在後一對關係中，「意爲內外之樞紐」。這兩對關係又稱「人己關」和「內外關」。學子依《大學》修行就是要過這兩道關。「修身爲本」就是收斂身心，這時人的「明德」就開始顯露出微明，開始有了內心自覺。然後通過愼獨，日久則「內心自覺隨以漸漸開大明強」。

梁漱溟通過《大學》修養功夫要達到的境界和心學歷來所倡言的一樣：「天地萬物一體之仁」。這個境界的內容就是「身心

---

[52] 《人心與人生》，頁145。

合一」，卽心爲主宰，身爲工具。這樣就能不虧身心應有之用，就是合於人之天然本有，就是「踐形盡性」。

傅偉勳先生說：

> 孟子一系的良知論者應該從人的「習心」或「氣質分限」去考察中人以下的「心性動向」，爲此目的應吸收程朱一派的心性論[53]。

我認爲，從身心關係論已然可見梁漱溟有了這樣一個努力方向。當然，這個異乎往昔心學的內容偏重於在新的材料之基礎上對人心與人身之關係作實地考察，並不自覺地表現爲融合程朱以圖集歷史之大成。在修養論中也是如此。他的修養論既不沿襲陽明爲利根、鈍根之人提出兩套方法，也沒有像傅先生那樣構成「高低二諦」，卽使是他在表述自己對《大學》功夫之理解時也未意識到糾正兩者之偏與融合兩者應該成爲自己理論建構的一個內容。但是，梁漱溟的討論若放在傅先生提出的這個融合兩派的任務下來評價將更有意義。梁漱溟對伍、嚴二人的評價也是放在儒學史這個參考系內進行的，認爲二人對前賢缺失的補足雖出於創見卻亦爲儒學發展至此時宜有之事。但是我從他對《大學》的討論中看不到對此有更進一步的見解。

的確，身心關係論的確立使梁漱溟的思想比早年有了較大的改觀。梁漱溟自稱《人心與人生》的討論分爲兩部分：心理學和倫理學。心理學卽心性之學。但是書中的討論並無嚴格界別。

---

[53] 《儒家心性論的現代化課題》。

其身心關係論比陸王派的心性學說要寬泛，包含有「人生」部分的內容。梁漱溟的哲學建構始於儒學遭受西方理智主義文化衝擊之時，其目的固在於重顯儒學在當代之價值，亦在於確立人類存在的人文主義基礎。直至《中國文化要義》，其努力全在於此。身心關係論的萌芽在仁學階段即已初蘊，但一直作爲他理論建構的副產品存在。至於由此可能導出的修養論則更是當時未曾慮及的。身心關係論使他以前關於機械的討論在人心彰顯過程中有了一個切實的定位。這一討論的深入並不是單純由心理學和生命創化論的材料決定的，而是由《中國文化要義》一書提出的問題決定的：生命能否恒顯其用？由此延伸出去，梁漱溟又回到了仁學階段中一個次要問題：我們爲什麼會不仁？仁學階段的功夫是「易簡直接」的陸象山、楊慈湖一派的功夫，實不足以解決這個問題。心學階段積累的材料有可能使他進一步討論人心的不能彰顯，也由此一討論，仁學階段的易簡功夫在晚年被拋棄了。晚年的梁漱溟並未認可朱子的「支離」，然其功夫實轉「頓」爲「漸」並吸收了程朱的變化氣質說。

但是，梁漱溟在這方面的努力還是很不够的。身心關係的討論雖然由人的氣質、習慣延伸到了禮俗制度，在外延上較朱子有進步；然而對這些方面的說明卻仍然甚爲籠統含混。這些材料本應從心理學、生理學、社會學或文化學的角度去解釋。梁漱溟在材料的利用上並不充分，其解釋也並非出於這些學科的方法而止於哲學的辯證法式闡說。從思想發展上看，他只是從以前「生命和機械」的框架出發作了材料上的進一步充實。早年，梁漱溟對「物觀法」的心理學作了有保留的承認。他晚年討論的氣質、習慣等心理因素正是科學心理學的對象。然而，他不但未曾達到使用科學心理學方法調控心理活動或外觀行爲的水平，甚至他自己的身心關係論也未能用這些材料給予準確明晰的說明。身對於心的影響仍然是含糊不清的。科學心理學的引入本來可能會使梁漱溟在這方面作深入一步的討論，也有可能使他涉足他律式倫理學領域。後者在梁漱溟的思想中一直沒有地位，除了在心學階段透露出一點訊息。

道德與宗教

梁漱溟對道德的討論在早年並無專章。《人心與人生》中有兩章專門作了論述，卻仍嫌簡略。道德和宗教的討論在該書中屬「人生」部分。就其思想體系而言，它們屬於修養論。其道德論中關於修持的議論僅限於變化氣質一義，不如關於《大學》的討論具體。我在此僅就其對道德範疇的詮釋作一概述並與柏格森作一比較。

梁漱溟嚴守生命之本義及人心的特徵來界定道德的涵義。人既爲生命本體之最高表現，則道德必然是實踐生命本性。道德是有「得」於生命本性（道）而云「道德」，是「率性」之表現[54]。生命是無止境的向上奮進，道德便是人生向上的概括[55]。人的特徵在於人心之自覺，人只有克服了作爲生命創化殘跡的身體才能彰顯生命本性的向上奮進，於是道德便是指人類的自覺自主的活動[56]。

人有身心的對立，在道德問題上就有「眞道德」和「庸俗道

---

[54] 《人心與人生》，頁216。
[55] 同前書，頁217。
[56] 同前書，頁218。

德」的區分。庸俗道德往往和社會一時一地的禮俗相聯繫，表現在個人身上則與人的氣質、習慣相聯繫。它和眞道德的區別就在於它「缺乏獨立自主」。在梁漱溟看來，它是一種「墮落」。卽使這些習慣被人們依禮俗評斷爲好習慣，它也不是「眞道德」。在個人的道德評價上，屬於哪種道德要視其身心關係而定。在道德評價上，梁漱溟並未給身的活動以肯定意義。一切出於身的倫理行爲都被他視爲不道德的。

梁漱溟討論道德是從個體的人和社會的人兩方面入手的。庸俗道德和眞道德的關係在社會文明的發展中又有所變形。梁漱溟認爲，社會生活中的道德集中表現在「盡倫」[57]。在這部分討論中，他仍然要倡導一種「眞道德」。他希望人們不要消極地循守禮俗，而要發自內心眞情去盡其倫理上的義務。這些禮俗只是「社會道德」而非眞道德。他企圖把倫理上的義務解釋爲發乎自身的「自課」，而異乎法律的強制。他認爲社會禮俗有強制性成分和不開明的信仰在內[58]。它們屬於庸俗道德的範疇。

梁漱溟認爲道德的發展有幼稚期和成年期。在發展過程中，一時一地的道德是各異的。這個過程決定了道德在歷史上往往表現爲庸俗道德，卽順從其時其地的「生活規制」以行事。在幼稚期，這些生活規制有許多是發自身體本能衝動的。但是，梁漱溟認歷史上的庸俗道德對於人類進於眞道德是有意義的。

梁漱溟晚年並不刻意按照柏格森的思想建構體系，雖然有時甚至援引柏格森著作的原文。柏格森《道德和宗教的兩個來源》發表於1932年，梁漱溟始終未曾提及此書。但是我認爲，梁漱溟

---

[57] 同前書，頁223。

[58] 同前書，頁229。

對道德的討論和柏格森是有相同之處的。這些相似性在心學階段已露萌芽。這主要是由於他在根本上已引入了柏格森的生命概念。柏格森認爲道德有兩個來源：壓力和熱望（aspiration）。由此也就存在著兩種道德：封閉的道德和開放的道德。柏格森的這個論述結構全然是由他對生命和物質之關係的認識展開的。正是在這個原則上，梁漱溟的道德討論與柏格森有著相似性。我不想把梁漱溟的道德討論和宋儒理氣論作更多的聯繫正是由於他在這方面的認識在發源上和柏格森有著關係而不是導源於程、朱。柏格森認爲，那些含有強制性的職責(obligations)是一種壓力的體現。這種壓力是由習慣體系預先加在人身上的[59]。柏格森希望有一種源自原始推動力（primitive impetus）的道德。這種推動力或渴望是習慣的創造者。但是柏格森希望這種推動力能够在人的道德實踐中直接體現出來而不必再經過那些習慣體系。總的說來，柏格森對這兩種道德是給予不同評價的。梁漱溟與柏格森的相似性主要在此。柏格森認爲開放的道德是一種「向前的推進」(forward thrust)，是對運動的要求。梁漱溟由生命本性的涵義出發也持有這種見解，即「向上奮進」。他們都試圖從生命本性中尋找人類道德的源頭，並且企圖使這個源泉在人類歷史發展中一直作爲道德發展的支配者。在對身體及禮俗與道德發展之關係的認識上，梁漱溟也更像二十世紀的柏格森而不是歷史上的程、朱。

生命主義只給了梁漱溟的道德論提供了一個總的原則。梁漱溟把它和宋儒變化氣質說結合在一起構造了自己的身心關係論和

---

[59] 參見周輔成主編的《西方倫理學名著選輯》下卷，頁742和柏格森 *The Two Sources of Moratily and Religion* (trans by Ashley Audra and Cloudesley Brereton)，頁46。

修養論。他的論述雖不充實卻比柏格森更近於平實。這是由於他對常人的道德現象給予了較多的注意。柏格森的道德論在功夫上更顯出一種易簡直接的傾向。他說：「只要你還在討論障礙，它就會留在原地，你就得把它分割成許多小塊加以克服卻永遠不能完全克服。如果你否認他的存在，你就可以一舉把它整個解決。」[60] 這頗有些類似程明道〈識仁篇〉中的討論。然而，梁漱溟在修養論要強調的正是類如被柏格森視爲芝諾式的那種努力。柏格森寄希望與英雄人物以打開封閉的社會。梁漱溟亦有此思想，但並不主要。梁漱溟仁學階段的直覺主義與柏格森的這種易簡直接更接近些；晚年，他則將眞道德的基礎建立在人心的自覺上。這種人心自覺可以看作和柏格森的主旨一致：希望能在習慣之外有本體的力量直接參與進來。但是兩人憑藉的手段有了差別。柏格森的方法是本體（即心體）當下呈現，全無假借。梁漱溟靠自覺。這種自覺可以解釋爲反身向內，在外觀上與柏格森的直覺方式相近；但它是對氣質、習慣的克服。

自從《東西文化及其哲學》一書設定了宗教在人類文化史中的終極地位，梁漱溟一直沒有將宗教從自己的思想體系中略除。《人心與人生》把人類文化的發展歸結爲「人類心理發展史」。這個發展史就是人類歷史從「心爲身用」逐漸向「身爲心用」的發展史。身爲心用的時代是道德世界，道德世界再向前發展，人類將「主動地消化以去」。人類進入佛教的「涅槃」境界是爲了進一步體現生命本性的爭取自由。涅槃是生命本體的最眞澈的表現，同時也是人類修養實踐將達到的臻善境界。梁漱溟晚年對宗

---

[60] 參見《西方倫理學名著選輯》下卷，頁741。

教的討論雖簡略卻涉及了許多相關問題。我在此只談有關於修養論的部分。

梁漱溟把宗教和道德同視爲人生修養的學問是有鑒於他對佛教和儒學的認識。他認爲佛教和儒學「同是生命上自己向內用功進修提高的一種學問」[61]。道德和宗教在人類生命深處是聯通的，它就是「人心之深靜的自覺」[62]。他在討論自覺時也指出過瑜伽修行可以體證到這種自覺。同樣作爲修養功夫，宗教是道德的繼續。早年，梁漱溟企圖用人生三個問題把科學、道德、宗教排列爲順序出現的三種文化。在晚年，他用身心關係的表現將三者聯結起來。身體在本質上是障礙心的顯現的，即阻礙生命的向上奮進。道德修養在於「踐形盡性」；宗教修行則在於抛棄身體的存在。在梁漱溟認爲人類的宗教歸宿在他產生之日卽已注定。「人類生命旣超離禽獸類型，其心乃不爲身而用，出世傾向卽隱伏於此。」[63]

身心的矛盾在梁漱溟看來只有通過揚棄身體才能得到解決。能够有一個不依存身體的「心」嗎？梁漱溟並不把身心看成絕對相聯繫的。由於心與生命同義，直通宇宙本體，所以生命非由人身成形始生，亦非隨形滅而逝。「此身死，生命不遽絕也。」[64]梁漱溟晚年對出世間的眞實性的論證有許多仍沿續早年唯識學的見解，但是仍然可以看出他和生命哲學的聯繫。在心學階段給梁漱溟重要影響的〈生命與意識〉一文中，柏格森就談到了「出世

---

[61] 〈東方學術概觀〉，頁5。
[62] 《人心與人生》，頁197。
[63] 同前書，頁187。
[64] 同前書，頁192。

間」問題。他在該文篇末討論「人生之究竟」時說到，身體死後人格的保存和擴張不僅是可能的（possible）而且是蓋然的（probable）。他承認人死後仍然有一種創化的精神生活[65]。在〈靈魂與身體〉一文中，他也從腦髓與意識的關係談到死後精神之存在是或然的事[66]。梁漱溟是否從柏格森的這一思想尋到了根據呢？他的著作中尚無材料證明這一點。但是，從他對身心關係的論述中可以看出他和柏格森在這一點上是一致的：心是無限的，身是有限的，身只爲心所資借以顯其用。

在道德實踐中，梁漱溟保留了理智的地位，變化氣質要靠理智的作用。宗教實踐則排斥知識。梁漱溟提出宗教成立的兩個條件，第一個條件卽是宗教要從超知識、反知識處建立其根據，從而有反理智傾向[67]。但是，他並未把宗教修證涅槃的方法歸結爲直覺。從其論述看，他仍然保持著《唯識述義》和《東西文化及其哲學》中的認識，仍然想通過唯識學的方法擺脫身對心的束縛[68]。但是，這種一致只是外觀上的。早年他對唯識學的理解是建立在現量的感覺性上，晚年他不再強調感覺。他在修證方法上仍堅持「靜觀」，但這種靜觀是人的內蘊自覺，是一種內意識（inner consciousness）[69]。

---

[65] 《心力》，頁31。

[66] 同前書，頁64。

[67] 《人心與人生》，頁187。

[68] 見《東西文化及其哲學》，頁84，《人心與人生》，頁205。

[69] 見《人心與人生》，頁213，注④。

第七章　如何評價梁漱溟？

梁漱溟的思想在中國二十世紀思想史或哲學史上的地位早已爲學人指出。孫道昇把他列爲「新法相宗」三位大師之首（其餘二人爲景幼南、熊十力），並且又稱他爲「新陸王派」的創造者❶。賀麟也把梁漱溟稱爲自新文化運動以來「倡導陸王之學最有力量的人」❷。這些評價都是就1940年代以前的歷史而言的。此後，梁漱溟的這種作用便日趨隱而不彰了。當四十年後梁漱溟本人及其著作又出現在中國大陸倡言文化的後輩學人面前時，他只是作爲「文化中國」的象徵。支撐這一形象的僅僅是他早年的《東西文化及其哲學》一書，此外就是他與毛澤東的爭論以及在「批林批孔運動」中表現的使後人肅然起敬的氣概。到目前爲止，臺灣和大陸就梁漱溟的理論建構及其鄉村建設的深入批評甚爲寥寥。1987年10月，在山東鄒平和北京香山先後舉行了兩次研討梁漱溟思想和實踐的會議。香山的國際性討論會上只有少數論文集中討論梁漱溟本人的思想。山東的討論則主要集中在梁漱溟文化觀與其鄉建之間的哲學理論上的聯繫，對於其鄉建實踐本身則缺乏社會學和教育學的分析批評。幾年來的討論基本上有這樣幾個

---

❶ 孫道昇：《現代中國哲學界之解剖》。
❷ 賀麟：《當代中國哲學》。

論題：梁漱溟在五四新文化運動中的地位、梁漱溟文化觀在本世紀儒學復興運動中的意義、梁漱溟的社會政治思想。這些議題實踐都只是在討論《東西文化及其哲學》一書中對儒學前景所作的預測，是討論它的立場而非其具體理論表述。李澤厚在他的《中國現代思想史論》中卽是如此，並且由此斷言梁漱溟是「從文化立論講哲學」❸。梁漱溟去世後，馮友蘭在紀念他的文章中也稱他屬於新文化運動的右翼，說他給了儒學以「全新的解釋」❹。這同樣是就梁漱溟五四時期的思想作評價，至於「全新」則屬溢美之辭了。對梁漱溟的批評也是針對這一時期的思想而言。以「反傳統」蜚聲中外的思想家包遵信在他的〈梁漱溟論〉中說：梁漱溟的「路向說」和封建主義「很難說有劃然的界限」。由此評斷出發，包遵信甚至認爲五十年代毛澤東發起的那場批梁運動在粗暴的非理性的形式下「還有著實在的理性內容」❺。

我固然反對人們僅僅局限於《東西文化及其哲學》一書去研究和評價梁漱溟一生的思想和學術。但是，他在中國現代思想史上的影響的確主要是由這部著作產生的。這部著作在儒學史上的確起到了革故鼎新的作用。它使此後的儒學迥異乎宋明以來的面貌，使五四運動前的保守主義衝破舊的藩籬、找到了新的生長點。它冷靜地審視了西方文化的發展及其面臨的問題，使新一代儒者看到了中國傳統文化新的生機。它的獨具一格的構思使以往的文化討論開始脫離優劣高下的狹隘偏見。它以自己構造的邏輯

---

❸ 見該書，頁280。

❹ 馮友蘭：〈以發揚儒學爲己任，爲同情農夫而執言〉。

❺ 見中國文化書院紀念五四運動七十週年論集《論傳統與反傳統》，頁278。

系統使儒學有了包容域外文化的胸懷，從而承認了西方文化的成就，爲儒學擴張自己的內涵開了先河。唐、牟諸後固然在這方面有了新的建樹，但是打開這中西森嚴壁壘的第一人卻是梁漱溟。僅以此一書，梁漱溟足能當得起本世紀新儒家的開山祖。此書不僅使已經持續了幾年的文化論戰有了深入開展，而且在客觀上刺激了此後不久的「科玄之戰」。當然，從整個思想氛圍上說，梁啟超的《歐遊心影錄》也產生了同樣的影響。

《東西文化及其哲學》審視人類文化發展的角度及其對西方資本主義的批評在本世紀的中國思想史上產生了久遠的影響。這種影響在梁漱溟寫出《中國民族自救運動之最後覺悟》和《鄉村建設理論》之後更是深入人心。他當時對西方資本主義的批評很有典型意義，代表了相當一部份知識份子的意見。從張君勱對此書的評價看，這部份內容是他最感興趣的。他極其佩服未曾出國門的梁漱溟能有如此「深入」的觀察❻。梁漱溟由這一觀察向中國人宣佈：資本主義的發展宣告了理智主義的有限，中國文化能解決西方社會出現的危機從而可以超越西方文化，西方非理性主義思潮是對工業革命以來歷史的反動。梁漱溟的這三個結論一直支配著中國人的思考，雖然後來者在具體內容或細節上有差異。梁漱溟在這方面的信徒也包括了許多共產黨人。這些見解可以說統治了1949年以後的大陸思想界，全盤西化論者的影響遠不能望其項背。雖然他的著作在1949年以後的大陸銷聲匿跡近三十年，而其思想仍然發生著效力。這主要表現在對西方資本主義文化的激烈批判。這種批判造成了目前大陸中國人對西方文化最普遍的

❻　張君勱：〈歐洲文化之危機及中國新文化之趨向〉。

見解以及對它在未來亦難以消除的防範心理。在1980年代以後，梁漱溟當年對儒學的評價又以其先知的光芒重新籠罩在中國思想界的保守主義者頭上。可以說，《東西文化及其哲學》問世七十年來，無論是政治上的還是學術上的保守主義者都未能越出梁漱溟當年的思考。近年來，中國大陸的保守主義思想家們試圖超越五四時期的文化討論，但是他們只意識到要避免或批評新青年派的偏激，從未想到如何超越五四時代保守主義的範式。我認爲，以梁啟超、梁漱溟開啟的思潮是一種新保守主義。這種新保守主義在大陸中斷了三十年之後誠然有重振之必要，也尚未到壽終正寢之時，但它也實在有重新被反省的必要。五四時期新保守主義對西方文化的理解深深受到了帝國主義侵略以及一次大戰背景的影響。這些理解今天有必要作修正。在對西方非理性主義思潮的理解上，許多中國學者七十年來一直步梁漱溟之後塵視之爲此前理智主義文化的反動。不同的是：馬克思主義者將其視爲西方個人主義的惡性發展或對此前人文主義的叛逆，其他人則將其視爲對資本主義前期的批判。直至八十年代中國學術界上承五四餘緒重新譯介十九世紀以來的西方思想時，他們仍然循守梁漱溟的那種理解而未曾想到去研究其與此前文化的內在聯繫以校正中國人的認識。

梁漱溟對本世紀中國思想史產生另一重大影響的是他的進化思想。進化論由嚴復傳入中國後到了五四時期才有了新的作用。梁漱溟的《東西文化及其哲學》並未自覺使用進化論的方法或引入進化的概念，但他構造的人類文化三期發展說的確明顯表現出進化精神。他的著作所以能在十年間傾倒無數中國人就在於他的這種進化精神，也由此他的著作才比梁啟超的《歐遊心影錄》更有吸引力。進化論在五四時代通過陳獨秀、李大釗的唯物史觀和梁漱溟的三階段說在中國的思想產生了長達七十年的影響力。七十年間，這兩股思潮雖然此長彼消，其理論根據卻同出一轍。繼承了五四精神的胡適、陳序經給予中國思想史的也是這樣一種影響力。雖然梁漱溟在《中國民族自救運動之最後覺悟》以後日益強調文化發展上的流派觀，但由於進一步吸收了生命創化論從而其進化論色彩反而日趨明顯並且籠罩了他此後全部思想。當「文革」後人們重新評價梁漱溟的思想時，爭論的焦點仍然是他的三段論而不是其具體的表述及鄉建設計。這種以梁氏之道還議梁氏之身的討論進一步加強了梁漱溟進化論文化觀的影響。在保守主義者和反傳統派身上均可以看到這種影響。他們都沒有自覺地批評梁漱溟的文化觀，也沒有意識到他在這方面給予中國現代思想史的影響。近十年來大陸的文化討論雖然異彩紛呈，然而其進化論色彩則是共同的。當海外新儒學的討論將東亞現代化道路這一議題引入大陸論壇之後，也很少有人從選擇的意義上去評價東亞現代文明的具體設計而偏於從進化的角度作判斷。

梁漱溟的這一影響是哲學意義上的，它早於直系演進文化理論本身的引進。因此，中國學術界從未對西方的各種文化學理論作科學意義上的吸收消化。梁漱溟的哲學成見在他自身理論發展中有此作用，在中國學術界亦有此作用。當進化論文化觀遭到歷史學派的打擊作出自我調整後，研究中國文化的「哲學家」們一直沒有吸收這種新進化觀。梁漱溟文化觀的形而上學色彩影響到中國的文化學、社會學、政治學。在中國，幾十年來始終未能形成一個獨立的文化理論體系，也沒有任何一個完整的改造中國舊文化的具體設計。中國目前關於現代化問題的討論缺乏一種實證精神，卻充塞著濃厚的形而上學空氣。中國學者目前需要做的是實地考察中國傳統文化在當今中國社會現實中是如何發生作用的、中國傳統文化中有哪些因素憑藉功能的改變可以在未來的現代化社會中起作用、西方文化移植到中國來有哪些現實可能性、西方文化引入中國後在哪些方面會與舊有文化發生衝突、這些衝突對中國現代化進程會發生哪些影響，等等。反省大陸幾年來的文化熱，這些問題都未能爲中國學者作出哪怕是嘗試性的探討。

由上可見，梁漱溟對中國現代思想史的影響是一種泛文化背景的影響，而非依其學理對以後的哲學家產生直接的影響。他早年對唯識學和《周易》的討論在唐、牟等人那裏都已不見。「覺悟」之後對中國社會的考察卻在張君勱等人的〈爲中國文化敬告世界人士宣言〉和牟宗三〈中國文化的特質〉中都有反映。

梁漱溟的哲學始於唯識學。他用感覺主義重新解釋唯識學在佛學復興運動中可謂獨出心裁。但是，他的立論並未如熊十力那樣在佛學界引起巨大的波瀾。我在《東西文化及其哲學》法文版序言中曾把這一嘗試當作一個陳舊的體系而不以爲它仍有研究的價値。現在看來，梁漱溟和熊十力的唯識學雖然不見於唐、牟等後輩的理論建構，但是它仍有研究的必要。這一研究旨在尋繹本世紀新儒學在興起之時的理論來源。梁漱溟由他在《唯識述義》中認識到的感覺之心自然流轉發展到了對王心齋、聶雙江的認取。這一發展成爲他早年倡導陸王心學的重要內容。梁漱溟在唯識學和心學之間作出的這一聯結與熊十力相似。梁漱溟、熊十力由佛學向儒學的轉向使當代新儒學自其開始即從陸王一派入手重建中國傳統文化。梁漱溟的這一立場被唐、牟等後輩繼承下來，在〈爲中國文化敬告世界人士宣言〉中得到了鮮明的表達。

梁漱溟、熊十力的新儒學都受到了柏格森哲學的影響。這一思想成份並未在後輩的儒學建構中得到發揚。與熊十力不同的是他一生哲學建構一直伴隨著對柏格森哲學的消化吸收，梁漱溟是中國第一個吸收柏格森哲學並以其重新解釋唯識佛學和儒學心性學說的哲學家，從本書的討論卽可看出梁漱溟對柏格森哲學的吸收是有前後不同的。《東西文化及其哲學》並不代表他的全部理解。柏格森哲學對梁漱溟全部思想的影響更偏重在生命創化論，而不是直覺主義。直覺主義並未能使他確立人的本心本性。是生命創化論才使他爲人區別於其他生物的本性找到一個新的基點。

由此而來的一個問題是：從柏格森哲學出發能否樹立起人的主體性？從《人心與人生》對人心自覺的討論我們可以看出他要樹立的就是人的主體性。這個主體性的內涵應有兩個方面：道德的和認知的。早年的梁漱溟隱然否認了人類在認知方面的主體性而強調道德主體性，晚年稍有改變。他的體系雖不嚴密完整，但的確樹立起了人的道德主體。給了梁漱溟以助力的主要是生命創化論而不是直覺主義。

在柏格森哲學中，作爲主體的人心就是宇宙本體。在後天功夫上，這兩者是有距離的，所以有人心能否呈現的問題。但是，柏格森說過：實在就是在時間中流動的我們的人格。我並不想由此推斷柏格森哲學能够徹底圓成中國的心性學說。柏格森哲學的優點在於它沒有牟宗三指出的康德哲學的那種缺陷：「只講一個作爲設準的自由意志。」❼梁漱溟從「意識與生命」的討論開始卽努力證明心體與道體的同一性。從其論述人心呈現的方式看，

---

❼ 牟宗三：《智的直覺與中國哲學》，頁192。臺灣商務印書館1980年出版。

他並沒有把良知僅僅作爲一種假設，而是視爲眞實的存在。但是，梁漱溟在根本上並未將人心與生命本體完全等同。他只說心與生命「同義」而未說它們「同體」。這是他和柏格森不同的地方。梁漱溟從生命創化論中得益最多的是關於理智與本能的討論。這是從柏格森體系中截取出來的。這一斷章取義使他忽略了柏格森對整個生命進化過程的解說，《人心與人生》尤爲明顯。這一理解方式連同他後來不再重視柏格森的直覺主義導致他離開了柏格森的本義。由理智與本能導出的身心關係論使梁漱溟把人的自覺心作爲一種潛能從而構成了潛能與現實的問題。這是他新陸王心學的特色。他這部份思想可以作爲心學一派今後完善自己時應予以借鑒的。

梁漱溟的哲學引用了大量的心理學和生理學材料。這也是本世紀新儒學中的一個特例。韋政通先生對此提出了批評。他認爲：科學的人性論要從經驗與實證的基礎上去建立，哲學的人性論則「可以」用先驗法建立。《人心與人生》一書則混淆了這兩種理論。結果，「既無法給讀者傳統心性論完整的理解，也不能提供系統的新知識。」❽

問題在於哲學的人性論是否可以使用經驗和實證的材料以及這樣做是否有礙於人性的先驗論證。我認爲這兩者可以兼得。使用經驗和實證的材料並不等同於從這個基礎去建立哲學的人性論。梁漱溟對人性做的是先驗論的說明。所以能保證這種解說的先驗性在於他對這些材料作了哲學解釋。我認爲，哲學的人性論甚至可以從經驗材料出發去討論，這並不等於將哲學的人性論完全

---

❽ 韋政通：〈「文化中國」的象徵〉。原刊臺灣《文星》第107期。

建築在實證的基礎上。柏格森哲學所以能够在他那個時代產生，很大程度上借助了生物學的成就，但是這並不影響他對人性作先驗論的論證。梁漱溟討論人禽之別時主要利用了科學知識說明人的「生物學缺陷」。這種說明在柏格森和後來的弗羅姆 (Erich Fromm) 的著作中都有過。人本主義心理學的一些討論實際是哲學人性論，但它們的確也使用了實證心理學和生理學的材料。

梁漱溟從研究比較心理學開始注意收集和利用心理學和生理學的材料。他並不嚴守科學和哲學的界別。在晚年他更批評以往的心理學和人生哲學過於持門戶之見。他有意識地在這兩者間求一貫通。他的認識未免不清晰，其理論建構也不嚴密。但是，從他的思想中可以引發一個問題：科學的人性論和哲學的人性論是否可以互補？我說梁漱溟通過身心關係論將良知的呈現問題變成了潛能與現實的問題，意義即在於此。梁漱溟引入心理學和生理學的材料實際上有雙向作用，即同時說明了人的先天本性和人的後天現實存在。這樣，本體和工夫不能不分作兩截來看。梁漱溟對《大學》功夫的「近道」說明即致力於對凡夫俗子的道德修養有一同情瞭解並以促進他們的繕性功夫爲目的。這樣就必須對良知不能呈現的原因作一番探究。這一探究不能全由哲學的先驗人性論奏效。它要討論傅偉勳先生說的「現實自然」的層面。當然，我不同意這一討論仍然循守程朱一派的氣質說，而恰恰應該引入科學的人性論。

年　表

1893　農曆9月9日生於北京。父梁濟，母張春漪。

1898　由孟老師講授《三字經》、《地球韻言》。

本年，梁濟始入仕，任內閣中書。

1899　入中西小學堂讀書。

1900　義和團事起，八國聯軍侵北京。失學。

1901　入南橫街公立小學堂讀書。

1902　改入蒙養學堂讀書，所讀為上海出版的教科書。

6月，張春漪胞叔張士鐎去世，遺孀陸嘉年及子女由梁濟照顧。梁濟命梁漱溟等隨陸嘉年讀書。

本年，在梁濟的贊助下，彭詒孫（號翼仲）創辦《啟蒙畫報》。

1903　仍在蒙養學堂讀書。

秋，陸嘉年去世。

1904　在家隨劉訥讀書。

本年，北京初興女學，張春漪任國文教員。

彭翼仲創辦《京話日報》、《中華報》。《啟蒙畫報》停刊。

1905　下半年，入江蘇小學堂讀書。

1906　夏，入順天中學堂讀書。

8月，《中華報》報導北洋營務處秘密處決保皇黨人吳道明、范履祥，彭翼仲遭袁世凱迫害入獄。《中華報》和

《京話日報》被查封。

本年，梁濟經朱啟鈐、徐世昌引薦在巡警部任職，先後任外城巡警總廳西局委員、外城教養總局和分局總辦委員。

1907 本年開始讀梁任公主編之《新民叢報》和《新小説》等出版物。自稱此時開始思考苦樂問題。

3月，彭翼仲被發配新疆服刑。9月，梁濟辭職。12月，梁濟生母去世，丁憂守制。

1909 本年，拒絕爲其議婚事。

1910 甄元熙來順天中學讀書。梁漱溟與其討論中國政治改造問題。

本年開始閱讀立憲派之《國風報》、革命派之《民立報》。

1911 中學（時改稱「順天高等學堂」，程度同大學預科）畢業。武昌起義後，參加京津同盟會組織。冬，自殺未遂。

1912 清帝退位後，同人在天津創辦《民國報》。梁漱溟任編輯兼外勤記者。總編輯孫炳文爲其擬「漱溟」作筆名。冬，自殺未遂。

本年開始閱讀佛典，並素食。

彭翼仲在清帝退位後得赦回京。

1913 年初，閱讀幸得秋水《社會主義之神髓》（張繼中譯本），年末寫出〈社會主義粹言〉。

7月，向父兄表示志願出家爲沙門。

同盟會改組後，《民國報》改爲國民黨機關報。梁漱溟等離開該報。

《京話日報》於春季復刊，未幾又遭查封。以後第二次復刊由吳梓箴接辦。

1914　2月，在《正誼》發表〈談佛〉。

1915　9月，在《甲寅》發表〈對於籌安會之意見〉。

1916　5月，在《東方雜誌》發表〈究元決疑論〉。

8月，由張耀曾以「漱溟」字呈薦任司法部機要秘書，與鄭天挺、沈鈞儒同事。自此時以「漱溟」行世。

由范源廉介紹攜〈究元決疑論〉晉謁蔡元培，蔡元培聘其到北京大學任教。因當時任政務，推薦許丹暫時代課。

1917　夏，欲往衡山出家，未遂。歸來後寫〈吾曹不出如蒼生何〉。

12月5日到北京大學任教，爲哲學門三年級講授印度哲學概論。

1918　3月，開始在北大哲學門研究所講授佛教哲學，每週一次。

9月，北大出版部所出之《印度哲學概論》以許丹、梁漱溟聯署。此書原爲許丹著，後由梁漱溟增訂。

10月，在《北京大學日刊》刊登啟事〈徵求研究東方學者〉。本月在研究所開設「孔子研究」研究，11月舉行第一次會議。11月9日，《北大日刊》發表梁漱溟在此次會議上發言記錄。

11月，北大出版部出版新編《印度哲學概論》。

梁濟於本年農曆十月初七日凌晨投淨業湖自盡。二十天後，吳梓箴投湖自盡，《京話日報》復由彭翼仲主辦。

1919　1月，與陳大齊等共十二人在《北大日刊》發表啟事，發起組織哲學研究會。《國故》月刊成立，《北大日刊》發表的編輯中列有梁漱溟[1]。

---

[1] 查《國故》月刊所列編輯無梁漱溟。

5月，北京爆發學生運動。梁漱溟在《國民公報》發表〈論學生事件〉。

6月，開始寫作《東西文化及其哲學》，欲以此書爲《孔家哲學》、《唯識述義》兩書之〈引子〉。

9月，新設唯識哲學課程，開始寫作《唯識述義》。

12月，《印度哲學概論》全書由商務印書館出版。

1920 1月，《唯識述義》初版。

3月，因病暫居北京西郊太平莊極樂寺養息。

暑假，南下訪問金陵刻經處研究部，向歐陽竟無介紹熊十力，以後又介紹王恩洋、朱謙之入支那內學院。

10月，《北大日刊》開始連載《東西文化及其哲學》講演記錄，記錄人陳政。此時該書尚未完成一半。

本年春，閱讀《東崖語錄》，由此放棄出家之念。

1921 暑假，應山東省教育廳邀請在濟南第一中學內作《東西文化及其哲學》講演，由羅常培記錄，講演結束後，王鴻一偕梁漱溟回北京與靳雲鵬商議辦學事宜。

10月，《東西文化及其哲學》由北京財政部印刷局首次出版。

年末至轉年初，應閻錫山、趙戴文邀請到山西教育會作講演，並參與「進山會議」。所講輯爲《梁漱溟先生在晉講演筆記》，於轉年在山西出版。在晉期間，結識了衛中並參觀其所辦學校，後在北京成立曲阜大學籌備處。

本年4、5月間決定要做孔家生活。年末與黃靖賢女士結婚。

彭翼仲於年末病逝。梁漱溟與兄接辦《京話日報》。曾向梁啟超求助資金。該報於轉年上半年停刊。

1922　1月，《東西文化及其哲學》由商務印書館出版大字本。

5月，與胡適、李大釗、蔡元培等聯名發表〈我們的政治主張〉。

12月，在《中華新報》發表〈曲阜大學發起和進行的情形並我所懷意見之略述〉。

1923　3月，到山東菏澤，在山東省立第六中學講演。

8月，到菏澤，在六中講演。

9月，在北京大學開設「孔子思想史」課程，在《北大日刊》上發表講授提綱。

1924　1月，國民黨召開「一大」。李大釗赴會歸來向梁漱溟介紹了國共合作的情況。

2月，在武昌師大講演。3月，《學燈》開始連載雷漢傑作的記錄，題爲「孔子人生哲學大要」。4月2日，梁漱溟在《北大日刊》聲明該記錄未經他認可。

6月，在北大刊登啟事，稱「定於暑後在山東辦學」。作〈辦學意見述略〉。

夏，會見泰戈爾，討論儒家和宗教問題。

8月，在《北大日刊》發表〈重華書院簡章〉。秋，應山東六中校長叢連珠邀請前往擔任高中部主任。熊十力亦前往參與。

1925　春，返回北京。先居清華園編輯《桂林梁先生遺書》。後與熊十力及山東六中高中部部分學生住什刹海講學。

年末，衛中由山西遷居北京。

本年，陳銘樞、張難先等屢次函請梁漱溟南下廣東。遂派王平叔、黃艮庸、徐銘鴻南下。

1926 1月，遷居萬壽山後大有莊，每週五與衛中舉行討論會。

5月，在北京大學講演「近來狀況及此後行止大概」。作《人心與人生》自序。在大有莊講「人心與人生」。

9月，南下。欲往武漢晤陳銘樞。至寧滬而止，與曾琦會見。

年末，王平叔與黃艮庸先後返京。

本年，王鴻一避居東交民巷，梁漱溟與其討論農村立國問題。

1927 1月，應北京大學哲學系同學會、北京學術講演會、北大學術研究會聯合邀請講演，題目有:「治學方法經驗談」、「我對於心理學上見解的變遷」、「人心與人生」。爲期三個月。

4月，李大釗在北京被張作霖殺害。會同章士釗夫人吳弱男協助料理後事。

5月，南下。先至滬杭會見陳銘樞，至廣州會見李濟深。然後到黃艮庸家鄉廣州新造細墟居住。

7月，南京任命梁漱溟爲廣東省政府委員，未就職。

12月，李濟深由上海回廣州，邀梁漱溟住其總部內。向李濟深提出鄉治設想，得李濟深允許，遂決心留在廣東。

1928 春，隨李濟深往上海、南京。途中對同行諸人談積年心得。在南京參觀曉莊師範學校。回廣州後，代李濟深任廣東政治分會建設委員會主席，在會上提出請辦鄉治講習所建議案及試辦計畫大綱，得到南京中央政治會議批准。

7月，任廣東第一中學校長。

9月，在《國聞週報》發表〈請辦鄉治講習所建議書〉。

本年，爲廣東地方警衛隊編練委員會講演鄉治問題。

本年，閻錫山發函聘請梁漱溟做顧問。王鴻一多次電促梁漱溟北上籌備出版《村治》雜誌。

1929 2月，北上考察各地村政。先後到江蘇崑山、河北定縣、山西太原。因廣東政局變化而未能回南京。客居清華園，準備寫《中國民族之前途》。

中秋節前後，應閻錫山邀請前往山西會談。在討論中國政治出路時，梁漱溟提出在中央設元老院或樞密院。此後赴河南輝縣參與籌辦村治學院。

11月，發表〈河南村治學院旨趣書〉。

12月，河南村治學院招生。

1930 1月，河南村治學院開學。梁漱溟任教務長並擔任鄉村自治組織等課程。

6月，主編《村治》。發表〈中國民族自救運動之最後覺悟〉。

7月，發表〈我們政治上第一個不通的路——歐洲近代民主政治的路〉。《漱溟卅後文錄》出版。

9月，河南村治學院停辦。回到北京。

11月，發表〈山東鄉村建設研究院設立旨趣及辦法概要〉。

1931 1月，到山東參與籌辦鄉村建設研究院。

6月，山東鄉村建設研究院在鄒平成立，梁漱溟任研究部主任。

9月，發表〈我們政治上第二個不通的路——俄國共產黨的路〉。

10月，發表〈對於東省事件之感言〉。

1932 4月，論文集《中國民族自救運動之最後覺悟》出版。

7月，到上海參觀徐公橋。在中華學藝社講演，主張鄉村運動者應與學術家互相聯絡。在杭州期間響應杭州中國銀行行長壽景偉倡議發起鄉村建設研究社。

9月，山東鄉村建設研究院成立鄉村服務指導處，梁漱溟任主任。

12月，出席內政部召開的第二屆內政會議。

本年，政府在洛陽召開國難會議。因政府限制討論範圍，梁漱溟電辭不赴。

1933 2月，教育部召開民眾教育專家會議，推選梁漱溟等五人起草民眾教育在教育系統中的地位的草案。梁漱溟負責執筆，寫成〈社會本位的教育系統草案〉。同時，梁漱溟被教育部聘為民眾教育委員會委員。本月，韓復榘提議鄒平、菏澤為縣政建設實驗區。

7月，第一次鄉村建設討論會在鄒平召開。發起人為梁漱溟、晏陽初、高踐四等。會上成立鄉村建設學會。本月，鄒平縣廢區改鄉，設鄉學。

8月，在濟南出席中國社會教育社年會，提交〈由鄉村建設復興民族〉案。赴青島出席中國經濟學社年會。

10月，接替梁仲華任山東鄉村建設研究院院長。

1934 5月，參觀江寧實驗縣。

7月，兼任鄒平縣長。

8月，南京政府首次紀念孔誕辰。梁漱溟應邀作「孔子學說的重光」講演。《鄉村建設論文集》出版。

10月，赴定縣出席第二次鄉村工作討論會。

本年，立法院公佈憲草，徵求意見。梁漱溟寫成〈中國此刻尚不到有憲法成功的時候〉。

1935 1月，赴廣州、南寧、桂林等處講學。

4月，出席濟南「中國本位的文化建設座談會」，討論王新命等十教授〈中國本位的文化建設宣言〉。

7月，山東省政府又劃定濟寧等十四縣爲縣政建設實驗區。

8月，黃靖賢在鄒平病故。

10月，在無錫出席第三次鄉村工作討論會。《梁漱溟先生教育文錄》出版。

1936 1月，《鄉村建設大意》出版。

4月，赴日本考察鄉村工作。

12月，「西安事變」爆發。向張學良發出「養電」，認爲只有蔣介石可以當抗敵統帥。

1937 3月，《鄉村建設理論》初版。

5月，應劉湘邀請經寧漢入川，爲期一個多月，講演三十餘次。6月13日在四川國民黨省黨部講「我們如何抗敵」。

7月，回鄒平與同人商討抗戰問題。

8月，出席國防參議會。陪同蔣百里視察山東防務。

10月，與晏陽初、黃炎培、江問漁和蔣介石討論戰時動員問題，爾後起草大綱。

1938 1月，赴延安與毛澤東等人會談。

2月，赴曹州、徐州商議抗戰問題。寫作〈告山東鄉村工作同人同學書〉。

3月，在武漢。出席「戰時農村問題研究所」座談會。

5月，到河南鎮平。6月入川。

7月，出席國民參政會。提交建議案，請求政府召開戰時農村問題會議。《朝話》出版。

9月，在重慶與王寅生等發起兵役問題座談會。

10月，出席國民參政會，提交〈改善兵役實施辦法建議〉案。

12月，應張羣之邀與黃炎培、張君勱等討論戰時動員問題。寫作〈抗戰建國中的黨派問題〉，遭扣壓。

1939 1月，與黃炎培等聯合發表宣言反對汪精衛接受日本首相聲明。

2月，由重慶出發巡視華北華東各地，歷時八個月。

3月，被推舉爲國民參政會川康建設期成會委員。

11月，23日與黃炎培、沈鈞儒、章乃器發起「統一建國同志會」。29日面見蔣介石說明該組織動機。

1940 1月，寫作〈創辦私立勉仁中學校緣起〉。

4月，在國民參政會上提交〈請釐定黨派關係、求得進一步團結、絕對避免內戰以維國本〉案。

夏，在四川璧山縣來鳳驛創辦勉仁中學，一年後遷北碚。

8月，《答「鄉村建設批判」》出版。

12月，與黃炎培、左舜生、張君勱商議組織中國民主政團同盟。

1941 3月，中國民主政團同盟成立。任常務委員，被委托代表民盟前往香港辦報。本月即離重慶前往桂林，在桂林廣西大學作兩個月講學。

5月，20日飛赴香港籌備辦報。8月任《光明報》社長，9月18日創刊。

10月，《光明報》於10日發表由梁漱溟起草的〈中國民主政團同盟對時局主張綱領〉、〈中國民主政團同盟成立宣言〉。

11月，辭謝王雲五、李石曾、杜月笙的勸說，拒絕赴重慶出席國民參政會。

12月，香港淪陷。《光明報》停刊。

1942 1月，逃離香港。2月到達桂林。開始寫作《中國文化要義》。

本年，周恩來密信建議梁漱溟去蘇北或其他地區開展鄉村建設或民盟的活動，民盟中央亦來信勸梁漱溟勿久滯桂林，均遭拒絕。

1943 9月，參政會內設憲政實施籌備會，蔣介石指定梁漱溟參加。梁漱溟作〈答政府召見書〉拒絕。

1944 1月，在桂林與陳樹棻女士結婚。

9月，轉移至廣西賀縣開展民盟活動。《社會演進上中西殊途》出版。中國民主政團同盟改組爲中國民主同盟，梁漱溟當選爲中央執行委員會委員，兼任國內關係委員會主任。

1945 春，在賀縣籌建民盟東南總支部。

6月，《梁漱溟教育論文集》出版。

10月，在民盟臨時全國代表大會上當選爲中央常務委員，仍兼任國內關係委員會主任。

11月，到重慶，仍任國民參政員。

1946 1月，出席政治協商會議，與張瀾等提交民盟關於軍事問題提案。月底，致信毛澤東並著文表示退出政治活動。

3月，再訪延安。

4月，赴昆明。試圖在雲南建一文化研究機構。

5月，任民盟秘書長，作爲民盟首席代表參與國共和談。

8月，赴昆明調查李公樸、聞一多被殺案。

9月，勉仁國學專科學校在北碚成立。

11月，國共和談破裂，回到北碚重新寫作《中國文化要義》。

1947 3月，《我的自學小史》出版。

5月，赴南京出席國民參政會末次會議，與同人共同提交〈停止內戰恢復和平〉案。此後速返重慶營救爲當局逮捕的盟員。

秋，張東蓀自北京致函梁漱溟，請他速赴寧滬一同維護民盟的存在。梁漱溟以民盟無用爲辭拒絕。10月，內政部宣佈民盟爲非法團體。11月2日，梁漱溟在上海《大公報》發表書面談話，希望總部根據政府指示解散民盟，並稱自己「就此滅脫關係」。6日，張瀾發表〈中國民主同盟總部解散公告〉。

1948 8月，勉仁國學專科學校改爲勉仁文學院。

1949 1月，分別致函張瀾、毛澤東與周恩來，表示退出民盟。

11月，《中國文化要義》、《梁漱溟先生近年言論集》出版。

1950 1月，離渝赴京。

3月，會見毛澤東，拒絕參加中共政府。

4月，赴河南、山東、平原及東北各省區參觀考察。9月返京。

10月，居頤和園，寫作《中國建國之路》。多，聽伍庸伯講解《四書》。

1951 5月，赴四川合川縣參加土地改革。8月返京。

10月，發表〈兩年來我有了哪些轉變〉。任全國政協委員。

1952 5月，寫成〈我的努力與反省〉。

8月，向毛澤東提出去蘇聯作學術研究。

1953 9月，出席政協常委會擴大會議和中央人民政府委員會擴大會議。在討論周恩來「過渡時期總路線」報告時發言，受到毛澤東、周恩來的激烈批判。

1955 官方對梁漱溟展開大規模批判運動。

本年，曾去甘肅農村考察。

1959 寫作〈人類創造力的大發揮大表現〉。

1960 春，赴山東鄉建舊地視察。

本年開始寫作《人心與人生》。

1961 夏，編《熊著選粹》一册，寫成〈讀熊著各書書後〉。

1963 編輯《大學禮記伍嚴兩家解說》。

1964 秋，赴唐山地區參觀「四淸運動」。

年底，出席全國政協會議，在小組會上發言。爲此，於1965年5月至10月在政協內部受到批判。

1966 6月，在全國政協小組會上對北京大學的「第一張大字報」發表意見，表示困惑。

8月，紅衛兵到梁漱溟住宅「抄家」，監督他在院內勞動，將他拉出去遊街、批鬪。

9月，寫作〈儒佛異同論〉。

本年，《人心與人生》輟筆，止成七章。

1970 繼續寫作《人心與人生》。

1973 10月，「批林批孔運動」開始。梁漱溟在12月表示持保留態度。

1974 2月，在政協學習會上講〈今天我們應當如何評價孔子〉，受到批判。

1975 完成《人心與人生》。

1978 2月，出席全國政協五屆一次會議。在討論新憲時談人治和法治問題，受到批判。

1980 被增選爲全國政協常委會委員。

1982 1月，發表〈試說明毛澤東晚年許多過錯的根源〉。

7月，「朱熹國際學術會議」在夏威夷舉行，梁漱溟提交書面發言〈試論宋儒朱熹氏在儒家學術上的貢獻及其理論思維上的疏失〉。

1984 《人心與人生》出版。

1985 爲中國文化書院第一期講習班講《中國文化要義》，並擔任該院院務委員會主席。

1986 《東方學術概觀》出版。

1987 10月，山東鄒平、北京香山分別舉行「梁漱溟鄉村建設討論會」、「梁漱溟思想國際學術討論會」（並紀念其從教七十週年）。

1988 因尿毒症於6月23日在北京逝世。

8月，中國文化書院籌備《梁漱溟全集》的整理出版。

參考書目

一、梁漱溟著作

1.〈究元決疑論〉
2.《唯識述義》
3.《東西文化及其哲學》
4.《漱冥卅前文錄》
5.《漱冥卅後文錄》
6.《中國民族自救運動之最後覺悟》（論文集）
7.《鄉村建設理論》
8.《中國文化要義》
9.《人心與人生》
10.《朝話》
11.《鄉村建設論文集》
12.〈東方學術概觀〉
13.《梁漱溟先生近年言論集》
14.《憶往談舊錄》
15.〈我的努力與反省〉
16. 人心與人生（未刊筆記）
17. 意識與生命（未刊筆記）
18.《中國建國之路》

二、柏格森著作

1.《時間與自由意志》，吳士棟譯，商務印書館出版。
2.《形而上學導言》，劉放桐譯，商務印書館出版。
3.《心力》，胡國鈺譯，商務印書館出版。
4.《創化論》，張東蓀譯，商務印書館出版。

三、其他著作

1.《明儒學案》
2.《鄉村建設》雜誌
3. 舒爾茨:《現代心理學史》，沈德燦等譯。
4. 羅素:《西方哲學史》（下卷），馬元德譯。
5. 馮友蘭:《中國哲學史新編》（第五册）。
6. 李澤厚:《中國現代哲學史論》。
7. 傅偉勳:《從西方哲學到禪佛教》。
8. 張岱年:《中國倫理思想研究》、《中國古典哲學概念範疇要論》。
9. 牟宗三:〈中國文化的特質〉。
10. 方爾加:《王陽明心學研究》。
11. 郭齊勇:《熊十力及其哲學》。
12. 牟宗三等:〈爲中國文化敬告世界人士宣言〉。
13. 汪東林:〈梁漱溟問答錄〉。
14. 胡應漢:《梁漱溟先生年譜初稿》。
15. 宋恩榮:〈梁漱溟年譜〉（見其所編《梁漱溟教育文集》，江蘇教育出版社出版）。
16. Guy. S. Alitto: *The Last Confucian.*

索　引

【2】

丁文江　170
人本主義心理學　166,267,303
人權　47,97
人治　44

【3】

士　30,212,226-230,
工具之心　118,120,141,162,199
才　99

【4】

王星拱　170
王鴻一　23-26
王心齋　92,126,138,164,300
王陽明　114,121,139,144,162,164,174,187,192,278-282
天理　92,131,139
天命之性　192,271
不仁　127-129,192,278,287
五倫　43
比較心理學　151-154,162,182,259
比量　86,88-89,93,134,135,137
中庸　92,113
毛澤東　41,48,50,68,255
仁　99,116-118,121-123,126,127,129,140-143,197,256,278
反都市主義　41
公德　97
文化　78,245
文化早熟　235,250
文化失調　46
心　47,67,79,117,120,134,140,152,153,157,162,165,166,177,257,263
心王　90
心理學　150,156,163,167
心所　90,138,139
巴甫洛夫　23,260,268,272
孔子　15-18,40,84,92,94,103,124,129,142,258

【5】

末那識　86,93
功利主義　6,95,109,132
艾愷　8,23,29,41,109,199
本能　92,99,100,118,127,131,

140,143,186,189,192,272,276
左舜生 56,61
可塑性 271,275
生 113
生命 84,122-127,129,131,147,170-172,182,185,191,243,257,259,261,269,288,290
生命之流 166
生產本位 98
包遵信 296
外王 47
主動性 171,257
主宰之心 118,120,121,141,162,163,190,199
玄學 96
民主 57,64,66,91,95,97,236
民治 47,239,249
弗羅姆 (Erich Fromm) 303
弗洛伊德 (Sigmund Freud) 153

【6】

列寧 208,225
因果律 170,175
因緣 171,174
朱熹 114,120,128,174,192,273,279
伍庸伯 21,277
休謨 (David Hume) 145
自然 92,94,99,127,139,257
自證分 261,268
自覺 164,181-185,190,257,261,285
行為主義 151,155-161,165,265
決定論 170
阮元 116
牟宗三 47,62,223,224,238,300

【7】

杜威 93,119
村治 39,41,42
李璜 55
李大釗 14,74,76,107,299
李澤厚 296
李濟深 35
克魯泡特金 99,118,143,163,198
吳稚暉 25
呂澂 191
我執 86,92,94,131
私德 97
身 268,273
近道 278,283
狄驥 (léon Duguit) 44
完形心理學 267
沙夫茨貝里 (Shaftesbury) 142,143
沙弗 (J. B. Shaffer) 267
良知 91,265,302
阿賴耶緣起 135
阿賴耶識 93

【8】

幸德秋水 9
政教合一 86,89-93,134
政治民主化 48,50,51,54,57,60

林毓生　242
社會本位　43,47,98,204
社會主義　9-12,41,69,99,100,209
直覺　84,89-94,113,116,119-122,126-130,137,164,190,198-200
非量　86,89-93,134
叔本華　13,78,82,83,85,136,145
明明德　278
物慾本位　39
依他起性　136,140
金觀濤　230
周易　113-116,177
性情　270
法執　92,131
波耳松（Karl Pearson）　134,179
宗教　216,231,292
孟子　99,142-144,146,192,201,209,258,281

【9】

馬林諾斯基　203
馬赫主義（Marchism）　134
馬克思　41,245
封建　225
胡適　14,23,76,77,115,116,299
荀子　258
柏格森　12,13,89,99,102,113,114,119,122,127,129,133,136-144,172-174,177,181,183,187,259,262,270,290,293,301-303
晏陽初　31,46,51,55,56
科學　95,96,102,103
科學主義　97,160,163,176,191,267
計畫性　261
活變性　271,275

【10】

泰戈爾　102
泰州學派　22,52,126
華生（J. B. Watson）　153,155-160,171
莊子　184
眞道德　288
韋伯（Max Weber）　235
氣　127,269
氣質　127,128,192,266,271
氣質之性　192,271
個人本位　43,47,204
倭鏗（R. C. Eucken）　102
倫理本位　47,204-207,213
倫理名分　222
徐世昌　2
席勒（F. C. S. Schiller）　125
消費本位　98
流派觀　235
浪漫主義　145
家庭本位　204,206

【11】

陳獨秀　13,74-76,95,101,107,299

陳序經　74,299
陶行知　29,31,32,34,46
郭任遠　153,155-157,172
郭人麟　7,8
陸志韋　160
陳亞三　22
現量　84,88-90,92,93,134
理　39,127,270
理智　84,89-93,98,99,118-121,
125,190-194,199,243,262,265
理性　47,67,193,197-200,221,
262,265
基督教　216,218,219,239
基爾特社會主義　9,100
黃炎培　31,46,51,55,56
黃靖賢　21
帶質境　90
敬　130,282
勒文森（J. Levenson）　105
麥獨孤（W. McDougall）　99,
118,119,150,153,163,183
國家　225,227
唯物史觀　87,171
唯識學　73,78,82,88,124,133,
158,173,177,300
笛卡爾　166,167
進化論　99,152,246,250,252,298
許丹　13
庸俗道德　288
康德　93,114,137,141,145,147,
179,301
章太炎　13,206
率性　91,285
馮玉祥　40
馮友蘭　123,220,296
馮特（W. Wundt）　159
情誼關係　206
梁仲華　40,42
梁啟超　21,25,77,115,116,215,
297
梁濟　1,2-6,18,29
梁承光　2
張東蓀　61,186
張申府　6,13
張耀曾　10,13
張君勱　53,56,170,175,176,297,
300
習慣　127,128,191,161,186,274
鄉學村學　45,49

【12】

階梯觀　36,235,246
階級　41,207-213,225
彭禹庭　40
彭翼仲　3,5,6
辜鴻銘　26
靳雲鵬　24
朝會　42
惡　189,200
程顥　125,142,146,278
傅偉勳　143,192,286,303
集團生活　214
舒爾茨　157
禽獸之心　141,142

創造的衝動　69,70,104,143,146
善　189,191
善感性（la sensibilité）
尊賢尚智　44,46,63-66
徧計所執性　140
賀麟　295

【13】

蒙臺梭利（M. Montessori）　27,
29
楊慈湖　287
甄元熙　8
感覺　88-90,127,133
詹姆斯　158,166
誠　185,283
意志自由　190,258
意欲（Will）　13,78,81-86,97
意識　125,132,155,156,166-167,
182-185,263
意識之流　166
愼獨　185,284
義務　44,67,237,289
義務關係　206

【14】

赫拉克利特　93
趙戴文　26
蔣介石　51,58,61
構造心理學　158-160
蔡元培　13,15,23,115,116
團體　44,45,214
團體生活　45,64-67
團體組織　40,65
管子　40
熊十力　300

【15】

踐形盡性　189,235,260,269,286
墨子　40
樂　124-126,147

【16】

機械　183,190-192,260,287
盧梭(J. Rousseau)　145,146,166
衛中　27-29
鮑亞士（F. Boas）　236
獨知　156,162-167,173,176,184,
257,261,264
憲政　57-60,64
閻錫山　23,26

【17】

聯想主義　158
禮俗　57,275,289
禮樂　101,220,221

【18】

聶豹　139,140,146,164,300
韓復榘　42,49

【19】以上

職業分途　207,213,227
蘇格拉底　119
嚴復　27,298

嚴立三 277
羅素 12,69,104,119,143,153,198
譚嗣同 139
懷特海 241
權利 44,67,97,103,237
權力一元化 228
變易 113
變化氣質 221,260,273
靈性 143,198
靈活性 259,266

世界哲學家叢書(一)

書名	作者	出版狀況
孟子	黃俊傑	撰稿中
老子	劉笑敢	撰稿中
莊子	吳光明	已出版
墨子	王讚源	撰稿中
淮南子	李增	排印中
賈誼	沈秋雄	撰稿中
董仲舒	韋政通	已出版
揚雄	陳福濱	撰稿中
王充	林麗雪	排印中
王弼	林麗真	已出版
嵇康	莊萬壽	撰稿中
劉勰	劉綱紀	已出版
周敦頤	陳郁夫	已出版
邵雍	趙玲玲	撰稿中
張載	黃秀璣	已出版
李覯	謝善元	已出版
王安石	王明蓀	撰稿中
程顥、程頤	李日章	已出版
朱熹	陳榮捷	已出版
陸象山	曾春海	已出版
陳白沙	姜允明	撰稿中
王陽明	秦家懿	已出版
王廷相	葛榮晉	已出版
李卓吾	劉季倫	撰稿中
方以智	劉君燦	已出版

世界哲學家叢書(二)

書名	作者	出版狀況
朱舜水	張立文	撰稿中
眞德秀	朱榮貴	撰稿中
劉蕺山	張永儁	撰稿中
黃宗羲	盧建榮	撰稿中
顏元	楊慧傑	撰稿中
戴震	張立文	已出版
竺道生	陳沛然	已出版
眞諦	孫富支	撰稿中
慧遠	區結成	已出版
僧肇	李潤生	已出版
智顗	霍韜晦	撰稿中
吉藏	楊惠南	已出版
玄奘	馬少雄	撰稿中
法藏	方立天	已出版
惠能	楊惠南	撰稿中
登觀	方立天	撰稿中
宗密	冉雲華	已出版
永明延壽	冉雲華	撰稿中
知禮	釋慧嶽	撰稿中
大慧宗杲	林義正	撰稿中
憨山德清	江燦騰	撰稿中
智旭	熊琬	撰稿中
袾宏	于君方	撰稿中
章太炎	姜義華	已出版
熊十力	景海峰	已出版

世界哲學家叢書(三)

書名	作者	出版狀況
梁漱溟	王宗昱	已出版
馮友蘭	殷鼎	排印中
唐君毅	劉國强	撰稿中
龍樹	萬金川	撰稿中
元曉	李箕永	撰稿中
休靜	金煐泰	撰稿中
知訥	韓基斗	撰稿中
道元	傅偉勳	撰稿中
李栗谷	宋錫球	撰稿中
李退溪	尹絲淳	撰稿中
伊藤仁齋	田原剛	撰稿中
山鹿素行	劉梅琴	已出版
山崎闇齋	岡田武彥	已出版
三宅尚齋	海老田輝巳	撰稿中
中江藤樹	木村光德	撰稿中
貝原益軒	岡田武彥	已出版
荻生徂萊	劉梅琴	撰稿中
富永仲基	陶德民	撰稿中
楠本端山	岡田武彥	排印中
吉田松陰	山口宗之	已出版
西田幾多郎	廖仁義	撰稿中
柏拉圖	傅佩榮	撰稿中
亞里斯多德	曾仰如	已出版

世界哲學家叢書㈣

書名	作者	出版狀況
聖奧古斯丁	黃維潤	撰稿中
聖多瑪斯	黃美貞	撰稿中
笛卡兒	孫振青	已出版
斯賓諾莎	洪漢鼎	排印中
洛克	謝啓武	撰稿中
巴克萊	蔡信安	撰稿中
休謨	李瑞全	撰稿中
盧梭	江金太	撰稿中
康德	關子尹	撰稿中
費希特	洪漢鼎	撰稿中
黑格爾	徐文瑞	撰稿中
叔本華	劉東	撰稿中
尼采	胡其鼎	撰稿中
伊本・赫勒敦	張小鶴	撰稿中
祁克果	陳俊輝	已出版
約翰彌爾	張明貴	已出版
馬克思	許國賢	撰稿中
狄爾泰	張旺山	已出版
韋伯	陳忠信	撰稿中
卡西勒	江日新	撰稿中
雅斯培	黃藿	撰稿中
胡塞爾	蔡美麗	已出版
馬克斯・謝勒	江日新	已出版
海德格	項退結	已出版
高達美	張思明	撰稿中

世界哲學家叢書(五)

書名	作者	出版狀況
漢娜鄂蘭	蔡英文	撰稿中
盧卡契	錢永祥	撰稿中
哈伯馬斯	李英明	已出版
馬利丹	楊世雄	撰稿中
馬塞爾	陸達誠	撰稿中
梅露・彭廸	岑溢成	撰稿中
德希達	張正平	撰稿中
呂格爾	沈清松	撰稿中
克羅齊	劉綱紀	撰稿中
懷德黑	陳奎德	撰稿中
卡納普	林正弘	撰稿中
卡爾巴柏	莊文瑞	撰稿中
柯靈烏	陳明福	撰稿中
穆爾	楊樹同	撰稿中
維根斯坦	范光棣	撰稿中
奥斯汀	劉福增	撰稿中
史陶生	謝仲明	撰稿中
赫爾	馮耀明	撰稿中
帕爾費特	戴華	撰稿中
魯一士	黃秀璣	撰稿中
珀爾斯	朱建民	撰稿中
詹姆斯	朱建民	撰稿中
杜威	李常井	撰稿中
史賓格勒	商戈令	已出版
奎英	成中英	撰稿中

世界哲學家叢書(六)

書名	作者	出版狀況
洛爾斯	石元康	已出版
諾錫克	石元康	撰稿中
希克	劉若韶	撰稿中
尼布爾	卓新平	撰稿中
馬丁・布伯	張賢勇	撰稿中
蒂里希	何光滬	撰稿中
德日進	陳澤民	撰稿中